공공미술,

도시의 지속성을

논하다

「예술문화총서 03」

공공미술, 도시의 지속성을 논하다

구본호 지음

해피북미디어

| 머리말 |

며칠 전 통영 동피랑에 다녀왔다. 2년마다 벽화를 개·보수하는 최초의 벽화마을이다. 정말 많은 사람이 구경을 하러 왔다. 공공미술이나 바다가 내려다 보이는 마을의 장소적 특성도 이제 문화상품이 되었다는 인상을 받는다. 우리나라에 공공미술 마을은 얼마나 될까? 부산에만 40여 개가 넘는 공공미술 마을이 있으니 전국적으로 얼마나 많은지 짐작할 수 있다. 그러나 필자의 머리를 스친 것은 공공미술 마을이라는 수가 아니었다. 누가 공공미술 마을을 만들었으며, 누구의 지원이 있었는가의 일차원적인 의문도 아니었다. 필자가 궁금했던 것은 미술가는 왜 이젤 위의 캔버스가 아닌 도시라는 장소를 선택했는가와 작품을 보여주는 장소로서 미술관, 갤러리가 아닌 도시의 한 지역을 선택한 이유였다.

우선 도시라는 공간에서 의문을 풀기 시작하여 예술, 예술가, 공공미술 마을 등으로 보았다. 도시란 어떤 곳이기에 사람들이 농촌에서 어촌에서 이곳으로 밀려왔는가. 사람들과 건물로 구성된 도시, 우리는 도시의 구성원이다. 도시는 도시 속에 살아가는 사람들이 가장 중요한 구성요소이지만, 건축이 도시를 만들고 있다는 인상을 받는다는 것은 부정할 수 없다. 재개발도 아파트라는 건물에 의해 결정되고 요즘 도시마다 진행되고 있는 마을 만들기 역시 기반체제 구축을 위해 건물부터 세운다. 사실 산업화, 공업화는 사람들을 한 곳으로 모으며 도시라는 큰 마을을 만들었다. 어느 날 큰 마을은 사람들과 건물로 인한 포화상태가 되었다. 그래서 그 옆에 다시 건물을 세워 새로운 마을을 만들었다.

마천루 같은 고층빌딩 거리에서 방향을 뒤로 돌리면 산비탈에 다닥다닥 붙은 집들이 즐비한 산동네가 있다. 마음가짐에 따라 달라진다. 아니 달리 보인다. 석가의 제자 아낭은 자신의 눈이 이쁘게 보인다는 마을 아가씨에게 자신의 눈을 빼서 아가씨의 손에 쥐어주면서 나의 얼굴에 있는 눈과 당신의 손에 있는 눈이 같은 눈이라고 했다. 그러나 실생활의 편의성에서 본다면 그렇지 않다. 신도시와 원도심(구도시) 중 어느 한쪽은 사회, 문화, 복지적으로 편의를 누린다면 다른 쪽은 불편함을 느끼리라.

현대의 예술 역시 과거에 비해 사회의 일상과 긴밀하게 연결되어 있다. 더 이상 유미주의, 심미주의도 아니며 신이나 영웅을 담론하지도 않는다. 대신 주위에 열려 있는 사소한 것들이 주제가 된다. 지금 여기의 문제에 관심을 기울이며, 현시대의 문제와 사회에 눈을 돌리고 있기 때문이다. 현대의 미술은 유토피아의 '행복'이 아니라 지금 여기의 '문제'를 드러내는 예술이다. 이런 상황들의 일환 중 하나인 예술은 공공과의 접목을 꾀했다. 공공의 장소, 공공의 공간을 선택했다. 2006년 'Art in City' 사업, 2009년 '마을미술 프로젝트' 등 행정이 적극적으로 지역에 예술자원을 도입하고, 예술가가 현시대의 신도시보다는 구도시에 눈을 돌려 추진한 것이 공공미술이다.

지원기관은 예술가들의 이데올로기적 통제와 경제적 후원이라는 두 마리 토끼를 잡을 수 있는 기회가 되었다. 제도화 시대를 벗어난 인상주의 작가들이 더 이상 예술가를 후원하지 않는 부르주아를 보는 것과 달리, 현대의 예술가들은 시대적 추이에서 찾아오는 달콤한 사탕을 잡을 수밖에 없지 않았을까라는 생각을 한다. 그러나 몇 년이 지나지 않아 예술가들은 지원기관과의 관계, 장소와의 관계, 설치 및 제작된 작품들의 사후 관리 등 예상치 못한 문제에 봉착하게 되었다. 문제를 풀기 위해 지원기관과 예술가들의 노력은 이어지고 있지만 아직까지 풀어야 할 과제들은 남아 있다.

이 책은 예술가의 입장에서 도시 속 공공미술과 이로 인해 자연스럽게 야기되는 문제들을 풀어보고자 했다. 기념비, 미술장식제도(1%) 등 장소 속의 미술, 장소로서의 미술보다는 참여·개입으로서의 공공미술을 비중에 두고 서술하였다. 장소는 부산이라는 도시에 한정하여 공공미술과 관계를 맺고 있는 주위의 도시, 마을에서 비롯하여 공공미술의 제작자인 예술가의 노고와 이들이 제작한 미술마을들, 예술가와 지역민과의 관계, 예술가에 의해 만들어진 결과물의 지속성을 위한 모색을 염두에 두었다.

필자는 도시 속의 한 마을을 선택하여 그곳에 살고 있는 사람들을 위하여, 그들이 필요로 하는 뭔가를 예술이라는 도구를 이용해 환경과 의식과 분위기를 바꾸기 위해 노력하였다. 이런 일을 한 지 10

여 년이 되었다. 새로운 변화를 주기 위해 애를 쓰면서 내가 경험해 본, 다른 전문가들이 흘린 땀과 노고를 통해 진행한 재생사업 등을 서툰 글솜씨지만 기록해보고 싶었다.

원고를 마무리하면서 몇 년째 모아놓은 사진을 뒤적이다 보니 지난 세월이 영화 속 장면처럼 지나간다. 사진을 보면 할 말이 참 많다. 그러나 적어놓은 원고를 보니 오락기계의 두더지처럼 튀어 나오는 서툰 문장력이 부끄럽기 그지없다.

때로는 비탈진 골목길에서 공공미술을 한다며 깜둥이가 되어가는 필자를, 때로는 화선지 앞에서, 때로는 컴퓨터 앞에서 밤을 새우는 만물상 같은 필자를 항상 밝은 미소로 지원해주는 아내, 딸, 아들에게 감사의 말을 전한다.

2013년 12월

오륜동 작업장에서

구본호

차례

제3장 예술가는 왜 공공미술을 하는가?

제4장 부산의 공공미술 마을

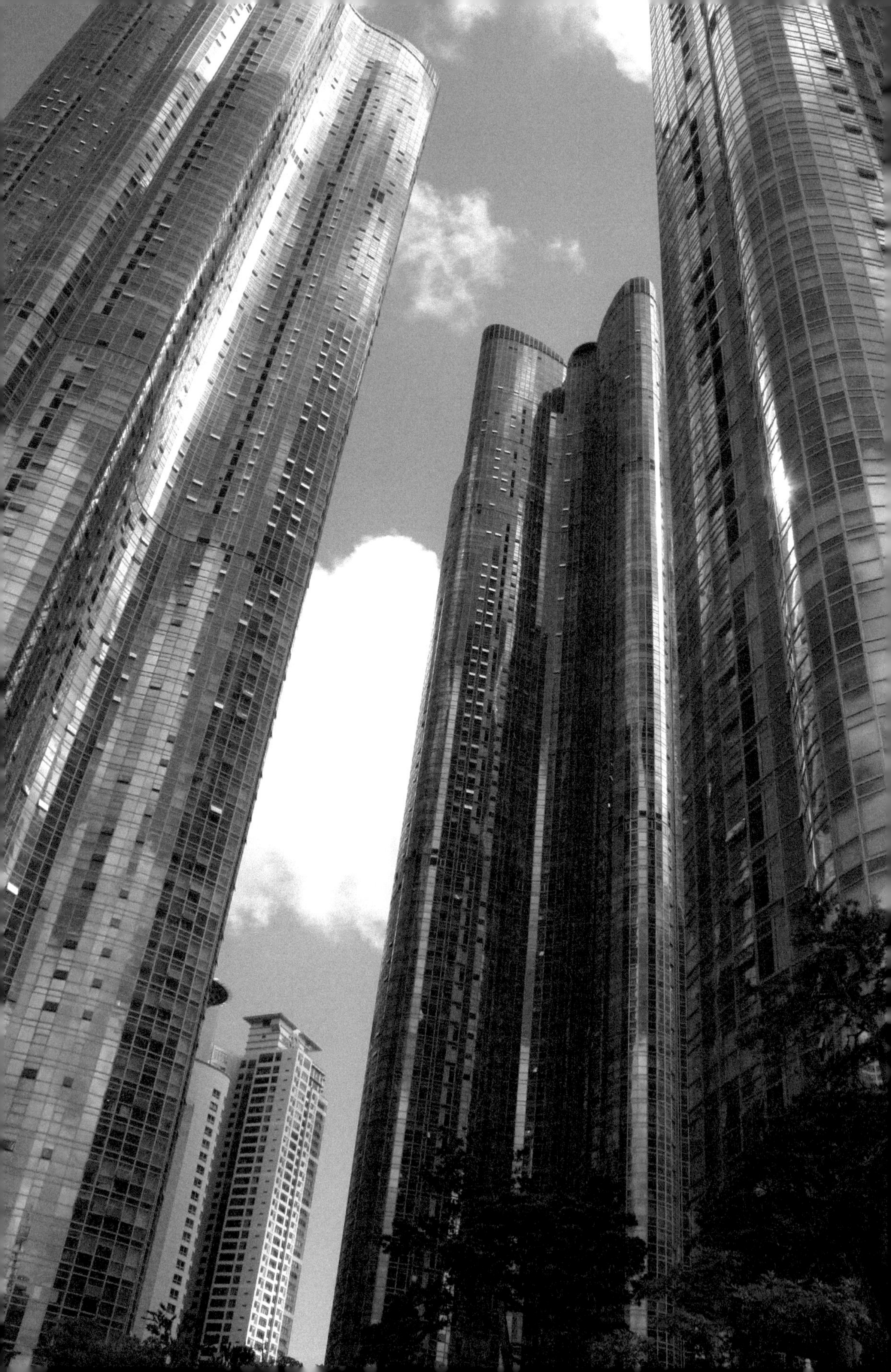

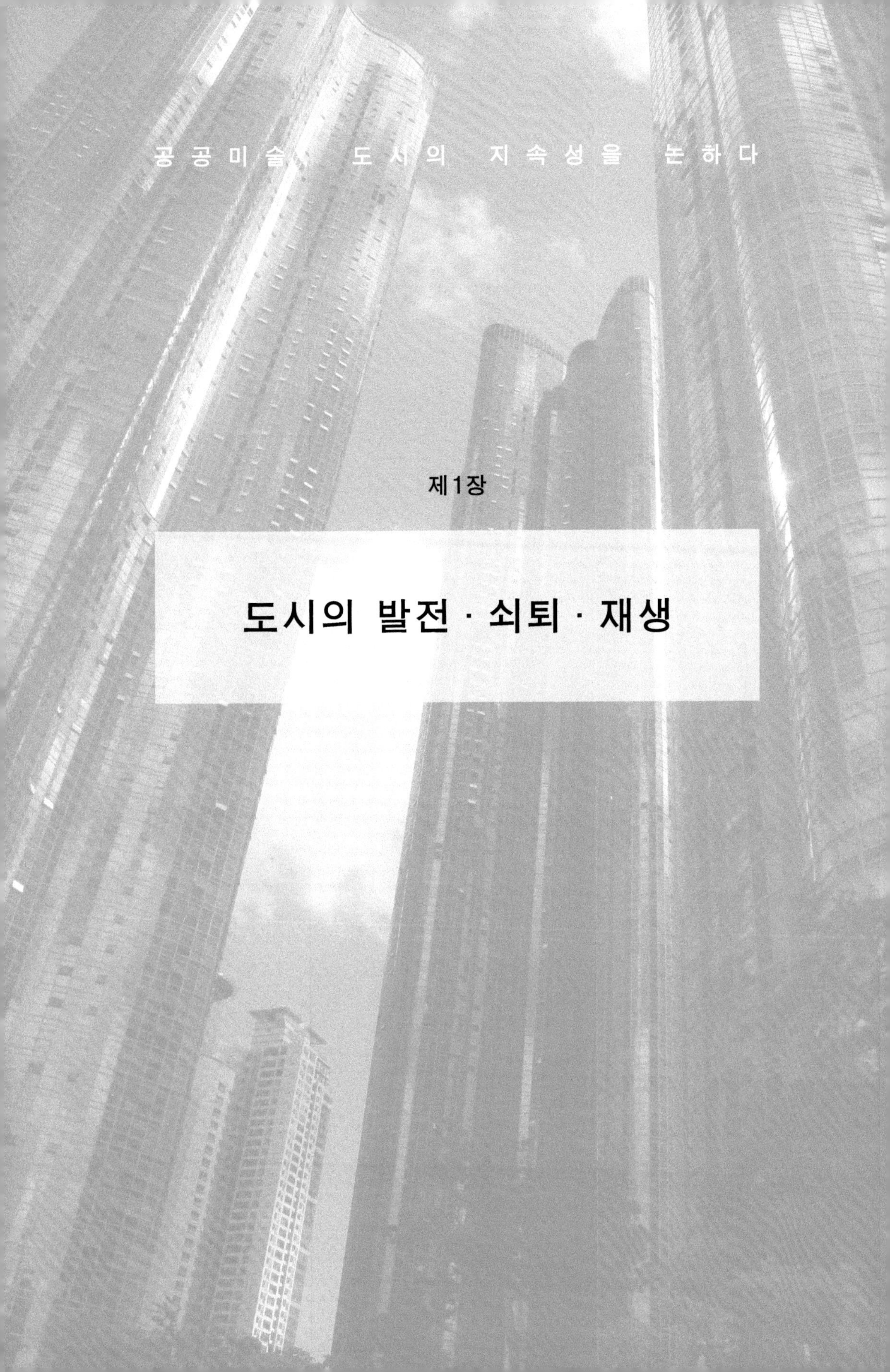

제1장

도시의 발전 · 쇠퇴 · 재생

1 도시 속의 나

도시 속의 나

우리가 살고 있는 곳이 도시인가? 농촌 또는 어촌인가?

나는 도시에 살고 있다.

우리나라 국민의 90% 이상이 도시에서 살고 있다.

그래서 우리가 살고 있는 곳이 어디인가가 중요치 않고 사회적으로, 경제적으로, 문화적으로, 복지적으로 살 만한 도시인가가 더 중요하다.

도시 속 어떤 곳은 높은 빌딩으로 바다가 보이는 전망 좋은 곳, 어떤 곳은 닭장 같은 아파트가 밀집한 곳, 어떤 곳은 산중턱에 집을 지어 살고 있는 곳으로 좁은 골목길이 거미줄처럼 엮여 있다.

산복도로 한 귀퉁이에는 화장실도 없으며 장마철이면 바닥과 벽에 습기가 차는 몇 평 되지도 않는 집에서 살고 있는 이도 있다. 이곳 역시, 분명 우리가 말하는 도시다.

> 오랫동안 말 위에 앉아 미개지를 여행하는 사람에게는 도시의 욕망이 찾아듭니다. 그는 마침내 이시도라(Isidora)에 도착합니다. 이 도시의 궁전들은 바다달팽이를 입힌 달팽이형의 나선 계단을 갖추고 있고, 망원경과 바이올린은 예술의 규범에 따라 제작되며, 외국인이 두 여자 사이에서 갈등을 일으킬 때면 언제나 세 번째 여자를 만나게 되고, 닭싸움이 내기꾼들 사이에서 피 뿌리는 결투

로 됩니다. 이러한 모든 것들 속에서 여행자는 도시를 욕망했던 때를 이따금씩 생각합니다. 그래서 이시도라는 그의 꿈의 도시입니다. 한 가지 차이는 있습니다. 꿈꾸어진 이 도시는 젊은 그를 포함하고 있습니다. 그는 이시도라에 늦은 나이에 도착합니다. 그는 그들과 함께 줄을 맞춰 앉아 있습니다. 욕망은 이제 추억입니다.[1]

이탈로 칼비노의 『보이지 않는 도시들』에 나오는 내용이다. 누구에겐 도시는 욕망의 대상이 되지만, 도시는 어떠한 대가를 치르더라도 스스로가 끊임없이 확장되고 철거하고 건설하고 있다. 나는 이 도시 속에 있다. 내가 관여를 하든 하지 않든 도시는 스스로 그들만의 모습을 찾아간다. 이들을 움직이는 것은 도시를 구성하는 인간들이

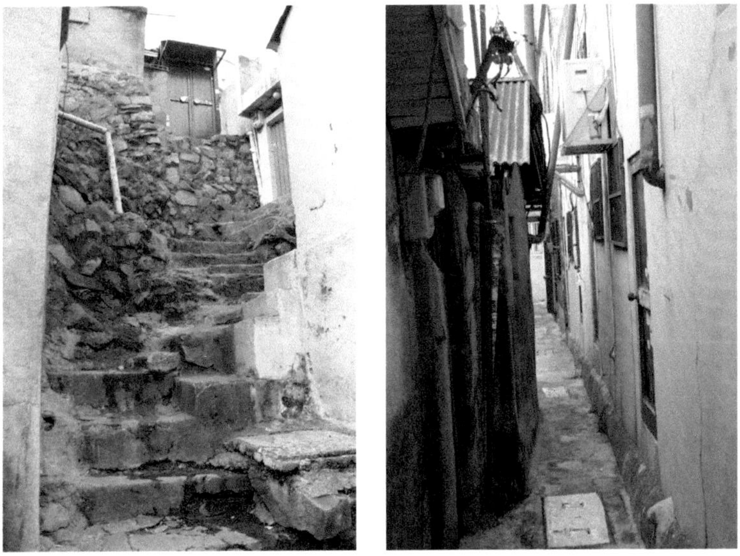

부산시 부산진구 좌천2동의 불규칙적이며 구불구불한 계단과
두 사람이 지나갈 수 없을 만큼 좁은 폭의 당감1동 골목길

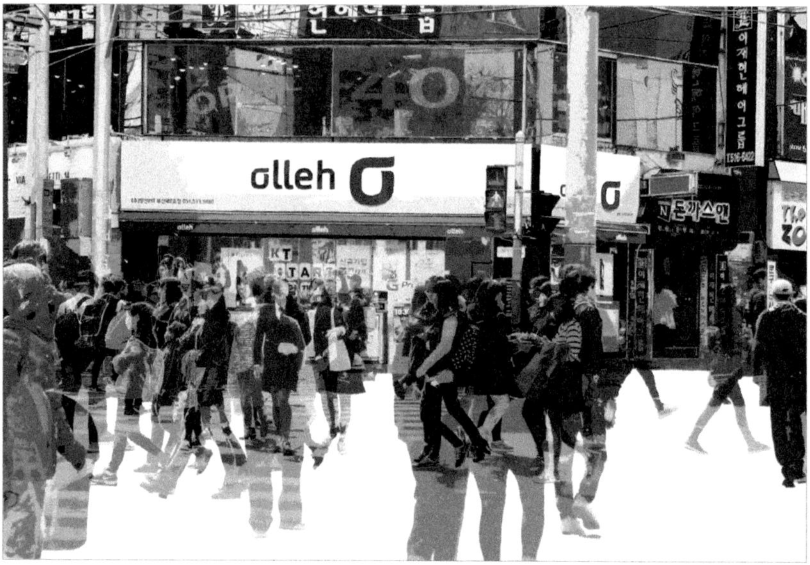

도시민들의 바쁜 일상을 표현한 김정우의 'redunderwear2013-city'

리라. 체제가 허용하는 범위 내에서 만들어낸 도시의 일상성은 시민이 만든 신화다. 새로운 욕망을 부추기고 유행에 뒤지는 것을 열등하게 만드는 것은 물론 자본가의 몫일 것이다.

그래서 도시는 시민이 어떤 산업에 주로 종사하느냐에 따라 농업도시, 관광도시, 금융도시, 행정도시 등으로 구분된다. 도시란 역사, 사회, 정치, 경제, 지리, 문화 등 특수한 배경 속에서 형성된 곳이라, 마을과 같은 취락 단위보다 큰 장소로 널리 인식되고 있지만, 도시를 한마디로 정의할 수 있는 사람은 없을 것이다.

하트숀(Hartshorn)은 "도시란 고용이나 생활방식의 관점에서 독특한 삶의 방식을 지닌 사람들이 집중된 장소"라고 했다. 도시는 비정상적인 방식을 지닌 특정인을 지칭하는 것이 아니다. 모든 사람들이 자기 나름대로 분명한 생각과 생활양식에 대한 선호도가 있음을 가리키는 것이다. 사람들은 살기 위해 도시로 몰려왔다. 그리고 공간을 점유했다. 거주, 일, 오락 등 도시란 서로 다른 사람들이 함께 모여 사는 공간이다.[2]

사람과 사람이 만나고 교감하는 장소로서의 도시. 도시는 디지털이 아니라 아날로그적이다. 디지털의 발전으로 생활이나 활동의 편리성이 높아지지만, 이러한 생활이나 활동을 담는 것은 결국 도시라는 아날로그 공간이다. 20세기의 3D가 더럽고, 어렵고, 위험한 것이었다면, 21세기의 3D는 디지털, DNA, 디자인이다. 도시는 실용적이고 장식적이며 공상과학같이 변모하고 있다.

도시는 인간에 의해 계획적으로 만들어진 공간이다. 자연적으로 생긴 것이 아니다. 이 공간에서 공상과학 영화처럼 부유하고 화려하지는 않지만, 우리 그리고 나는 지하철이나 버스를 타고, 백화점이나 재래시장에서 물건을 사고, 영화관, 미술관에서 문화생활을 즐기며, 공원에서 휴식을 취하며 생활을 영위하고 있다. 나는 도시의 시설물을 이용한 문화 활동을 하고 있다.

그리고 삶을 영위하는 대가로 각종 세금을 지불하고 있다. 그래서 나는 도시에 세 들어 사는 사람들 중 한 사람이다.

광안대교를 지날 때마다 항상 부러움의 눈으로 본 건물이 있다. 소시민으로 근접하기엔 쉽지 않는 곳이라 할까. 도시의 여러 표정의 하나로 긍정이든 부정이든 이곳 풍경을 사진으로 남기고 싶었다. 사진을 찍고 집에 돌아와 보니 우편으로 책이 도착해 있었다. 이 책에 내가 생각했던 문장이 있다.

> 길의 끝에는 바다가 시작되고 있었다.
>
> 민락동 방파제는 도시설계자들이 끝내 굴복시키지 못한 이 도시

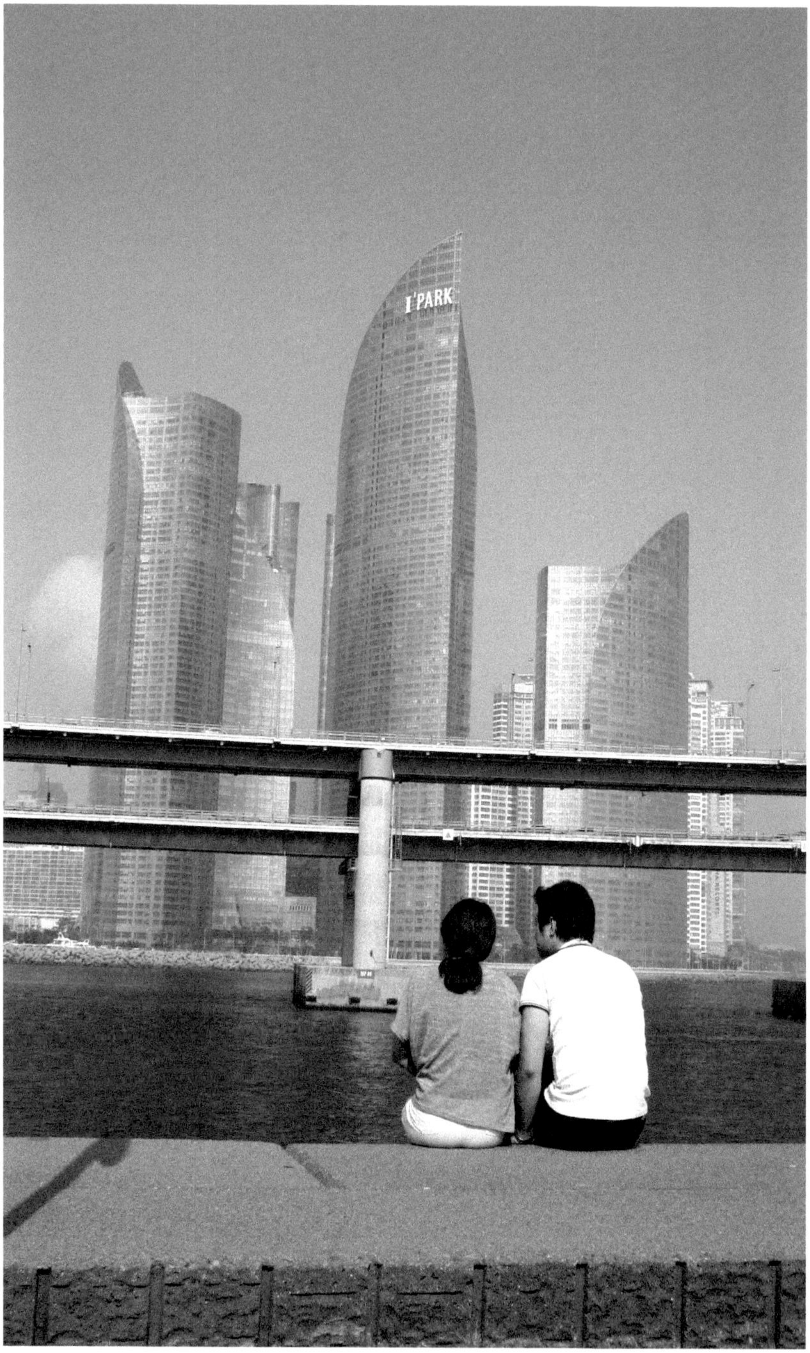
I'PARK

에서 삶이 시작된 근거이며, 방파제 너머 멀리 보이는 건물은 세계적 명성의 일류 건축가 '다니엘 리베스킨트'가 설계한 최고급 주상복합 건물이다.

(…)

공교롭게도 도시에는 세계 최고와 고단한 삶이 늘 공존한다. 두 극단은 공존할 수 없어 보이나, 자세히 살피면 양쪽 모두 스스로의 삶에 여념이 없음을 알게 된다. 내려다보는 사람은 더 이상 아래의 삶을 추억할 시간이 없으며, 밑의 사람 또한 목 아프게 높은 건물의 층수를 셀 겨를이 없다. 이 치열의 순간 누구를 부러워한단 말인가? 위화감이란 하릴없는 자들의 언어유희다.[3]

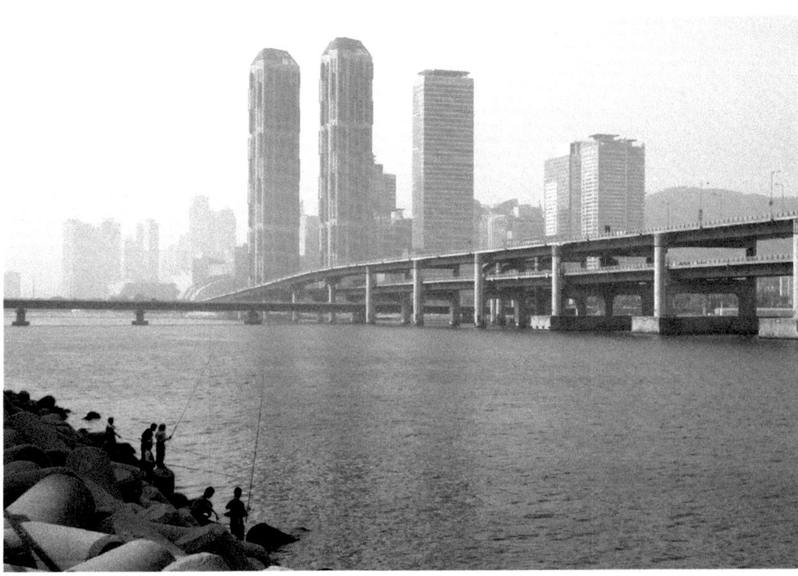

2 창조도시라는 이름의 도시재생

도시재생이란

도시의 무분별한 확산과 중심시가지의 쇠퇴를 극복하기 위해 등장한 도시정책이 도시재생(urban regeneration)이다. 도시재생은 기존 도시가 가지고 있는 물리적 · 사회적 · 경제적 문제를 치유하기 위한 모든 행위를 말하며, 도시개발(urban renewal, urban redevelopment), 도시재활성화(urban revitalization), 도시쇄신(urban renovation)등의 복합들을 포괄하는 광의의 개념으로 받아들여지고 있다.

산업구조의 변화 및 신도시 · 신시가지 위주의 도시 확장으로 상대적으로 쇠퇴하고 있는 기존 도시를 새로운 기능을 도입함으로써 물리 · 환경적, 경제적, 생활 · 문화적으로 재활성화 또는 부흥시키는 것이 도시재생이다. 도시정비를 기본적으로 재개발과 같은 물리적 사업이라고 한다면, 도시재생은 물리 외적인 사회경제적, 문화적 행위를 말한다. 관공서의 도시정비과는 물리적으로 정비하는 역할을, 재생과는 그 외적인 것들인 문화적인 것을 포괄하는 개념을 품고 있다.

도시개발사업이나 정비사업은 도시계획을 최종적으로 실현시키는 수단으로서, 도시개발사업이 비교적 신개발을 위주로 하고 있음에 비추어 정비사업은 낙후되거나 비효율적 토지 이용이 이루어지고 있는 기성 시가지를 기능적으로 갱신하는 수법이라고 할 수 있다.

도시의 재생은 쇠퇴한 도시지역을 물리 · 환경적, 경제적, 생활 · 문화적으로 개선하여 활력이 저하된 기능을 회복함과 동시에 경쟁력 있

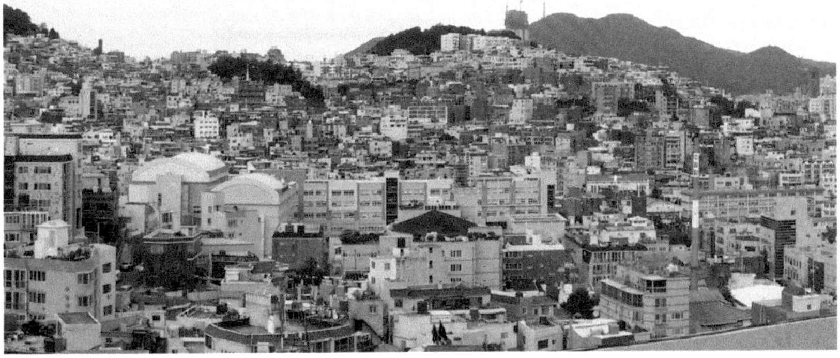

6 · 25 전쟁과 산업화 과정에서 생겨난 부산의 달동네

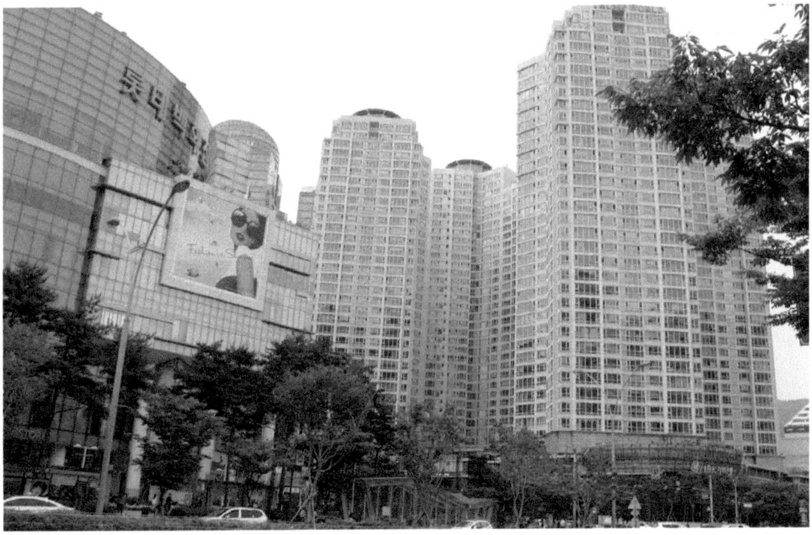

부산시 해운대구 센텀 신도시

는 정주환경으로 재창조하는 과정이라 할 수 있다. 지난 40여 년 동안 우리나라 도시개발의 기본방향은 급속한 산업화 · 도시화 과정 속에서 늘어나는 수요를 충족하기 위해 신도시, 신시가지 위주의 개발에 치중하여왔다. 그 결과 도시의 무분별한 외연적 확산을 통한 부지 확보가 갈수록 어려워진 가운데 기존 시가지의 공동화 현상은 주민들의 상대적 박탈감으로, 이는 정치적 저항으로까지 나타나고 있다.[4]

도시 외곽의 대단위 신개발은 이제 한계에 다다르고 있다. 이에 대한 대체 수단이 필요하게 되었고 그 대표적 대안이 도시재생 사업이다. 낙후된 도심의 재생이 도시의 경쟁력을 향상시키는 효율적인 방법 중 하나이다. 도시의 경쟁력이 국가 경쟁력과 직결된다는 인식은 도시재생을 더욱 세계적으로 주목받게 하였다.

대부분의 국가에서는 구시가지(부산에서는 원도심라고 함)의 공동화 문제가 상당히 심각한 사회현상으로 대두되었다. 우리나라는 60년대 이후 유래를 찾아보기 힘들 정도로 급속하게 진행된 도시화 과정 속에서 도시의 외연적 환산의 한계를 인식하게 되었고 도시재생을 통한 도시내부의 효율적인 정비라는 과제가 대두되기 시작했다.

선진국에서는 현대 도시에 기능적 편리성뿐 아니라 도시생활의 질을 함께 고려한 지속가능한(ESSD: Environmentally Sound and Sustainable Development), 스마트성장(smart growth)과 같은 새로운 개념의 도시개발이 대안으로 모색되고 있다. 즉 기존의 도시개발에서 소홀이 다루었던 사람 중심의 교통, 다양하고 활력 있는 공동체 형성, 복합적 이용, 여가와 문화 증진 등 도시 생활의 삶의 질을 높이려는 다양한 형태의 도시개발을 시도하고 있다.

최근 국내에서도 이러한 문제를 인식하여 단순한 물리적 환경정비의 범주를 넘어서 낙후된 지역의 경제적 · 사회적 · 물리적 재활성

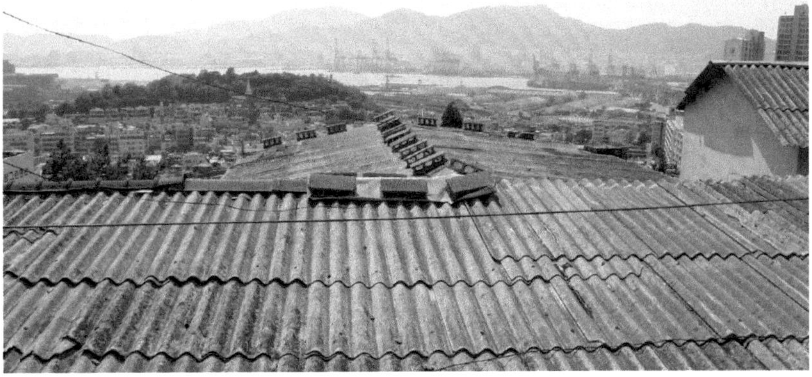

낙후지역인 부산의 감만동. 슬라브 지붕 너머 부두가 보인다.

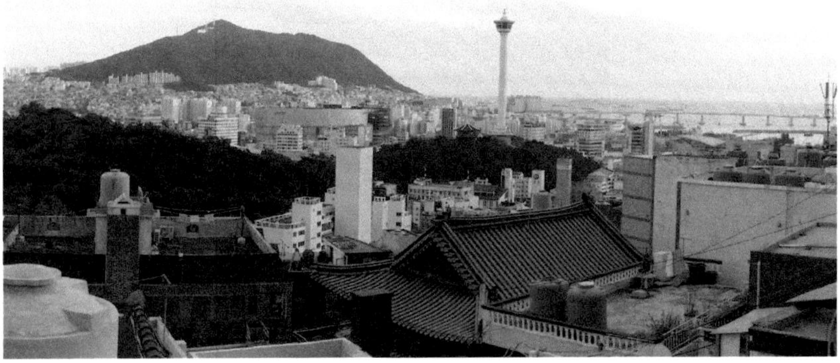

용두산 타워가 보인다. 한때는 이곳이 부산의 중심이었다.

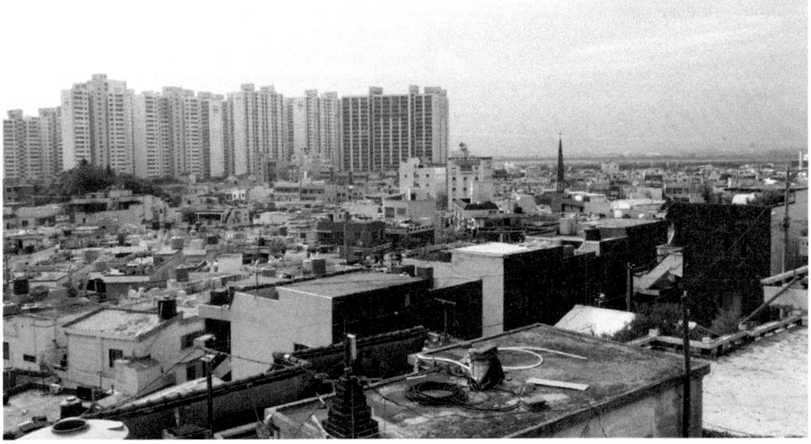

고층아파트와 단독주택은 묘한 빈부의 차이를 느끼게 한다.

화를 의미하는 도시재생법을 마련하는 등 도시재생이라는 포괄적인 개념을 도입 · 추진하고 있다.

이렇듯 도시재생이 도시전체 관리차원에서 도시지역의 활성화를 도모하고 있다는 측면에서 기존에 논의되어왔던 도심재생과는 다르다. 즉 도시재생은 대도시 지역의 외부확산을 억제하고, 쇠퇴지역의 문제를 종합적인 시각에서 해결하려는 접근으로서 해당지역의 경제적 · 사회적 · 환경적 상태를 지속적으로 개선함으로써 기성시가지의 재활성화를 도모하고자 하는 것이다.[5]

지금까지 시행된 많은 도시 재개발의 경우에는 원래 도시구조의 모습을 깨끗하고 보기 좋게 정비하려는 경향이 강했다. 이것은 외양으로는 일시적으로 성공적인 결과를 보여주었지만, 기존 거주민의 삶을 무시한 도시구조의 파괴로 부정적 결과를 초래하여왔다. 모든 도시 재개발은 쾌적한 도시환경을 만들어가는 좋은 방법이지만, 시대의 변화와 시민들의 의식변화는 더 이상 권력에 의한 체계와 물량위주의 구조적 개방이 아닌 문화예술 공간 개발의 필요성을 점점 요구하고 있다. 이는 살고 싶은 도시, 살기 좋은 도시로 만들어가는 것이 문화공간으로서의 도시재생의 기본 개념으로 보기 때문이다.[6]

도시재생 이론은 리처드 프로리다로 시작해 찰스 랜드리, 제인 제이콥스, 사사키 마사유키 등 여러 학자들이 정의를 내리고 있다. 이들의 학자들은 도시재생의 방안으로 창조적 방식의 도시재생을 주장한 것이다. 창조도시라는 이름의 도시재생을 하자는 것이다. 부산을 비롯한 세계 여느 도시들과 마찬가지로 물리적인 도시개발 중심의 구태의연한 방법으로는 사회의 변화에 대처할 수 없는 상황이다. 1990년대 후반부터 본격적으로 주목받기 시작한 창조도시는 2000년대에 들어 창조도시, 창조공간, 창조계층, 창조산업 등의 용어가

화두로 떠오르며 폭넓은 연구가 진행되고 있다. 창조적인 환경으로서 창조도시를 바라보는 시각을 창조공간이라 한다. 찰스 랜드리는 "창조성이란 새로운 발명의 연속일 뿐 아니라 과거와의 적절한 대화를 통해 수행되며, 문화와 창조성은 서로 자극을 주고받으면서 발전해가는 것으로, 도시의 고유한 창조환경(creative milieu)이 조성되어 있는 도시"에 주목했다. 창조계층은 창조적 인재가 모이는 장소로서 사람과 사람의 창조성의 중요성이다. 문화, 예술가는 창조적 아이디어를 가진 대표적 창조적 인재라 할 수 있다. 그리고 산업과 문화발전의 중심지로서 창조도시를 창조산업이라 한다. 도시산업과 문화의 발전을 통해 도시의 경제발전을 도모하는 것으로 사사키 마사유키는 "인간이 자유롭게 창조활동을 함으로써 문화와 산업의 창조성이 풍부한 동시에, 탈 대량생산의 혁신적이고 유연한 도시경제 시스템을 갖춘 도시"를 창조도시라 했다. 즉 창조도시는 창조공간, 창조계층, 창조산업의 재편이며, 외부의 유입이 아닌 자발적인 발흥이 있을 때 비로소 도시는 바뀌어가는 것이다. 도시재생이다. 도시라는 장소와 창의적 아이디어를 통해 경제적 효과를 창출하는 것이다. 따라서 창의적 인재를 발굴하고 문화와 예술에 의해 창의성을 끌어낼 수 있는 도시 환경의 조성이 필요한 시점으로 보인다.

산업혁명 이후 선진도시는 도시화 · 산업화를 통한 급격한 성장을 하였다가 2차 대전 이후 산업구조의 재편으로 쇠퇴를 경험하였다. 산업화와 함께 등장한 메트로폴리스는 자본주의 시장경제의 규모적 성장을 통해 급속한 도시화를 이루었다. 도시의 양적인 성장은 2차 대전 이후 산업 · 인구 · 자본을 재편하였고 경제구조의 재편은 왕성한 산업도시의 쇠퇴를 야기시켰다. 이는 물리적 · 사회적 · 경제적 · 환경적 문제로 이어졌다. 영국의 맨체스터, 글래스고, 런던, 미국의 디트로이트, 시카고, 세인트루이스, 볼티모어, 유럽의 산업 도시 등이 그 대표적인 예이다. 이러한 도시의 물리적 · 공간적 쇠퇴는 경제적 · 사회적 침체를 동반하였다. 도시의 성장과 쇠퇴가 필연적인 과정이라면, 도시재생은 쇠퇴해가는 도시의 물리적 · 경제적 · 사회적 · 문화적 · 환경적 차원에 관여하면서 도시쇠퇴를 치유하는 과정이라 할 수 있다.

6 · 25 전쟁으로 인한 인구이동이든 산업화로 인한 인구의 증가든 도시에 인구가 증가하면서, 이전부터 자리 잡고 있었던 마을 주위에 새로운 마을이 형성된다. 이 마을은 원 마을에 비해 크고 좋은 건물과 편리한 생활권이 만들어진다. 그리고 차츰 원 마을은 신 마을의 발전과 성장에 비해 쇠퇴한다. 이렇게 쇠퇴한 도심을 구도시(심), 부산에서는 원도시(심)라고 한다.

사실 부산의 경우는 6 · 25 전쟁 이후 공업화가 되면서 도시가 성장하였다. 그러나 제조업체가 타 지역으로 유출되면서 서비스 산업이 도래되었다. 2차 산업에서 3차 산업으로 전환되면서, 2차 산업지는 쇠퇴의 지역으로 남는 것이다.

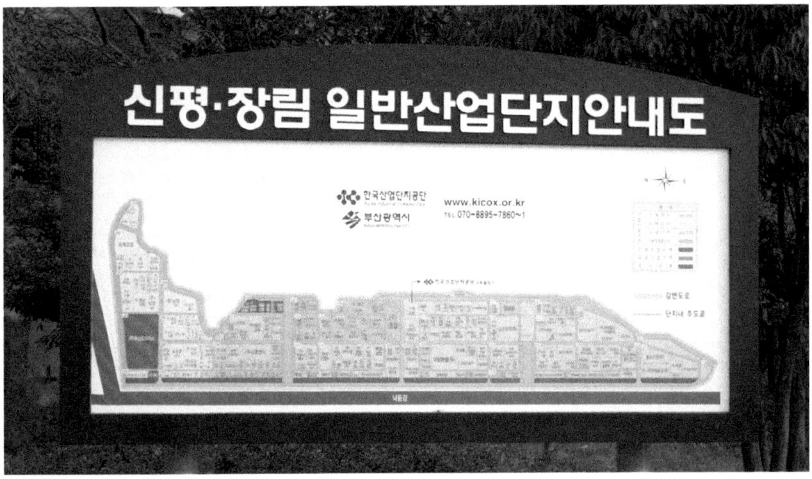

신평 · 장림공업단지 안내도, 부산시 사하구, 사상구는
낙동강을 기점으로 대부분 공업단지다.

부산의 사상구, 사하구는 대표적인 공업도시다. 섬유산업의 침체와 강서구의 녹산단지가 생기면서 이곳의 산업은 점점 쇠퇴되어갔다. 반면 해운대, 화명동은 신시가지 건립으로 새로운 신흥도시로 부흥하면서 생산도시보다는 서비스, 소비도시가 성행하게 되었다.

도시는 왜 쇠퇴할까? 그 이유는 무엇일까? 도시쇠퇴를 막을 방법은 없을까? 쇠퇴되었다면 회생의 방법은? 회생하였다면 다시는 쇠퇴되지 않게 자구의 노력이 필요할 것인데, 이때 어떤 방법이 지속적 유지에 도움이 될까?

이런 의문의 꼬리가 물고 물어 마치 용꼬리가 되어갈 때 이런 답을 찾았다. 도시재생의 세 가지 이론이다.

첫째는 도시쇠퇴의 양상을 고찰하는 도시재생 이론이다. 도시쇠퇴가 어떻게 시작되었으며 어떤 양상으로 나타났는지에 대한 이해와 관찰에 관한 이론이다. 도시의 생성 · 성장 · 쇠퇴의 과정에서 나타난 도시 문제의 원인을 과정별로 분석하여 쇠퇴의 양상을 파악하고,

이를 바탕으로 한 해결책의 제시는 중요한 도시재생 이론의 한 분야이다. 도시마다 그 원인은 다를 것이다. 다시 말해 도시가 왜, 어떻게 쇠퇴가 시작되었는지 분석하는 이론이다.

둘째는 도시쇠퇴의 문제 해결 '수단'을 제시하는 도시재생 이론이다. 특정 시기에 어떤 방법으로 도시쇠퇴 문제를 해결했는가에 대한 방법은 도시재생 이론의 한 영역으로 다루어져야 할 필요가 있다. 물리적 환경의 개선을 시도한 도시재건설, 경제적 차원의 접근인 물리적 차원의 도시재정비, 사회적 환경의 중요성을 강조한 도시재생, 문화적 차원에서 해결하기 위한 도시르네상스 접근 등이 해결의 수단이 될 수 있다.

세계는 1, 2차 전쟁 후 도시화, 산업화로 이어진다. 1970년대 뉴욕, 런던 등 대도시에서는 인구와 고용의 감소로 인해 도시의 경제기반이 약화되고 있던 상황에서 재정위기까지 겹치면서 도시경제가 쇠퇴하게 된다. 곧 도심의 공동화, 환경악화, 외연화, 경제 침체 등이다. 1980년대 들어와서는 국제적인 금융기반 강화 등을 배경으로 세계도시들의 경제가 호전되기 시작하면서 도시의 재생 또는 르네상스 정책이 새롭게 등장하게 된 것이 사례로 볼 수 있다.

셋째는 도시의 생성 · 성장 · 쇠퇴 · 재생 · 재성장(혹은 재쇠퇴)의 '순환체계'를 고찰하는 도시재생 이론이다. 재생사업은 성장과 재성장과 관련된 순환체계의 특징을 가지고 있다. 도시의 성장과 변화를 시장 논리에만 맡겨 놓을 경우 예상치 못한 문제가 생긴다. 이를 도시문제라 하는데 도시문제는 교통문제, 환경문제, 주택문제 등 다양한 분야에 생긴다. 그래서 도시재생 이론의 정립에 있어 도시쇠퇴를 막고 재성장의 기회를 만들어 지속적인 재성장을 유지하도록 하는 이론의 정립은 중요하다.

| 도시의 생성 · 성장 · 쇠퇴 · 재생 · 재성장 순환체계 | [7]

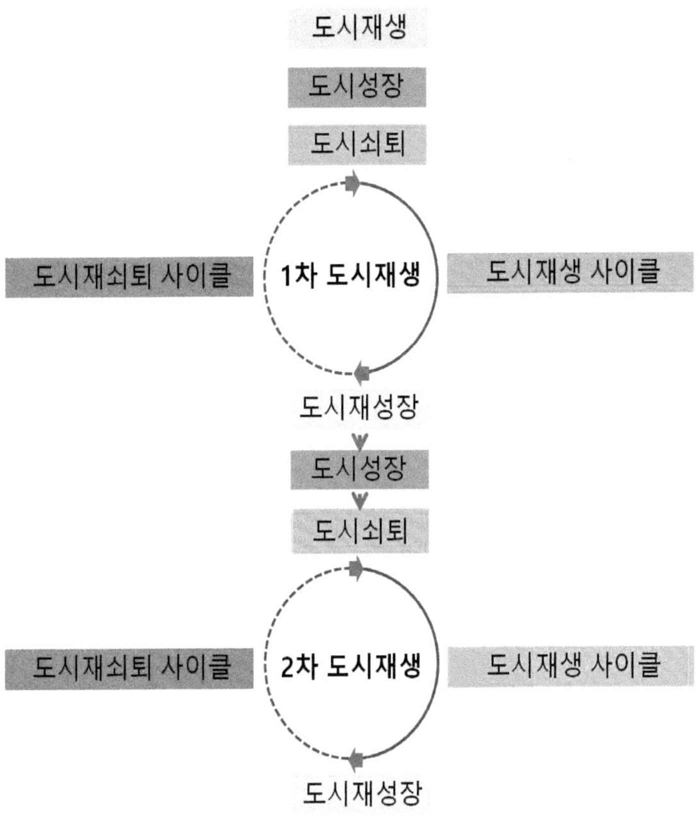

3 살기 좋은 도시 만들기

살기 좋은 도시 만들기란

국토해양부에서 추진하고 있는 '살고 싶은 도시 만들기', 행정안전부의 '살기 좋은 지역 만들기', 농림수산식품부의 '살기 좋은 농촌 만들기', 문화관광체육부의 '가고 싶은 섬 만들기', 환경부의 '생태 하천 복원 사업' 등이 국가차원에서 추진하고 있는 살기 좋은 도시(마을) 만들기다.

새마을 운동, 산업화 등 지역 발전을 위한 발전의 시대에 비하면 현재 우리나라 지자체의 도시 기반이 어느 정도 갖추어져 질적 제고

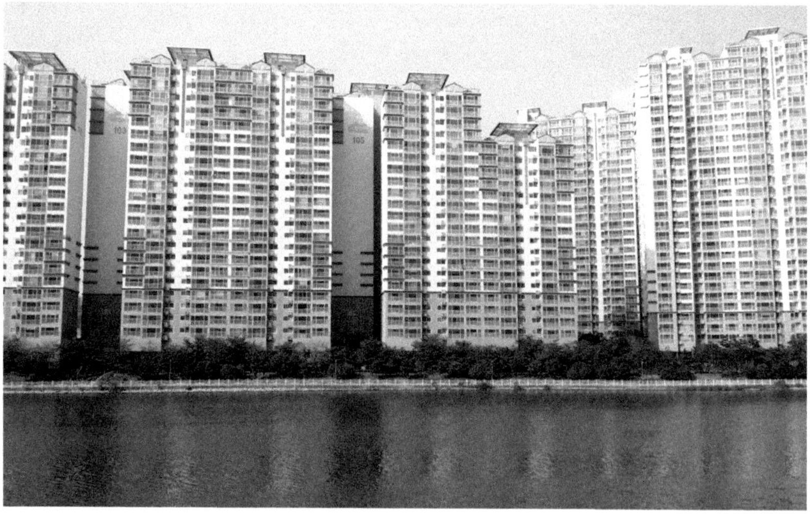

부산시 수영천 옆 아파트. 도시의 삶터는 주거에서 비롯된다.

를 통한 경쟁력 향상으로 초점이 바뀌었다. 도시에 살고 있는 시민들의 욕구가 종전의 단순한 공급 측면에서 벗어나 삶의 질 향상이라는 보다 심미적인 측면으로 관심이 옮겨가는 데 기인되었다고 볼 수 있다. 즉 문화적 복지를 누리는 것이다.

살고 싶은, 살기 좋은 도시 만들기를 정의한다면 사람의 활동 영역인 삶터, 일터, 놀이터의 세 가지 공간을 대상으로 어울려 사는 건강한 도시, 일하기 좋고 활력 있는 도시, 여유 있고 문화적인 도시를 조성하기 위해 주민이나 지방자치단체, 중앙 정부 등이 상호 협력하여 의도적으로 노력하는 행위라고 할 수 있다. 도시는 삶터로서 주거·교육·의료·안전·교통, 일터로서 일자리, 놀이터로서 환경·경관·문화 등 9개 핵심 요소로 구성되어 있다. 이 핵심요소들은 삶의 질적 요소들이다. 도시는 연일 살기 좋은 도시를 만들기 위해 이 요소들을 충족시키고 있다.

| 살기 좋은 도시 만들기 개념도 |

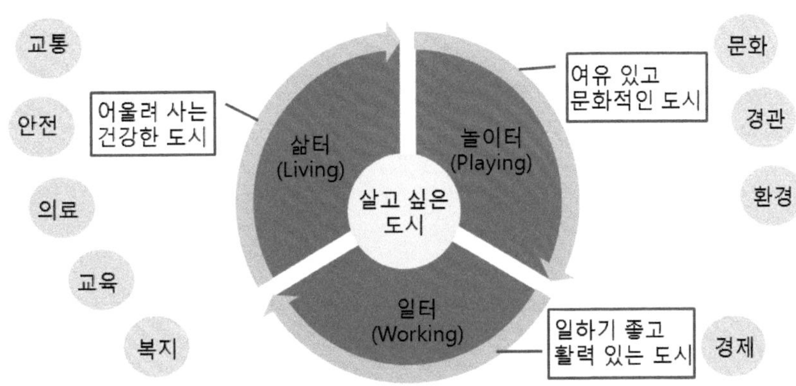

산업화를 본격 추진한 1960년부터는 도시가 급성장하고 이에 대응하기 위해 도시개발 체제를 더욱 발전시켜왔다. 도시 거주 인구의 총수로 보면 1960년부터 2010년까지 지난 50년 동안 900만에서 4,600만으로 3,700만 명이나 늘어났다.[8] 반세기 동안은 도시의 양적 성장에 대응하여 시가지를 확장 · 개발하는 일로써 도시 만들기에 매진해왔다. 그동안 만들어진 도시 만들기 제도도 모두가 도시 성장을 전제로 한 것이었다. 특히 도시계획은 이에 필요한 시설 및 공간 소요를 미리 판단하여 배분하는 일을 맡아왔다.[9] 그래서 지난 반세기 동안 우리나라 도시개발의 기본방향은 급속한 산업화, 도시화 과정 속에서 늘어나는 수요를 충족하기 위해 신도시, 신시가지 위주의 개발에 치중하여왔다. 그 결과 도시의 무분별한 외연적 확산을 통한 개발로 인해 기존 시가지의 노후화와 쇠퇴는 당연한 부산물로 이어져 왔다.

도시, 농촌 할 것 없이 낙후되었다고 생각이 든 곳은 어김없이 살기 좋은 방안을 모색하고 있음을 볼 수 있다. 이들의 살기 좋은 도시 만들기에는 중앙 부처의 일회성 예산의 지원하에 각 지자체가 주민의 삶의 질 향상 차원에서 추진하는 사업 중심의 살기 좋은 도시 만들기와 도시재생법 등 도시 전체를 관리하는 법적인 틀 속에서 지속적으로 운영되고 있는 제도로서의 살기 좋은 도시 만들기 등 크게 두 가지 흐름이 있다.

그러나 먼저 어떻게 만들 것인가가 더 중요하다. 여기저기에서 나오는 얘기들을 모으면 지속 가능한, 주민 참여형, 수요자 대응형 등으로 압축된다. 그러나 내가 생각하기로는 자신이 사는 장소 때문에 불이익을 당하지 않기, 낙후된 동네의 일반적인 쇠퇴를 막고 재발하는 것을 막기, 저임금을 받는 사람들이 다른 사람들보다 훨씬 못한 서비스를 받고 낙후된 조건에 시달리는 것을 더 이상 당연하게 받아들이지 않기, 우리 가족들의 미래를 이곳에서 보낼 수 있게 하기, 많은 사람들이 '떠나고 싶어 하는 곳'으로 우선순위로 두고 있는 동네 없애기 등을 원칙으로 해야 한다.

요즘 부산에는 6 · 25 전쟁과 산업화 과정 이후에 생성된 산복도로, 달동네 마을들이 노후화되었다. 그리고 이런 지역들은 산복도로 르네상스, 행복마을 만들기라는 이름으로 도시재생 사업이 진행되고 있다.

마을 만들기.

마을이 공간과 결합하는가? 마을이 예술과 결합하는가? 사실 마을 만들기는 마을이 무엇과 결합하는가의 제안이다.

마을은 영원한 것이 아니다. 인간의 역사만큼이나 긴 시간동안 많은 마을들이 생겨나고 성장하고 쇠퇴하여 사라져갔다. 이러한 흐름은 시대변화가 빨라질수록 그 속도도 빨라진다. 과거에는 전쟁, 질병, 국가정책 등이 주요 원인이었으나 오늘날에는 대규모 토목공사, 신도시 건설, 고령화, 경제적 요인 등이 주된 원인이 되고 있다고 한다. 과거와 다르게 오늘날 마을 조성의 특징은 주요 원인이 경제적 요인이며 조성 속도가 굉장히 빠르다는 점이다.

마을 만들기가 한국에 도입된 배경에 대해 많은 연구자들은 1995년 이후 일본의 마을 만들기가 소개되면서 시작되었다고 한다. 한국의 마을 만들기 운동은 시민단체들의 다양한 주민참여 활동 경험이 축적되면서 어떻게 운동으로 자리매김할 것인가를 고민한 결과물이었다고 할 수 있다.

부산시에서는 2013년 초에 마을 만들기 지원 등에 관한 조례안을 발표하면서 마을 만들기의 핵심주체를 공공+주민+전문가 협연의 유기적 관계를 제시했다. 광역시 단위에서는 부산에서 처음으로 시도하여 2010년부터 2013년 현재까지 30개 마을을 선정하여 진행하고 있다. 진행과정을 보면 1년간의 시설개선과 2년간의 공동체 운영지원방식으로 사업을 추진 중에 있다. 낙후된 주거지역을 마을단위로 묶어 지역민 스스로 지역문제를 해결할 수 있도록 건강하고 튼튼한 커뮤니티 형성을 통해 공간적 재생, 사회 · 문화적 재생, 경제적 재생을 추진하는 종합적 재생방식을 사업배경으로 삼고 있다.

| 행복마을 만들기 사업의 목표와 사업의 관계 |

사업내용		행복마을 만들기 목표		사업내용
물리적 재생	▶	공간기반 조성 (Community Infra)	▶	-마을도서관, 갤러리, 행복마을센터, 소공원, 공동작업장, 공동육아센터 등 -주거환경 개선사업(주택정비, 노인정, 주차장 확보, 도로개설 등)
사회 · 문화적 재생	▶	주민역량 강화 (Community Human)	▶	-행복마을 리더교육, 도시락만들기 교실, 생태아카데미, 육아교육센터 등 -주민자치센터 프로그램(영어교실, 컴퓨터교실, 실버대학 등)
경제적 재생	▶	마을경제력 증대 (Community Economy)	▶	-시설의 운영 · 관리를 통한 소득, 테마공간 조성을 통한 방문객 증가, 마을공동체의 마을기업화 유도 -시장/상권활성화 계획(노후상점 정비, 상품권 발행, 아케이드 설치 등)

현재 부산을 중심으로 보면 금정구 머드레 마을의 매실 엑기스 생산, 동구 초량6동 골목점빵의 조미료 생산과 범일4동 안창마을(오색빛깔)의 천연염색을 통한 마을기업, 서구 닥밭골 마을의 바리스타 교육 및 커피 판매, 사하구 감천2동 문화마을 아트숍에서는 마을 주민들이 만든 머그컵 등 아트 상품을 생산, 판매하는 등 마을기업으로

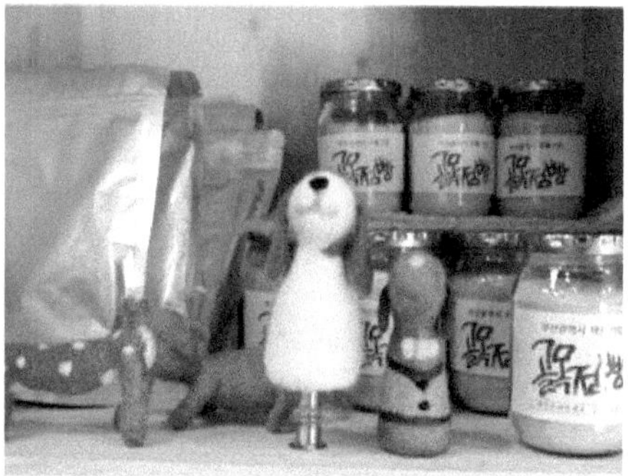

부산시 동구 초량6동 골목점빵은 조미료를 생산하여 판매하고 있다.

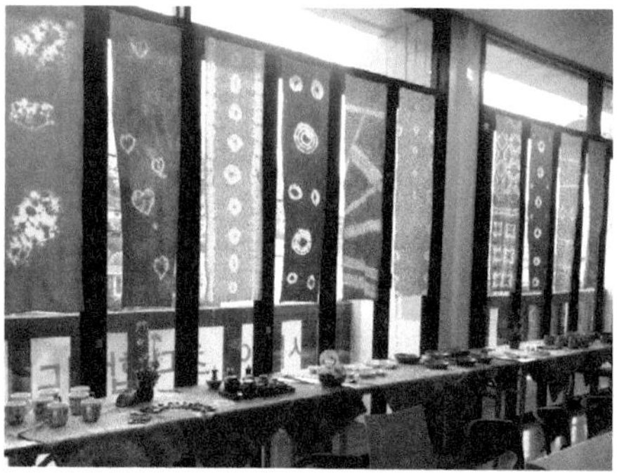

부산시 동구 범일4동 안창마을(오색빛깔)은 천연염색을 통한 마을기업을 운영하고 있다.

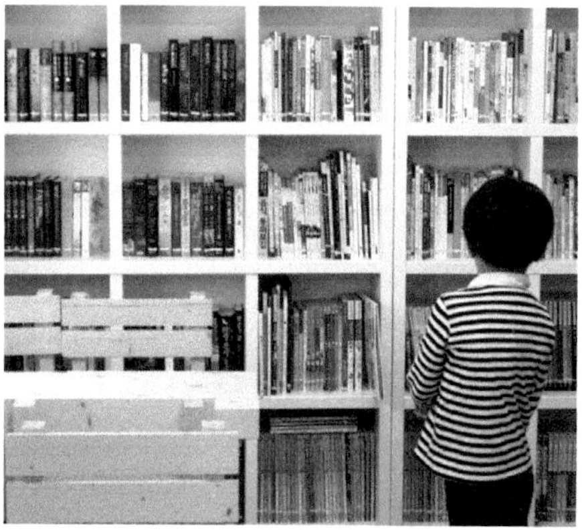

부산시 서구 닥밭골 마을은 북카페와 바리스타 교육 및 커피 판매로 수익을 창출하고 있다.

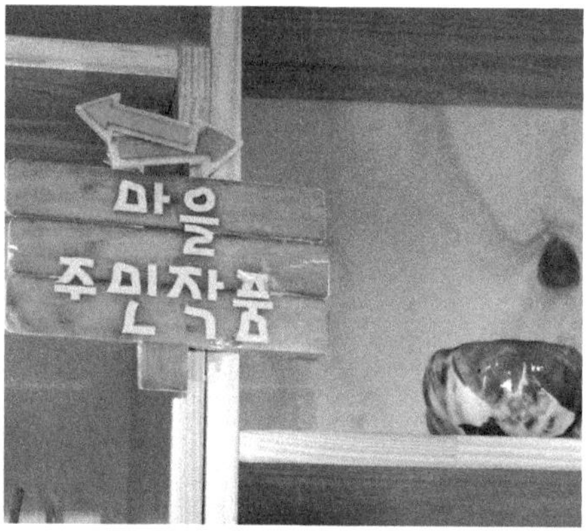

부산시 사하구 감천2동 문화마을 주민들은 머그컵 등 아트 상품을 만들어 아트숍에서 판매한다.

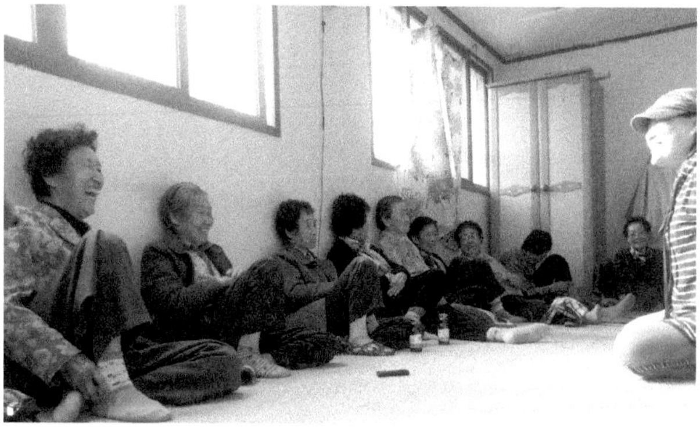

부산시 사상구 주례1동 온골마을은 마을 할머니들로부터 들은 옛 이야기를 모아 『그러니까 어른이지』 시집을 발간했다.

성공의 궤도로 가고 있다. 북구 금곡동 공창마을의 마을역사지 발간, 사상구 온골마을은 (사)문화예술인적자원개발센터에서 진행한 부산시 창조문화프로그램에서 마을 할머니들로부터 들은 옛 이야기를 모아 『그러니까 어른이지』 시집 발간, 닥밭골 마을은 이현주 시인 겸 마을전문가를 통해 스토리텔링 등을 시도했다. 이러한 마을들은 스토리텔링을 통한 가능성을 보이는 곳이라 할 수 있다. 그러나 여전히 여러 마을에선 마을기업으로 무엇을 할 것인가 고민에 빠져 있다.

또 하나의 고민은 대다수의 산복도로 지역이나 행복마을 지역이 낙후된 곳이라는 점이다. 지금이 아니더라도 언젠가 개발이 되어야 하는 주거환경, 경제 · 문화적 결핍지역이다. 마을의 경제적 회생을 위해 마을기업과 공동작업장을 물리적 기반시설로 조성하고 있다. 그러나 '행복마을센터', '공동작업장' 등 경제적 회생을 위한 행복마을의 상징적 건축물은 재개발시 또 다른 골칫거리가 될 것이다. 어쩌면 도시의 흉물로 지적되는 벽화 등 공공미술은 미래의 문제에 보다 빨리 봉착했다고 봐야 한다. 지역의 어르신을 만나보면 한결같이 하는 말이 "고마 확 밀고 다시 지었으면 좋겠다"고 한다. 우리 집 주위가 아무리 좋은 색으로 단장하고, 마을기업으로 주민들의 호호마다 경제적 혜택을 받는다고 하여도 지금 살고 있는 이 집 자체의 불편함은 여전하다. 공동 화장실을 사용해야 하며, 우기에는 벽에서 곰팡이 냄새가 풍기는 이곳을 벗어나고 싶다는 것이다.

2012년 부산의 결핍지수조사차 감만동의 한 마을을 찾은 적이 있다. 주택의 반이 공 · 폐가로 우범지대로 전략하고 있었다. 이곳의 통장님께 지역민의 정주의식에 관해 물었더니 통장님마저 이곳을 떠나고 싶다고 하며 "정주의식? 정주의식은 이곳에 살아보면 알 수 있다."고 했다. 부연 설명을 하지 않아도 될 듯하다.

시민들의 역량과 의식은 상당한 변화를 가져왔다. 새롭게 건설되는 주거형들은 방에 화장실이 있다. 다시 말해 등 생활의 모든 편의시설들이 조성되어 있다. 상대적 박탈감은 의식까지 혼미하게 하기 때문이다.

마을마다 진행하는 사업은 마을회관 건립, 쉼터 조성, 벽화 그리기 등 단발형 주거환경 개선 사업으로 일색이 되었다는 얘기도 있다. 행정편의성, 나누어주기식, 또는 공무원의 입맛에 맞추는 것이 아닌, 마을 리더와 지역민을 위한 장기적 시각으로 특정 지역을 선택하고 집중할 필요가 있다. 부산시는 마을 만들기 지원센터를 만들어 지역 특징에 맞는 주거지 재생방식을 모색하고 있어 고무적이다.

내가 보기엔, 현재나 미래나 마을 만들기에서 생각거리로 항상 남아 있는 것이 있다면, 사람, 환경, 이야기 등 세 가지다. 사람은 현재 살고 있는 사람, 과거에 살았던 사람, 앞으로 살 사람을 포함하여 특정 개인과 불특정 다수 모두를 포함해야 한다. 사람이 살아가는 여건을 모두 포함한 자연과 인공물이 환경이다. 그리고 사람과 환경(사물)에 관한 사건들로 사람과 환경이 개별적 혹은 복합적 관계에서 파생되는 사건들이다. 마을이 오래 될수록 다양한 이야기들이 존재한다. 이것이 마을의 이야기다. 요즘은 스토리텔링이라고 한다.

사람, 환경, 이야기 등 세 가지를 엮어보자. 이 세 가지가 마을 만들기의 키워드다.

| 부산 행복마을 만들기 사업 대상지 |

2010년	1. 북구 구포2동 야시고개마을 2. 사상구 괘법동 괘내마을 3. 사하구 괴정2동 까치고개마을 4. 서구 아미동 아미농악마을
2011년	1. 서구 초장동 다문화 한가족 행복마을 2. 동구 좌천동 고지대 행복마을 3. 영도구 동삼 주공1단지 행복마을 4. 부산진구 개금2동 1, 3세대가 함께하는 행복마을 5. 동래구 낙민동 기찻길옆 유쾌한 행복마을 6. 남구 우암동 양달 행복마을 7. 북구 덕천동 철쭉 행복마을 8. 해운대구 재반무지개 행복마을 9. 사하구 신평2동 모래톱 행복마을 10. 금정구 선두구동 행복마을 11. 사상구 주례1동 온골 행복마을
2012년	1. 서구 동대신2동 닥밭골 행복마을 2. 동구 범일4동 오색빛깔 행복마을 3. 부산진구 당감1동 사랑이 숨쉬는 본동 행복마을 4. 남구 감만2동 참살이 행복마을 5. 북구 금곡동 함께 꿈꾸는 공창 행복마을 6. 해운대구 반여4동 삼어마을 7. 금정구 남산동 머드레 행복마을
2013년	1. 서구 남부민동 샛디마을 2. 영도구 청학1동 해돋이마을 3. 동래구 명장2동 시싯골마을 4. 해운대구 반송3동 필봉오름마을 5. 금정구 장전1동 미리내마을 6. 강서구 녹산동 본녹산마을 7. 사상구 덕포1동 한내마을 8. 사상구 학장동 새밭마을

1 이탈로 칼비노(1972), 이현경 옮김, 『보이지 않는 도시들』, 민음사, 2002.를 인용한 정기용, 『사람 건축 도시』, 현실문화, 2008, p.175. 내용을 재인용.

2 대한국토 · 도시계획학회(2003)에 의하면 도시는 인구 물리적 측면, 사회 · 경제 · 문화적 측면, 기능적 측면으로 구분하며, 인구 물리적 측면에서 도시는 거주하는 인구의 규모가 상대적으로 크고 인구 밀도가 높은 장도로 사람들의 활동에 장을 제공하기 위해 고층 건물이나 도로 등과 같은 물리적인 시설물이 집중된 장소다. 사회 · 경제 · 문화적 측면에서 도시는 농업과 어업 등 1차 산업의 구성 비율이 낮고 제조업과 서비스 산업인 2차 산업과 3차 산업의 구성 비율이 높으며, 다양한 재화와 서비스가 집중된 공간이고, 자유로운 생각과 사고, 사상이 존재하는 장소다. 기능적 측면에서 도시는 주변지역에 재화와 각종 서비스를 제공하는 중심지 기능을 담당하는 공간이다.

3 이종민, 「도시 풍경에 관한 우려」, 『예술문화비평』, 제9호, 2013년 여름, p.119.

4 김홍관 · 강기철, 「도시재생을 위한 부산시의 재생지역 분석에 관한 연구」, 『한국지리정보학보지』, 11권 1호, 2008, pp.167-168 참고.

5 김홍관, 강기철, 「도시재생을 위한 부산시의 재생지역 분석에 관한 연구」, 『한국지리정보학회지』, 11권 1호, 2008, pp.168-169 참고.

6 강미래, 「도시공간 속의 공공미술 연구-뮌스터 조각 프로젝트의 접근을 중심으로」, 동독여자대학교 석사논문, 2011, p.10.

7 양도식, 『영국 도시재생 정책의 실체』, 국토연구원, 2013, p.25.

8 박재길 외, 『한국형 국토공간 디자인 연구』, 국토연구원, 2011, p.13.

9 김기호 외, 『우리, 마을 만들기』, 나무도시, 2013, p.71.

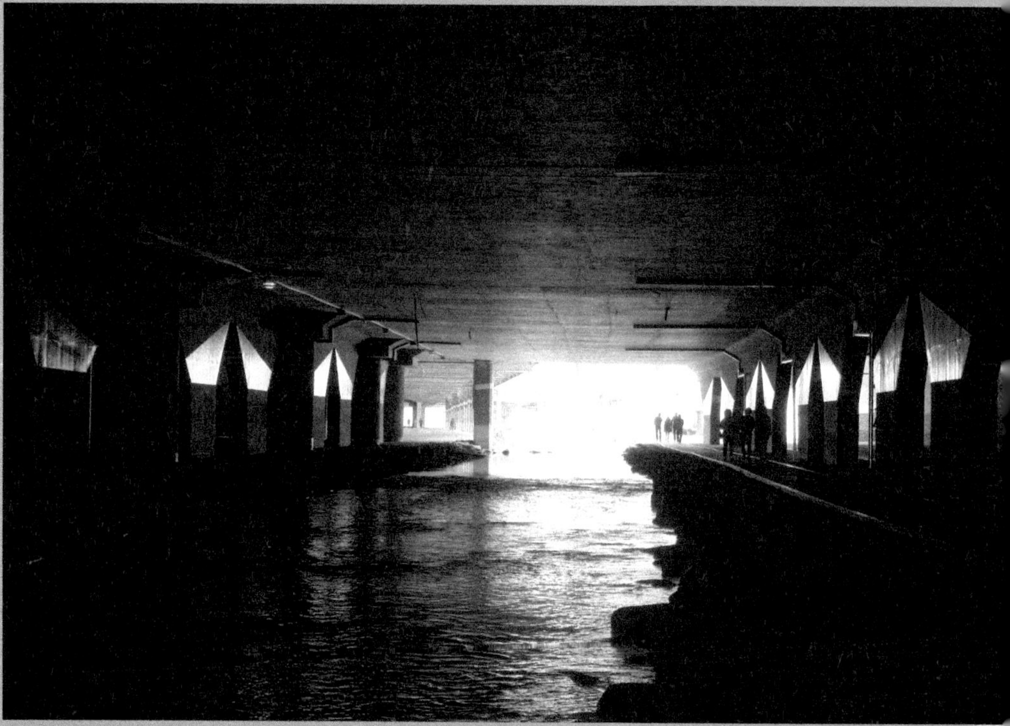

제2장

도시공공예술

1 공공성과 공공공간

공공성

이 세상에는 소유물에도 여러 가지가 있다.

내 것, 네 것, 누구의 것도 아니지만, 반면 누구나 소유하는 공동의 소유가 있다. 이 공동의 공유가 공공이다. 나, 너, 공공을 잘 조우하는 것이 사회적 동물이 아닐까 하는 생각을 한 적이 있다.

여기에서 풀어볼 문제는 크게 두 가지다. 하나는 '공공성이란 무엇인가'라는 개념적인 물음이다. 다른 하나는 '어떤 공공성인가'라는 문제이다.

우선 공공(성)이란? 무엇인가에 관한 물음이다.

공공성(Publicness, 公共性)의 사전적 의미는 '국가나 사회의 여러 사람과 관계되는 일, 또는 사회일반이나 공중(公衆)에게 관계되는 것'으로 정리되어 있다. 공공이라는 일반적인 의미인 공공의 가치나 공공영역, 공공재 등의 의미에 사적(私的)영역과 공적(公的)영역에서 경계의 불분명한 관계는 남아 있다. 이것저것을 봐도 명료한 답을 찾기가 어려웠다. 학자들의 공동적 합의가 아직 이루어서 있지 않다고 해야 할까.

모든 사회는 규칙과 사회제도의 작동양식을 표현하는 이념적 · 제도적 조직 원리들을 갖고 있다. 공공적인 것은 만인에게 드러나야 하며, 또한 드러나도 좋은 것이다. 어떤 사안이 많은 사람들에게 영향을 미치며 또 사람들이 거기에 관심을 갖고 있을 때, 그것에 관련된

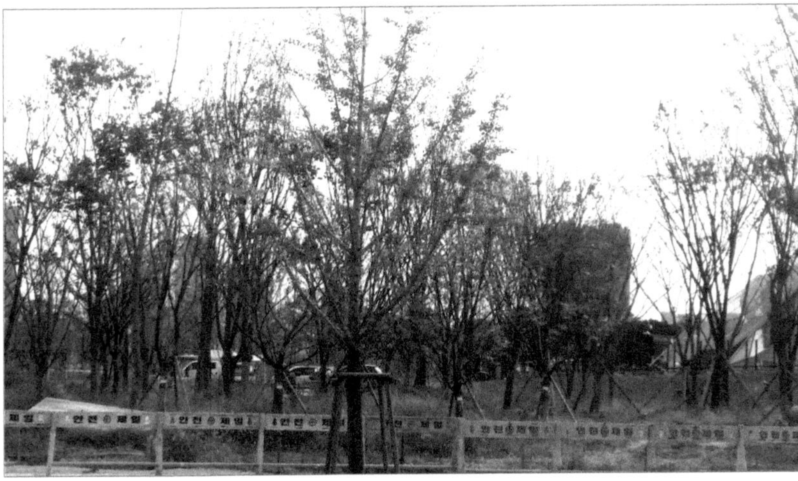

미군의 군사지역이었던 하야리아 부대지에 시민을 위한 공원이 만들어진다.
시민공원 조성을 위해 정비하는 모습.

정보는 연루된 모든 이들에게 개방되어야 한다. 정보를 가진 자와 그 것에 의해 영향 받는 자의 범위가 일치하지 않을 때, 정보는 지배의 도구가 된다. 그러나 사람들이 알고 싶어 하는 모든 것이 만인에게 드러내는 것이 좋은 것만은 아니다. 간혹 투기 등 부작용이 따르기 때문이다.

현대사회는 사적인 영역을 보호하기 위한 법적 · 도덕적 규범을 갖고 있으며, 따라서 만인에게 '드러나야' 하는 동시에 또한 '드러나도 좋은' 것이 공공적 의제가 될 수 있다. 현실 속에서는 만인에게 드러나야 하는 것이 무엇이며 과연 그것이 드러나도 좋은 것인지 그 자체가 분쟁의 대상이 된다. 이에 대한 판단은 오직 구체적인 상황과 맥락 속에서만 가능하며, 그것은 공공성을 정의 내리는 다른 기준들과의 관련 속에서 이루어져야 한다.[1]

공공의 이익이나 사회 통합이라는 두 가지 접근방식에 공통의 개념적 기반을 제공하면서 동시에 국가 개입이 구체적으로 지시하는 내용과 역할을 설명해준다는 점에서 중요한 의미를 가진다. 곧, 공공성은 공공의 이익이 지향 또는 지시하는 내용을 드러내는 동시에 국가가 어떠한 방식으로 사회 통합이나 문화 복지를 성취하게 되는지를 보여줌으로써 예술영역에 대한 국가 개입의 근거를 제공해준다. 이런 점에서 공공성 논의는 예술영역에 대한 국가 개입과 관련한 담론에서 매우 중요한 부분을 차지한다.

공공성 개념이 가지는 서로 다른 층위는 다음과 같이 이해된다. 첫째, 공공성은 주로 '공공적 가치'나 '공공적 특성'이라는 개념을 통하여 그것이 지시하거나 공유하는 특정한 '가치'와 연관된다. '공공 정책'이나 '공공 활동'은 '다수'를 대상으로 하는 정책이나 활동이 아니라, 공공적 가치를 지향하며 추진하는 정책이나 활동을[2] 의미한다.

둘째, 공공성은 공공적 가치가 구현되는 공간으로서의 '영역'과 관련된다. '공공 영역'이나 '공공 장소'와 같은 용어에서 종종 활용되는 공공성 개념은 공공의 가치가 구현되는 공간이나 장소를 특정 짓는 개념으로 사용된다. 또한 이 공간은 그 성격상 공공적 행위가 이루어지는 곳으로 규정된다.

셋째, 공공은 공공적 행위나 행동을 수행하는 주체로서의 '매개자'와 관련된다. 대중이나 민중과 달리 '공중(公衆)'은 공공적 가치를 지향하는 사람들의 집단으로 규정되며, 공공 기관은 공공성을 기반으로 행정 활동을 수행하고, 일상의 영역에 대한 개입도 공공성을 기반으로 개입 또는 불개입 여부를 판단할 것이 요구된다.[3]

공적인 것과 밀접하게 연관되는 개념으로서 출발하는 공공성은, 그것이 지시하는 내용이 단순히 공적인 것에만 국한되는 것이 아니라 공적인 것이 지향하는 '가치'나 그러한 가치를 추구하는 활동이 이루어지는 '영역', 그리고 그러한 활동을 수행하는 '주체'의 측면과 도 긴밀히 연관된다. 즉 공공성은 사적인 삶 및 사적인 관심과 구분되는 것으로서의 공적인 삶과 관심 영역을 지시하기 때문이다. 자유로운 의사소통을 통해 사적 관심과는 구분된 것으로서의 공공적 가치를 지향하며, 공공성을 구현하는 매개체로서의 공적인 주체를 상정한다는 점에서 그 개념의 특징을 보여준다.

공공성에 대한 이해는 기본적으로 공적인 것과 사적인 것의 구분에서 시작된다. 공적인 것과 사적인 것은 어떤 대상이 ① 가시적인 것인지 비가시적인 것인지, ② 모두에게 접근이 개방되어 있는지, ③ 어떤 행위가 자신을 위한 것인지 아니면 전체를 위한 것인지, ④ 그 관계가 개인과 개인 간의 관계인지 또는 집단이나 전체의 이익과 관계된 것인지 등의 기준을 통해 살펴볼 수 있다.

즉 공공영역의 주요요건은 문제제기의 장, 삶의 현장에서 열릴 것, 구성원들이 소외되지 않고 자발적으로 참여할 것, 연대하는 공간 등이다. 이러한 '다양성'과 '참여'라는 현대적 공공성의 특징은 주체들의 합의에 의해 변화하고, 다양한 주체들의 협력에 의해 형성되기 때문에, 그 자체가 결정 불가능한 조건을 가지고 있다. 다만 공공성의 발현을 위해서는 동일성과 전체성을 버리고 다양성과 차별성을 추구해야 할 것이다.

골목에 평상이 하나 있다. 할머니들이 봄부터 가을까지 낮 시간에는 이 평상에 앉아 수다를 떨며 하루를 보낸다. 자식들 자랑, 옆집 아저씨가 무슨 일을 하는지, 어제 본 드라마 이야기 등등.

궁금한 것이 있다. 내가 지금 지나가고 있는 평상 앞이 골목길의 공공공간인가? 이 집의 땅이 골목의 이만큼 점유하고 있으니, 이 집 소유이니 사적 공간인가?

골목에 놓인 이 평상은 아저씨가 할머니 심심하시다고, 옆집 할머니와 얘기하면서 시간을 보내라고 만들었다. 그러면 아저씨의 사유물일까? 지나가는 사람들이 잠시 쉴 수 있으니 준공유물일까?

골목 입구 평상에 앉아 할머니들이 이야기를 나누고 있다.

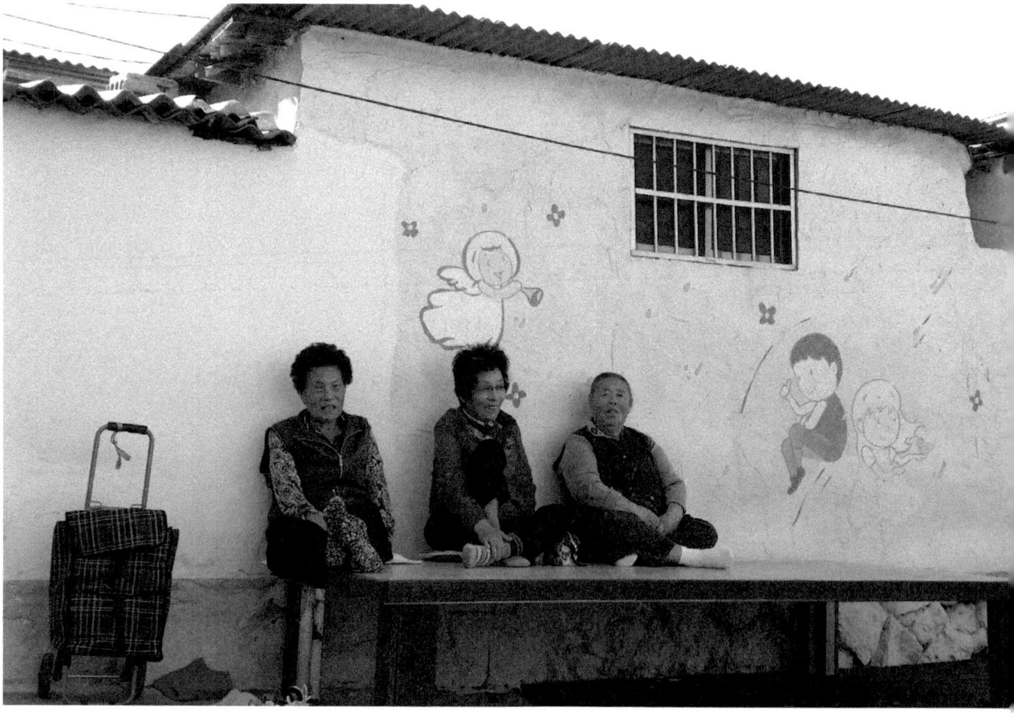

공공장소는 사회의 여러 사람 또는 여러 단체에 공동으로 속하거나 이용되는 곳을 지칭한다. 한마디로 사람들이 모이는 공공이용시설들은 모두 공공장소에 있다. 이 장소를 공공공간이라 한다. 즉 공공공간 또는 공공장소는 공공(公共, the public; the community)에게 공개된 장소이다. 그리고 '장소'는 인간 활동을 전제로 한다. 사람이 활동하려면 반드시 어딘가 장소를 차지하고 있어야 한다. 이처럼 장소는 인간과 관계를 맺는 곳, 인간이 있을 수 있는 말하자면 '거처'나 '있는 곳'이다.

공간(space)과 장소(place)의 구별도 여기에서 생겨난다. 공간은 일반적으로 균질한 확장성을 가지고 있지만, 거기에 인간이 관여를 함으로써 공간이 의미를 띠게 되고 방향성이 생겨나면서 서서히 균질성이 무너지게 된다. 이와 같이 인간이 관여하는 것으로 공간이 한정되고 특수한 공간이 발생하게 되는데 그것이 '장소'이다.[4]

공공에게 공개된 장소는 그 의미나 역할이 있기 마련이다. 공공공간은 이용하는 사람들의 의식이나 집회의 장소로서 그 역할을 한다. 공공공간(public space)이란 인종, 성, 나이, 민족, 사회 · 경제적 지위에 관계없이 모든 시민에게 열려 있고 접근 가능한 장소를 일컫는다고 말한다. 하지만 이러한 정의는 공공공간의 표면적인 사실만을 나타낸다. 조금 더 본질적이고 간단하게 표현하자면 공공공간은 '공공'을 '위한' 공간이라고 할 수 있다.

도시와 관련한 공간의 기원은 고대 그리스의 아고라(agora)로 거슬러 올라간다. 아고라는 도시민 화합의 장소이자 가장 중요한 시장(marketplace)의 역할을 하였다. 나아가 아고라는 공연, 행상 등 시장 이상의 기능을 수행하였다. 초기의 아고라는 도심부근의 작은 오픈스페이스였으나, 점차 도시민에게 공적 기능을 제공하는 공간으로

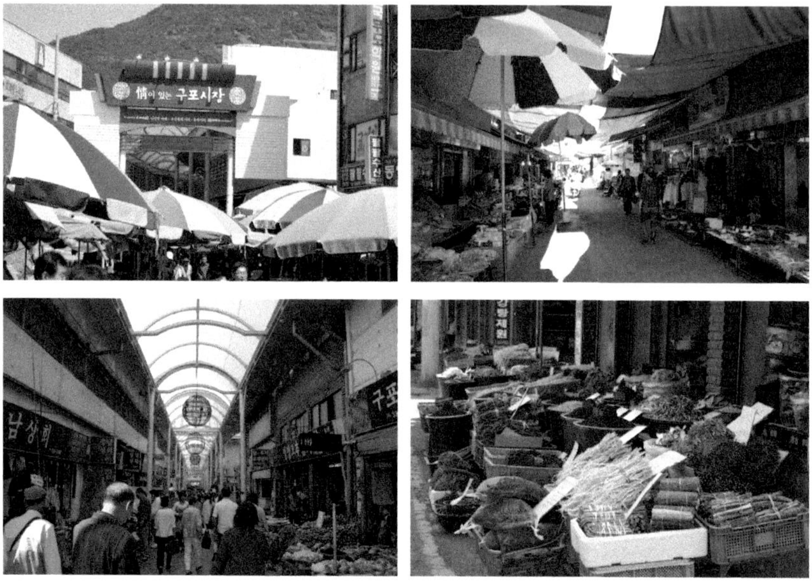

구포시장

변화하여 도시의 중심이자 도시민 활동의 핵심으로 등장하였다. 아고라는 민주주의 발전에 크게 기여했으며 아고라를 통한 공적 공간의 제도화는 시민의 사회적 통합(social integration)에 중요한 엔진으로 작용하였다. 중세의 공공공간은 특화와 기능적 분화가 진행되고 성당이 어느 정도 그 역할을 대신하게 되어 기능은 약화되었다.

근대로 들어서면서 도시의 규모가 급진적인 성장과 산업화로 인한 공공공간은 공적 공간의 기능과 상징성이 소멸되었다. 반면, "출판, 커뮤니케이션, 교통 등의 발전으로 직접 공공공간에 가지 않고도 공적 영역에 접근 가능한 방법이 다양해지면서 공적 영역의 비공간화(despatialization of public sphere)도 빠르게 진전되었다.[5]

근대 국가 이후로 국가는 국민을 관리하기 위해 힘써왔다. 그러한 국가의 절대권력 아래서 국민들은 최소한의 개인적 영역을 지키기 위해 서로 결속해야 했고, 그래서 서로 모여 의견을 타진할 수 있는 '공공공간'이 필요했다. 따라서 하버마스나 아렌트는 공공성의 배경을 살롱이나 아고라에서 찾는다.[6] 그들의 살롱과 아고라는 공공공간으로써, 서로의 의견을 교환하며 함께 '잘' 살아나가기 위한 토론의 장이다.

이것은 개념적인 '공공공간'의 의미로도 해석된다. 하지만 현대사회이론에서 공공영역(public sphere)은 흔히 의회 · 대중매체 등의 공론장을 의미하고 있으며, 행정학에서는 전통적으로 공공영역을 정부조직 또는 공공부문(public sector)과 동일시해왔다. 그러나 이처럼 '공공적인 것'을 실체적 제도 · 조직개념으로만 사용할 경우, 우리는 사회 구성원들의 삶의 현장에서 공공적 개입과 문제해결이 요구되는 곳이 어디인지를 감지하지 못할 뿐만 아니라, 공공적 문제를 해결하기 위한 규범적 원칙에 대해서도 분명한 인식을 가질 수 없다.[7] 즉 공공영역이라는 개념은 그 자체가 담론적 성격에서 재구성되고 있는 개념이다. 국가와 시민 사회를 둘러싸고 경쟁하는 개념이기도 하다. 공론(公論)과 공론(空論) 사이의 간극을 좁히는 과정이 정치이고 그것이 이루어지는 장이 공공영역이라고 한다면 공공영역은 이미 그 자체가 정치 과정에 해당된다. 따라서 공공영역이란 별도로 일정한 자리를 차지하고 있는 절대적 공간이 아니라 긴장과 갈등 그리고 경쟁과 타협의 과정에서 이루어지는 살아 움직이는 공간이다.[8]

현대 사회에서의 공공공간은 의식이나 집회장소의 형태, 넓은 광장이나 살롱보다는 빌딩과 빌딩 사이의 도심 속 작지만 개방된 공간으로써 더 많이 존재한다. 이 경우에서도 역시 공공공간은 삶을 제어하는 일상생활에 대항하며 쉬어 갈 수 있게 하는 역할을 한다. 국가이든 개인의 삶이든 사람들을 제어하려는 것들에게 저항하는 것을

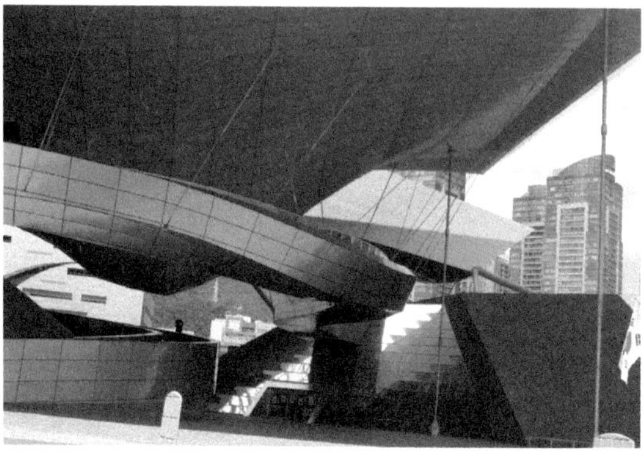

부산 영화의전당 건축물과 광장 모습

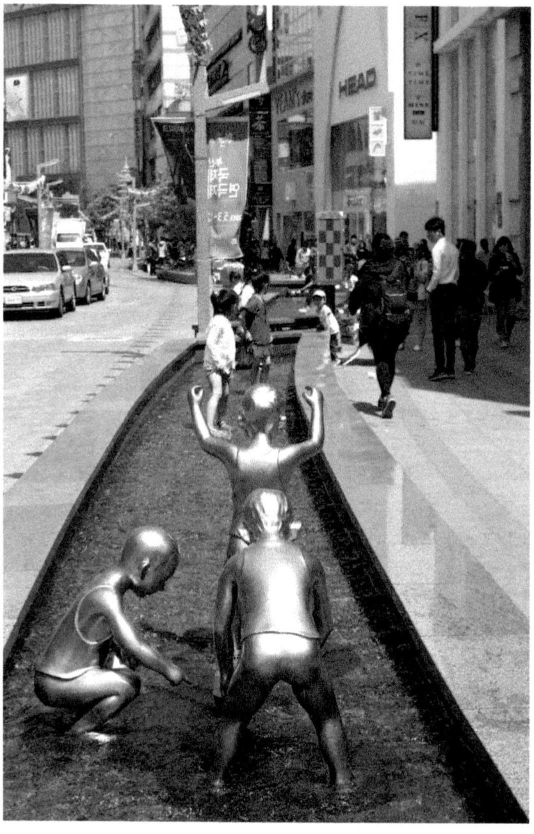

부산시 중구 광복로 공공미술에 아이들이 물놀이를 하고 있다.

도와주는 것이 공공공간인 것이다.[9]

그럼 왜 현대를 살아가는 우리에게 공공공간이 필요할까? 공공공간의 필요성은 인간 활동의 여러 측면과 관련되어 있는데, 여기에는 사회적 · 물리적 편안함, 안식, 참여 및 장소성 고양 등이 포함되어 있기 때문이다. 좋은 공공공간이란 이러한 요구사항들을 충족시키는 공간을 말한다.

공공공간을 이루는 시설물을 대지의 안과 밖으로 구분하면 도표와 같다.

| 공공공간을 이루는 시설물 |

구분	요소	시설
대지 안	보행관련요소	보행자 진입, 1층 출입구, 차량 출입로 등
	대중교통연계	건물 내 외부공간의 연결시설(썬큰, 지하철 진출입로 등)
	대지 내 보행로	보행자 연결통로, 확장보도, 단지 내 도로 등
	휴식공간 관련요소	옥내외 휴게소, 문화공간, 공개공간, 공개공지 등
	녹지공간 관련요소	지상부 조경, 실내조경 등
대지 밖	도로, 공원, 공용주차장, 녹지, 하천, 공공공지, 광장 등	

1970년대 이후 공공미술은 공간과 미술, 그리고 그들 관계에 대한 새로운 고민을 싹틔우기 시작했다. 공간의 맥락을 살리는 매개로서의 미술을 고민하게 된다. 이때부터 미술이 '머물고 싶고 이야기하고 싶은 공간'을 만드는 데 적극적으로 동참했다.

문제의 핵심은 '공공장소'라는 공간을 어떻게 볼 것이냐, 그리고 공간 개념에 부합하는 미술을 어떻게 구성하느냐 하는 것이다. 공간은 이용자의 목적에 둔 실용성도 있지만 장식성과 공간의 미학이 함께 공존하기 때문이다.

미국에서 장소 특정성의 공공미술 관행에 균열을 가져온 하나의 사건이 1982년 설치, 1989년 철거된 리처드 세라(Richard Serra)의 '기울어진 호(Tilted Arc)'라는 작품이다. 리처드 세라의 '기울어진 호'라는 이 작품은 보행인의 움직임에 따라 광장에 대한 인식을 달리하게 하고 광장 자체가 거대한 조각의 일부가 될 수 있음을 느끼게 해주는 개념을 가진 공공미술품으로 당시 미술평론가들의 호평을 받았다. 그러나 이 작품이 설치되자 광장에 인접한 연방정부 건물에 근무하던 사람들이 이 설치작품이 건물 진입과 동선을 방해하며, 광장의 경관을 훼손한다는 이유를 들어 장소를 옮겨줄 것을 요구했고, 갈등은 작가와 건물 사용자 간에 법정 시비로 비화되어 결국 작품 철거로 귀결됐다.

비슷한 시기에 마야 린(Maya Lin)은 '베트남 전쟁 기념 조형물(Vietnam Veterans Memorial, 1982)'[10]을 1982년 워싱턴 D.C.에 조성된 베트남전 기념 공원의 중심 조형물로 제작, 설치했다.

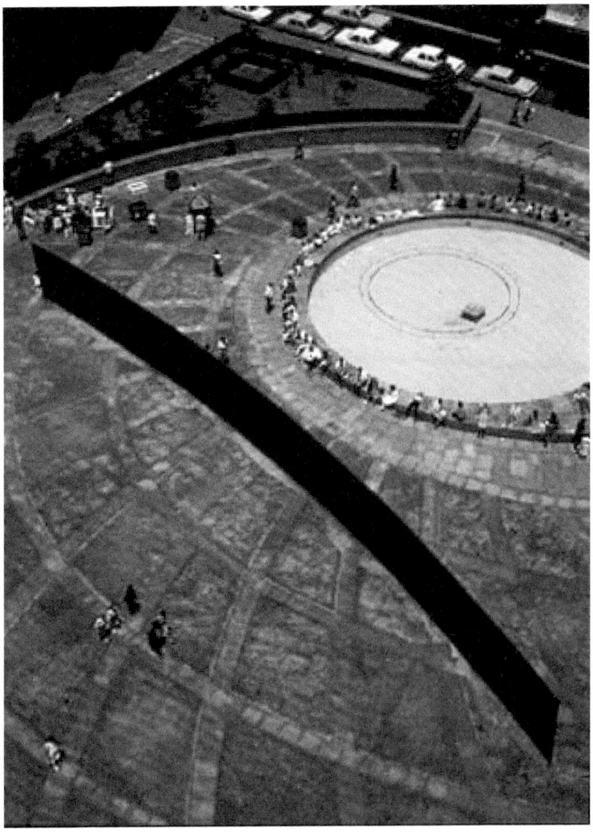

미국 뉴욕 연방 광장에 설치된 리처드 세라의 '기울어진 호' 1989년 모습. 이 작품은 1981년 국립예술진흥원의 '공공장소미술프로그램'의 하나로 미국정부가 의뢰해 뉴욕의 제빗 연방건물의 광장(Javit Federal Office Building Plaza)에 설치되었다가 1989년 법정소송을 거쳐 철거되었다. 그의 작품이 광장을 차지하자 주변 빌딩의 사무원들과 지역주민들은 광장을 자유롭게 이용하지 못함, 시야를 가림, 대중들에게 위협감 등을 조성한다는 이유로 작품철거를 호소했기 때문이다. 작품은 높이 3.7m, 길이 36.6m의 코르텐 철판으로 제작된 작품이었다.

마야 린의 작품은 1980년 당시 작가가 대학원 재학 중에 조형물 공모에 참가해 1등으로 당선되었던 작품이다. 작품을 설치하려 할 때 전사자들의 숭고한 희생을 재현하지 않았다는 이유로 군 관련 단체가 작품설치를 반대했다. 논쟁은 거의 1년 동안 이어졌고, 반론을 수용하여 공원의 입구에 성조기와 '세 병사(The Three Soldiers)'가 추가되었다. 나중에 '니들만 죽었냐'는 여성계의 반발에 따라 여군을 위한 조형물(Vietnam Women's Memorial)도 설치하는 등 여론과의 조율과 함께 1982년 설치되었다. 대중이 쉽게 이해할 수 있도록 구상적인 형태나 사실적인 표현으로 되돌아가는 양상을 보이는 다수 공공조각과는 달리, 즉 전통적인 기념물은 지면 위로 우뚝 솟아 있는 데 반해 땅 속으로 꺼져 들어간 이 작품은 말 그대로 전통을 뒤집은 것이었다. 모더니즘 조각처럼 극도로 절제되고 상징적인 입체도형 형태를 취하고 있는 것이다. 그럼에도 불구하고 현재는 철거된 리처드 세라의 작품과 달리 대중에게 가장 사랑받는 조형물이 되었다.

이런 사례들은 공공공간에 대한 이용자의 용도성과 상징성을 잘 설명하는 예라 할 수 있다.

부산에서도 거리를 거닐다 보면 부산 유엔(UN)공원 기념 조형물을 비롯하여 관공서나 큰 건물이 있으면 의연히 공공미술품이 있다. 부산의 경우 1,000여 개가 넘는 이 조형물(건축물 미술장식품 포함)은 기분을 상쾌하게 하기도 하고, 주위 환경과 조형물 보존 문제로 미간에 주름이 지게 하기도 한다.

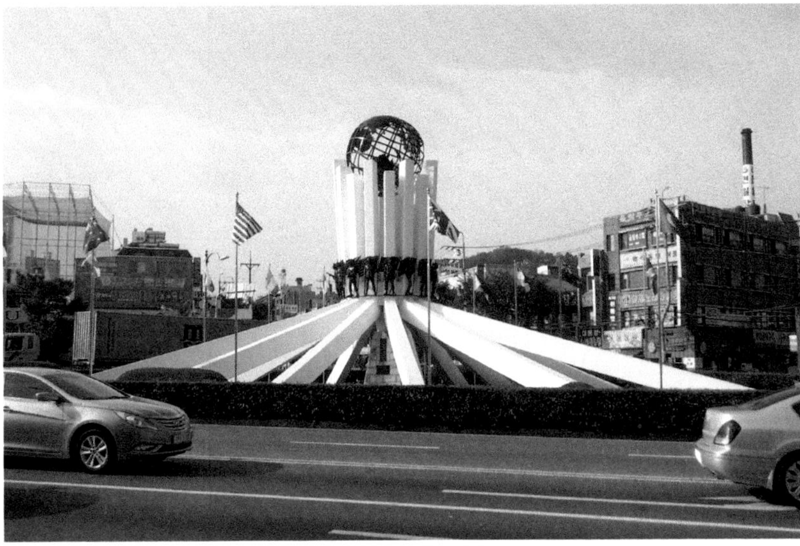

6 · 25 전쟁의 참전용사 기념물인 부산 UN 공원 조형물

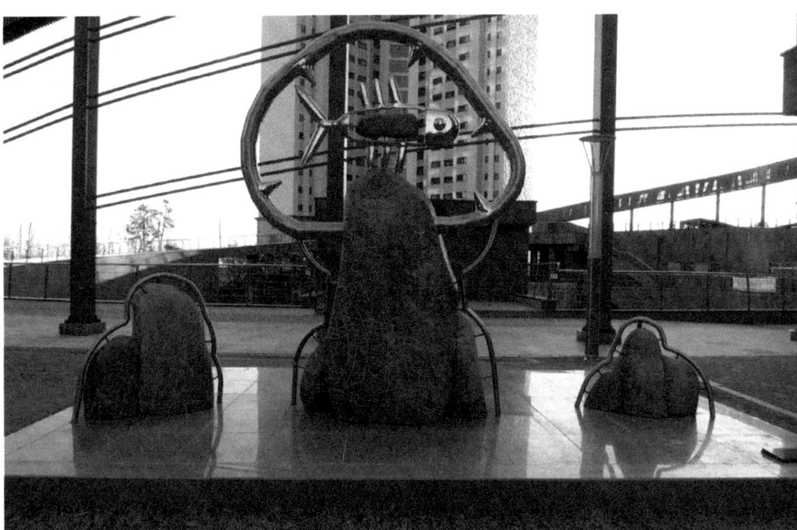

건축물 미술장식품으로 부산시 남구 오륙도 SK-VIEW아파트에 설치한
강이수의 '원시-기호-현대' 작품

2 공공예술의 영역

공공예술과 공공미술

퍼블릭 아트(Public Arts), 즉 공공예술/미술이란 뭘까?

그리고 공공미술, 공공예술, 공공디자인 등 정말 여럿 '공공'들이 있다. 도대체 이들의 영역은 어디까지 일까?

우리가 흔히 사용하고 있는 '공공예술(Public Arts)'과 '공공미술(Public Arts)'은 차이가 있을까?

'공공의 예술'을 우리는 흔히 '공공미술'이라 칭한다. 공공미술(Public Arts)이란 말 그대로 '미술'과 '공공적인 가치'와의 만남이다. 따라서 공공미술이라고 할 때의 미술은 일단 근대적인 미술 개념인 사적 미술(Private Art)의 경계를 넘어선 것을 가리킨다. 근대 이전에는 건축에 회화와 조각이 통합되어 있어서 공공미술이라는 개념을 성립하지 않았지만 근대 이후에 이들 영역들이 건축과의 연관성을 잃게 되면서 공공미술의 개념이 등장하게 되었다.

우리의 도심 속에서 흔히 볼 수 있는 공공미술은 크게 두 가지로 분류된다. 하나는 우리나라의 건축물 미술장식 제도나 해외의 미술을 위한 퍼센트(%)제도같이 법에 의하여 공공미술의 재원이 조성된 것이다. 다른 하나는 정부나 지방자치단체의 지원사업으로 공공미술을 조성하는 것이다. 이는 공공미술 사업으로 우리나라에서는 2006년 이후 본격화되었다고 할 수 있는데 기존의 건축물 미술장식 제도가 보여주지 못했던 공공미술의 새로운 효용을 보여주고 있다.[11]

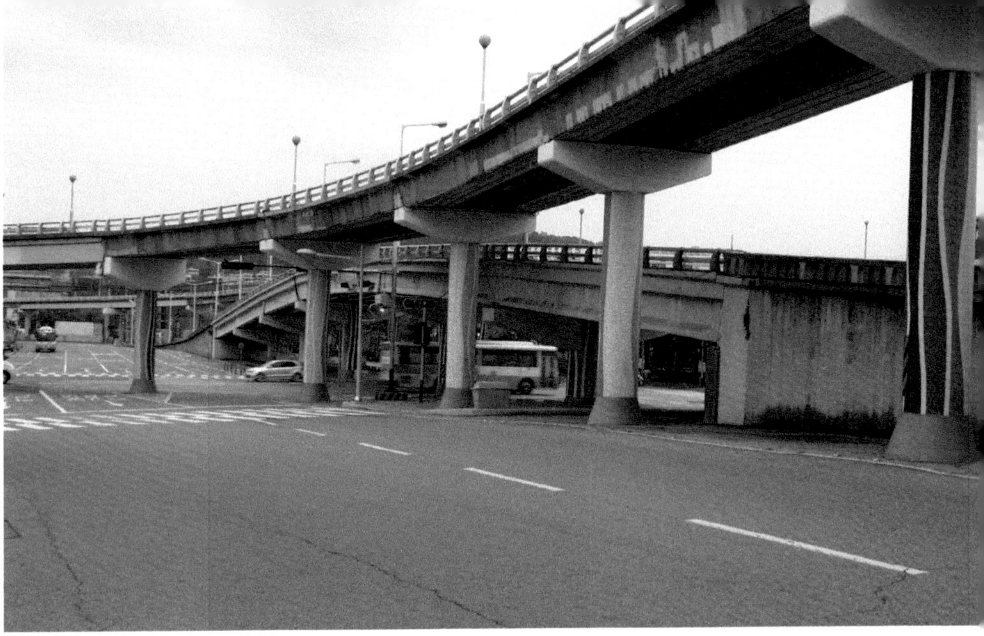

부산시 동구 좌천동의 고가도로 지축 도색(위)과 수정산 산비탈의 오래된 좌천 · 문화 · 금성아파트를 포함한 이 일대는 외관을 무지개 색으로 바꾸는 도시 색채디자인 '산토리니 색채경관사업'(아래)이 진행되었다.

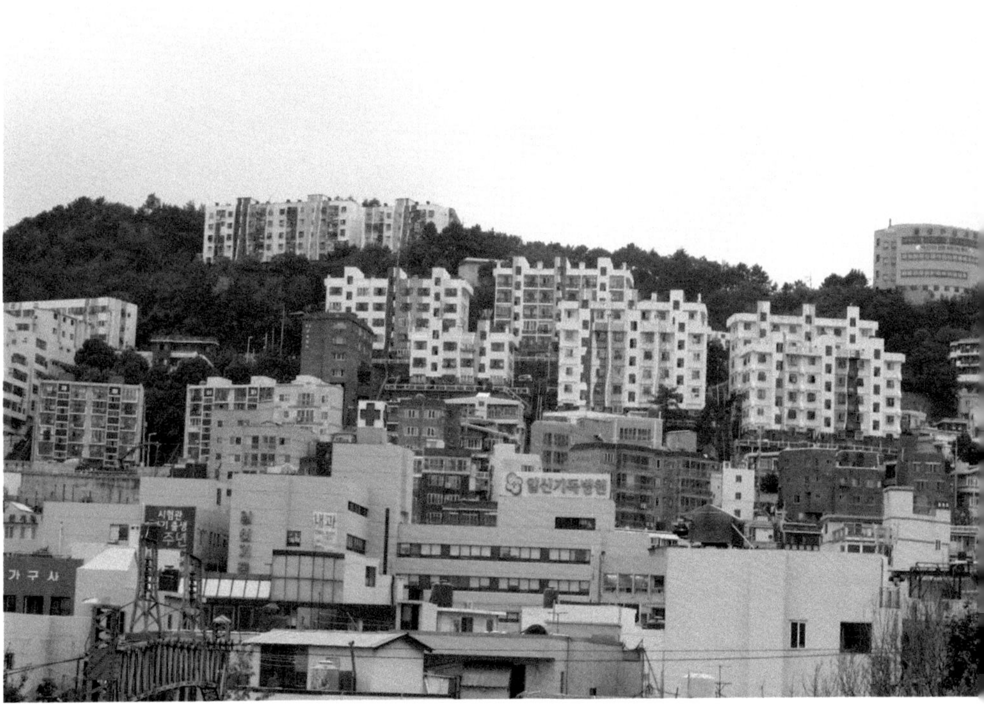

공공미술은 필요성이 증대되고 효용성이 입증됨에 따라 조금씩 그 개념의 영역이 확대되고 있는 추세이다. 요즘에는 상업지구의 간판이나 아이들 놀이터의 놀이기구, 심지어는 공연, 교육프로그램 등의 문화프로그램까지 공공미술의 영역에 포함된다. 그래서 이러한 시민들의 문화적인 삶의 질의 향상이라는 공공선(Public good)에 기여하는 다양한 활동을 포함시키기 위해서는 '공공미술'이라는 좁은 영역의 용어를 '공공예술'이라는 포괄적인 용어로 바꾸어 사용하자는 주장을 하기도 한다.[12]

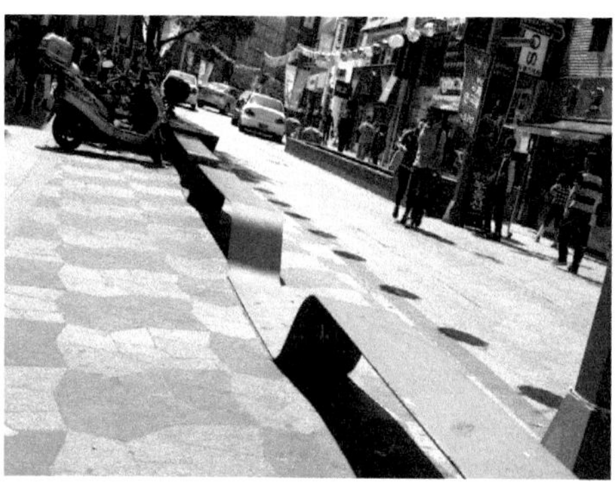
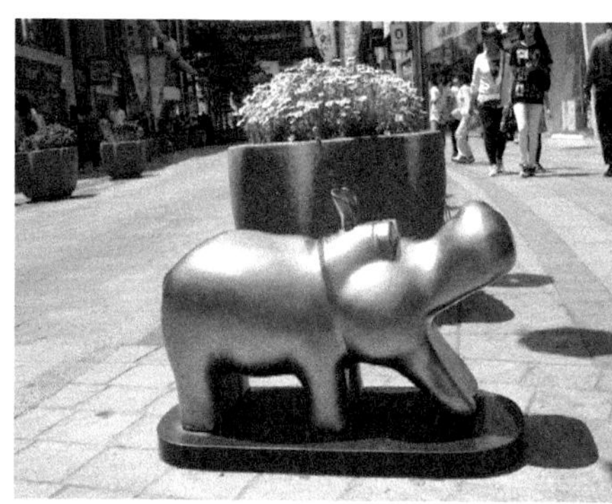
부산시 중구 광복로의 아트벤치와 조형물

실재 부산문화재단은 지역문화예술기획지원 사업을 지난 2009년부터 시행하였다. 2009년 '공공미술' 프로젝트지원사업에서 2011년부터 '도시공공예술' 프로젝트사업으로 명칭을 변경했다. 그리고는 이렇게 보도자료를 제시했다.

"지난해까지 공공미술 프로젝트로 지원사업의 분야를 한정한 데서 탈피, 올해부터는 문화예술 전 분야로 범위를 넓힌 '도시공공예술' 프로젝트사업을 진행한다."

부산문화재단은 지원사업의 핵심을 '공공예술'에 대한 주관단체와 해당 지역주민 간의 협력체계 구축 및 주민참여가 전제되어야 한다는 단서를 달았다. 이는 '공공미술'에서 '공공예술'로의 확대이다. 곧 미술의 영역에서 예술의 영역으로의 확대이다. 음악, 무용, 연극 등등 예술의 다양한 장르로 확대한다는 의미로 해석된다. 더 추가된 점이 있다면, 도시공공예술에는 주민참여를 요구한다. 프로와 아마추어가 함께해야 한다는 뜻으로 해석해야 할까. 사업으로 수행된 〈2011 부산회춘프로젝트〉, 〈2012 부산청년문화수도프로젝트〉 등은 음악, 미술, 연극, 무용, 연극에 시민이 참여하는 다양한 장르의 융합으로 진행되었다.

이제 '공공예술'은 문화예술 전 분야로 실현 가능한 모든 프로젝트나 프로그램은 여기에 포함된다고 할 수 있다. 우리가 흔히 칭하는 '공공미술'은 '공공예술'의 영역 일부라고 보아야 할 것 같다.

그러나 여기서 우리는 '공공미술'에 관해 좀 더 세심하게 배려해야 할 필요가 있다. 공공미술의 사전적 의미는 '미술관 안에 전시되었던 미술작품들이 일반대중을 위해 도시의 광장이나 공원같이 공개된 장소에 설치되는 모든 작품을 지칭하며 공공미술의 장소 자체를 위한 디자인 등을 포함한다'이다.[13] 그리고 공공미술이 설치되는 장소는 대부분 광장이나 공원 같은 도시 주거지역이며, 작품 장르는 조각, 벽화(Super graphic), 스트리트 퍼니처(Street furniture), 도로포장디자인(Paving design), 버스정류장, 지하철, 볼라드(Bollard), 도로정보(공중화장실, 관광안내소, 자전거보관소) 디자인 등 다양하다.

사전적 의미의 공공미술은 공공디자인을 포함하며, 일반 대중에게 공개된 장소에 설치, 전시되는 작품을 지칭하는 것이 일반적이다. 지금은 디자인을 미술의 영역과 별개로 보는 경향이 있지만, 공공미술은 디자인을 포함한 미술의 영역을 말한다.

뒷장에서 다시 살펴보겠지만, 공공미술은 장소성과 공공성 두 가지의 내용적 측면이 있다. 형식적으로는 처음 용어가 등장한 1960년대부터 지금에 이르기까지 크게 세 가지 흐름으로 나누어진다. 하나는 공공을 공공공간으로 보는 미술이고, 다른 하나는 공공을 공공영역으로 보는 미술이다. 역사적으로 전자가 먼저 나타나고, 후자가 뒤에 등장한다. 이들은 공공에 대한 이해에서 큰 차이를 보일 뿐 아니라 미술의 역할에 대해서도 차이를 보이고 있다. 공공미술에서 공공예술로의 변경 등 범주에 관해 확대하려는 것은 공공미술에서의 공공공간 또는 장소성에 국한한 사례로 보이며, 이는 다시 공공성에 관한 이해 문제와 연결된다. 이를 예술로 본다면 형식이 아닌, 내용적 측면이다. 또 하나는 의식적(공공성) 관계이다. 이는 미술과 공공성이 공공적 의식을 축으로 형성되는 것으로, 공공적 관심의 미술(Art in the Public Interest)이라고 부를 수 있다. 그래서 세 번째는 장소와 공공성을 기반으로 둔 참여형 공공미술이다.

공공의 예술과 미술이라는 경계를 분명을 논하자는 것이 아니다. '공공'이라는 접두어가 붙음으로서 미술사에서 순수예술과 상업미술을 분류하듯 이분법으로 보지 않았으면 좋겠다는 것이다. 이는 팝아트(Pop Art)를 사실주의, 인상주의와 같은 미술에서 하나의 이즘(또는 ~주의)으로 보지, 팝송(Pop song) 등 예술의 타 장르를 포함한 동시대의 예술을 말하는 것이 아님을 알고 있기 때문이다.

그럼에도 불구하고 왜 우리는 지금까지 공공미술=공공예술로 인식하고 있었을까? 한국문화예술위원회가 공공미술 시범사업으로 2013년부터 '공공미술 2.0' 사업을 공모했다. '공공미술'이라고 여전히 이름을 붙이고 있다. 여기에서는 부산문화재단에서의 '공공미술'

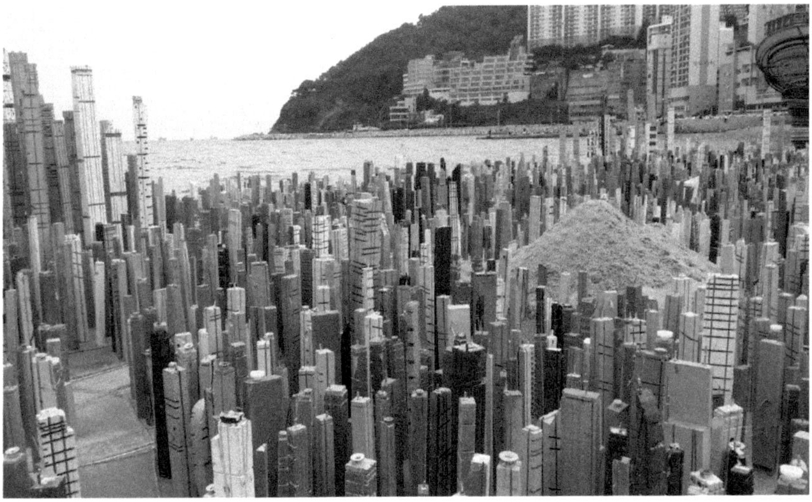

부산비엔날레 2013부산바다미술제(송도해수욕장)에 출품한
송성진의 '미래의 기억-도시'. 도시의 무분별한 개발은
또 다른 문제를 야기시킨다는 의미의 작품이다.

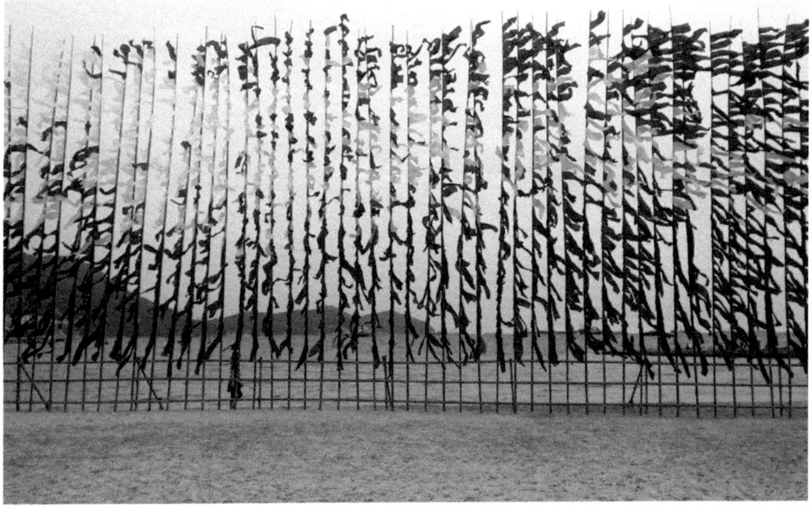

최문수의 '바람의 흔적'. 대나무와 깃발을 이용한
바람을 느끼게 하는 작품이다.

을 보는 명명과 달리 '공공미술 2.0' 사업은 기존의 공공미술에 대한 고민과 성찰을 바탕으로 장소와 공공성에 대한 이해, 참여 주체로서 지역주민에 대한 고려, 지속적인 사업동력의 발굴 등 새로운 공공미술의 패러다임을 제시하는 것을 목표로 하고 있다. 이유는 아마 타 장르에 비해 주거 또는 환경적 측면에서 대중들과의 접목을 가장 많이 시도한 예술의 장르가 미술이기 때문일 것이다.

근대시대 이전까지는 '예술은 곧 미(美)다.'라는 정의를 했다. 현대로 접어들면서 미는 개별성을 가지게 되었고, 보편성에도 많은 비중을 두고 있다. 특히 대중에 의해 움직이고 있는 현대의 예술은 더욱더 그러하다.

예술은 개별성을 가지고 있는 탓에 그 자체가 공공성을 지니지는 않는다. 현대는 예술과 관련하여 공공성이 논의되는 것은 예술 활동을 둘러싼 다양한 맥락과 밀접한 관련을 가지기 때문이다. 예술은 그 자체로 아름다움이나 쾌감을 추구하고, 자기 자신을 표현하거나 자기만족을 추구하기 위한 활동으로 존재한다. 이는 지극히 사적인 영역으로서, 이성보다는 감성의 영역에 속한다고 할 수 있다. 그러나 국가가 예술영역에 공공성의 목적하에 개입할 때는 이러한 사적인 예술영역으로서의 창작 활동을 지원하기 위함만은 아니다.

서구의 '문화 민주화' 정책은 국가의 예술 영역에 대한 개입 목적을 명확히 드러내준다. 문화의 민주화는 '고급문화 · 예술이 보다 많은 사람에게 향유하게 함으로써 이를 통해 많은 사람들이 보다 성숙한 문화적 삶에 가까워지도록 하는 것'을 목표로 한다. 이러한 접근은 고급문화 · 예술이 이를 접하는 개개인의 삶을 조금 더 문화적으로 고양되게 만든다는 기본적 인식을 배경으로 하고 있다. 여기서 문화적 삶은 단순히 심미적 취향이 고급화된다는 것을 의미하는 것이 아니라, 개개인이 삶의 주체로서 보다 주체적으로 자신의 삶을 향유할 수 있게 만든다는 것을 의미한다.[14]

서구의 문화 정책은 '주체로서의 시민', '교양인' 등 시민 형성을 목표로 한다. 그리고 예술은 시민 형성을 목표로 한다는 전제하에 예술 활동 지원을 하며, 이는 궁극적으로 국민 개개인의 역량을 강화하는 데 초점을 두고 있다. 공공성은 이런 맥락에서 예술 활동과 연결되어 있다. 국가는 문예진흥기금 등 다양한 문화예술교육, 문화행사, 예술창작의 지원금으로 예술의 영역에 개입한다. 물론 이런 지원을 통한 개입은 얼마나 예술가의 자율성과 의사소통적 창작행위를 가능케 할지, 그 과정을 통해 주체적 의식과 형성에 도움을 줄 수 있는지는 모르는 일이다. 아무튼 국가는 예술가의 개개인으로부터 단체에 이르기까지 개입을 한다는 것은 부정할 수 없는 사실이다. 이를 공공 규제라 한다. 예술 활동과 관련하여 발생할 수 있는 부정적 효과를 방지하고 바람직하지 못한 해악을 최소화하기 위해 예술가 혹은 시민들의 행동에 제약을 가하는 것이다. 그러나 국가가 예술 영역에 개입하는 것은 예술의 공공재 또는 예술의 공공성이 아니라 예술을 통한 예술의 사회적 시민의 형성이며, 사회의 건강함 유지, 삶의 질 향상을 위함이라고 제시한다.

예술영역에서 국가 개입의 공공성에 대한 요청은 한편으로 자유로운 의사소통 행위가 이루어질 수 있도록 국가의 관료적, 이데올로기적 개입을 최소화하는 동시에 다른 한편으로 성칠직 시빈의 자가 관리적 역량을 통해 국가와 사회가 관리될 수 있도록 이를 효과적으로 육성하는 것에 대한 요청이라 할 수 있다.[15] 반면 이러한 문화 정책으로 국가의 개입은 세계 각국에서도 엘리트주의적 성향이 상대적으로 약화되고 대신 일반 시민들의 문화적 참여가 강조되는 경향을 발견할 수 있다고 예술행정가들은 보고 있다.

거듭 얘기하지만 예술은 그 자체가 공공성을 가지는 것은 아니다.

국가로부터 또는 사회나 경제가 예술의 공공성을 요구하는 것이다. 그래서 예술은, 예술가는 사회의 구성원으로 진입하기를 원하며, 최소한의 경제적 삶을 유지하기 위해 일종의 타협을 한다.

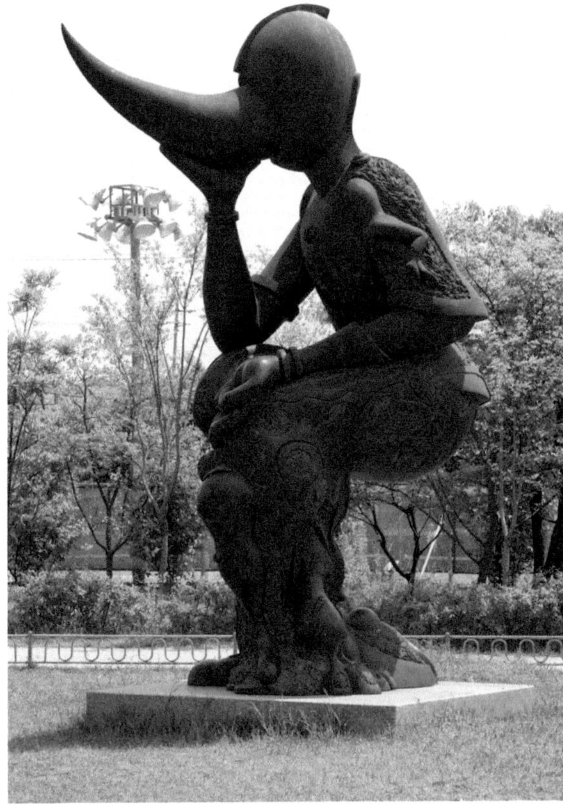

부산시 사하구 을숙도 조각공원에 설치된
김종구의 '석굴암은 잘 있다'

3 공공미술이란

공공미술이란

한때 미술은 큐레이터의 소개로 미술관과 결혼을 했다. 미술관이 미술의 삶터가 되었다.

요즘의 미술은 자신의 본처(本處)인 미술관을 저버리고 도시 곳곳에서 바람을 피운다. 남의 눈을 피하지도 않는다. 바람기가 점점 더 심해져 거리나 광장, 건물 등 오히려 공공연한 장소를 현장으로 택하고 있다.

박삼철은 우리의 옛 마을과 만나면, "마을을 표시하는 천하대장군, 지하여장군이 있고 솟대가 있다. 조금 더 가면 관객들이 참여하여 함께 만드는 공동작업하는 성황당이 있고, 동네 인물과 관련된 송덕비라는 모뉴멘트, 마을을 지키는 당산나무가 있고, 개천을 건너는 다리가 있고, 공터인 타작마당을 거쳐 집들로 이어진다."고 했다. 그리고 그는 "공동체적 삶의 방식과 표현이 일제의 침탈과 서구적 근대의 도입으로 파괴되어 사라졌다. 공공미술에 관한 한 우리 문화는 서구의 그것보다 더 많은 가치와 경험, 이야기를 가지고 있는데, 서양미술로 공공미술의 흐름과 개념을 이야기해야 하니 곤혹스럽고 어색하다."[16] 고 하면서 우리의 예술인 공공미술을 언급했다. 이렇게 우리의 미술은 결혼을 한 경험이 없다. 모두를 사랑했을 뿐이다.

공공미술은 국가나 사회의 구성원에게 두루 관계되는 것으로 공동의 이익을 위해 힘을 함께하는 것으로 정의하면 어떨까? 공공미술은 공권력이 후원하는 미술, 공공장소에 놓인 미술, 공공의 이익을 대변하는 미술, 공공의 이슈를 다루는 미술, 공공이 제작한 미술 등 '공공성(publicness)'을 중심으로 다양하게 이해되어왔다. 곧 공공미술의 개념은 공공공간에 설치하며 공공을 위한 미술이라 할 수 있다.

'공공미술'이란 용어가 널리 알려진 것은 영국의 미술행정가 존 윌렛(John Willett)[17]이다. 그가 1967년 『도시 속의 미술(Art in a City)』을 통해 "미술은 자신을 직접 구매할 수 있는 사람들만이 즐길 수 있는 형태를 만들어가고 있다"면서 아트 매니저, 화상, 큐레이터, 평론가, 컬렉터 등 소수의 전문가들이 미술을 향유하고 그런 향유가 일반 대중의 미감을 대변하는 것처럼 만들어 소수의 행위를 정당화시킨다는 비판적 시각을 제시하면서부터다. 존 윌렛은 기존 전시장 미술에 대한 호감을 전시장 바깥으로 확장시키기 위해 '공공미술'을 사용한 것이기보다는 미술의 대중화와 더 많은 사람들이 미술을 즐길 수 있는 형태를 만들어가며, 더 많은 사람들이 미술을 향수(享受)할 수 있는 공공미술의 필요성을 제기했던 것이다.

현대의 의미에서 공공미술은 1960년대 후반 이후, 도시 중심부나 정부와 단체의 건물, 광장, 공원, 학교, 병원, 역사, 주택 외벽 등 일반대중에게 공개된 장소에 설치, 전시되는 작품을 지칭하는 것이 일반적이다. 그러나 최근 몇 년간 한국에서도 공공미술이라는 용어는 매우 급속하게 그 의미를 바꿔가고 있다. '공공성'이라는 개념의 모호함만큼이나 산발적인 형태의 공공미술이 존재하지만 국가의 기념조형물 대신 등장하기 시작한 20세기 후반의 현대 공공미술은 점차 국가정부가 주도하는 후원의 형태에서 공동체의 이익을 대변하며 그들의 특정 이슈를 다루는 추세로 변모해가는 과정이라고 할 수 있다.[18]

1960년대 말에서 1980년대에 이르기까지 공공미술은 장소를 미학적 논의의 재료로 삼아왔으며, 1990년대에 들어서면서 공공미술은 장소 그 자체보다는 그 장소에서 발생하는 소통의 미학에 주목하게 되었다. 하지만 공공미술이 처음부터 소통을 위한 예술로 존재한 것은 아니었다. 공공장소 속에 존재한 많은 예술작품은 집단의 사회적 이데올로기를 상징하는 모뉴멘트(monument)로 19세기 초반부터 20세기 초반까지 이러한 형태의 모뉴멘트들이 국가적 아이덴티티(identity) 형성이라는 목적으로 다량 설치되었다. 이는 현재까지도 공공미술의 큰 부분을 차지하고 있다. 이러한 조형물은 기존의 작품을 확대하거나 복사하여 외부공간으로 옮겨왔다는 것 이외에 장소성이나 환경, 사람에 대한 관계성이 부족하여 플럽아트(Plop Art)[19]라는 비난과 함께 여러 가지 논란을 불러오게 되었다.[20]

그러므로 미술관이나 갤러리로부터 벗어나 도시와 지역의 공공장소나 공간에서 이루어지는 새로운 유형의 다양한 미술 활동들, 예를 들어 미술가들이 낙후된 도시지역이나 시골 마을에서 주민들과 함께 담장에 벽화를 그려 넣고, 간판을 바꾸며, 지역의 문화와 역사적 기억들을 되살려내는 시도를 하거나, 건축가와 디자이너들과 함께 도심에 소공원, 분수, 의자와 같은 편의시설을 설치하며, 재개발이 진행되는 지역 주민들의 이전 반대 투쟁을 기록, 홍보하고 시위에 필요한 것을 제작하는 등의 작업들 모두가 '공공미술'로 불리고 있는 것이다.[21]

전통적 공공미술이 공공의 개념을 장소와 관련시켜 작품을 만들고 소통하여 그것을 바라보는 수용자, 대중의 취향을 반영하지 못하였다면, 새로운 공공미술은 장소를 물리적 장소로 보지 않고 사회적 · 문화적 · 정치적 소통의 공간으로 보지 못하였을 것이다. 새로운 공공미술은 장소에 맞는 작품으로 지역공동체와 관람객의 참여, 일시적 작업 등을 제안하기도 한다. 현재 국가 및 민간주도로 이루어지고 있는 대중의 참여와 관심을 불러일으키는 아트 프로젝트 등이 그러한 것들이다.

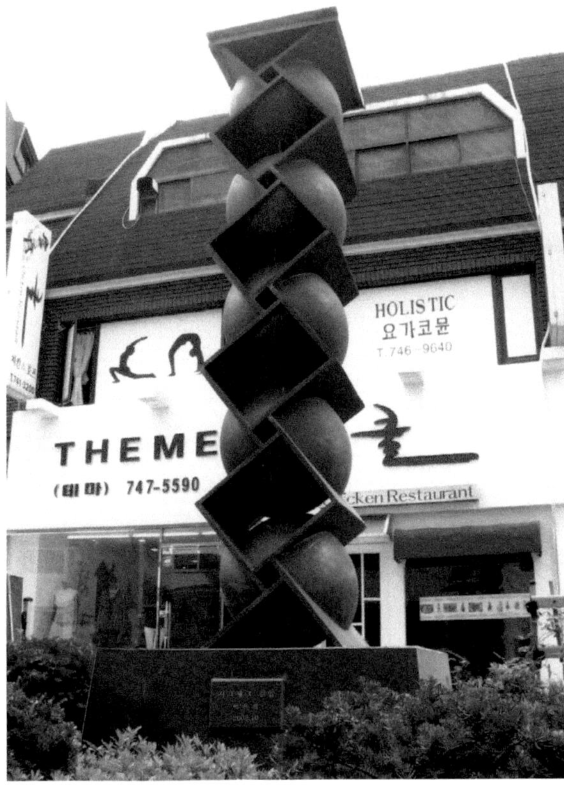

장소 속의 미술의 가능성 사례는 미국 대공황 때의 뉴딜정책으로 당시 미국은 SOC건설 사업을 통해 국민들의 일자리를 대대적으로 창출하는 전략을 짰는데, 공공장소에 미술을 설치하는 사업 또한 전국적으로 펼쳤다. 당시 작업진행청(WPA)이 추진한 이 프로그램을 통해 5천 개의 프로젝트가 제작되고, 22만 5천 명의 고용창출효과를 봤다. 작품을 통한 일자리창출과 국가캠페인의 효과를 동시에 누리게 했다. 부산시 해운대 경동메르빌에 설치된 박은생의 '지그재그결합'

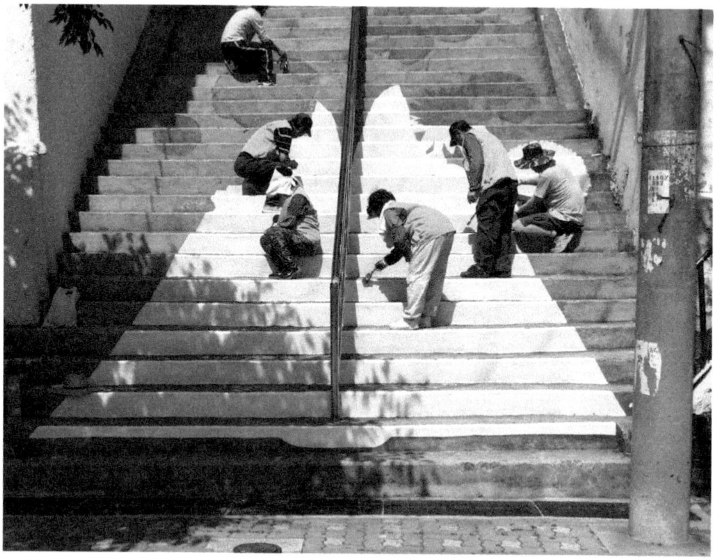

부산시 서구 동대신동 닥밭골 마을에서 전문가,
마을공동체와 함께 계단벽화를 제작하고 있다.

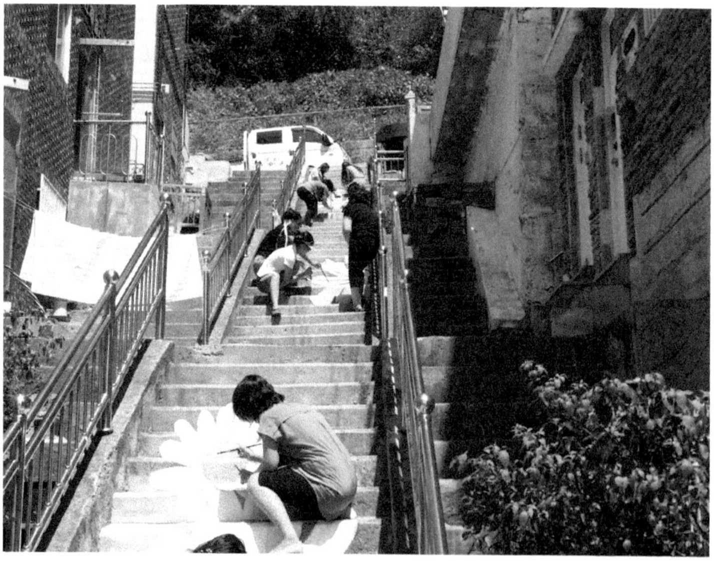

| 공공미술의 SWOT 분석 | [22]

-문화 산업의 콘텐츠로서 직간접적인 경제적 효과 창출
-창작기회 확대와 문화예술 진흥
-문화예술관광 자원의 축적
-공공미술 양적 성장
-주거환경정비 기회확대
-정주의식 강화
-급격한 양적 성장

강점 (S)

기회 (O) | 공공미술 (SWOT) | 위협 (T)

약점 (W)

-공공미술 관련 관심 증대
-중앙정부 및 지방자치 예산 확대
-공공미술 제도 개선 논의 진행
-낙후지역 주거환경 개선
-공동체 구성
-문화예술 관련 아트 상품 개발
-마을기업 육성
-관광지 조성

-포퓰리즘(populism)이라는 시각
-일부작가들이 수주 독점
-불법리베이트 문제
-공공미술제도의 존치 위기
-공공미술과 공공디자인의 영역 등 공공미술에 관한 해석과 범위
-사후관리 주체에 관한 불협화음
-예술을 상업으로 보는 시각
-낙후 작품 흉물
-대상지 투기 조성

-정부주도의 비자발적인 성장
-단기적인 사업 진행의 한계
-사후 유지 관리의 미흡
-관리미흡에 따른 지역민 의식결여
-기획력 부족과 해외작가 의존도 문제
-정부지원예산 의존
-공동체, 지역민 참여 저조
-공공미술 관련 의식 부족
-대상지를 상업성으로 보는 시각

지금까지 공공미술은 '공공'의 해석을 어디까지, 어떻게 해석하느냐의 영역과 방법에 따라서 분류되어왔다.[23] 공공미술은 미술을 위한 장소성과 의식적 공유공간을 위한 공공성의 관계로 크게 두 가지로 나누어진다. 이는 공공미술이 '공공장소(Public Space)에 있는 미술'이냐, 수용적 측면에서 '일반 공중(the Public)과 소통하는 미술이냐'하는 논의에서 시작된다.

공공미술에서 장소는 장식을 위한 특징적 속성을 지닌다. 그리고 그곳에는 장소에 참여하여 정신적 만족을 위한 함의를 내포하고 있다. 이를 우리는 공공성이라 하는데, 주체자로서의 참여와 개입을 전제로 한다.

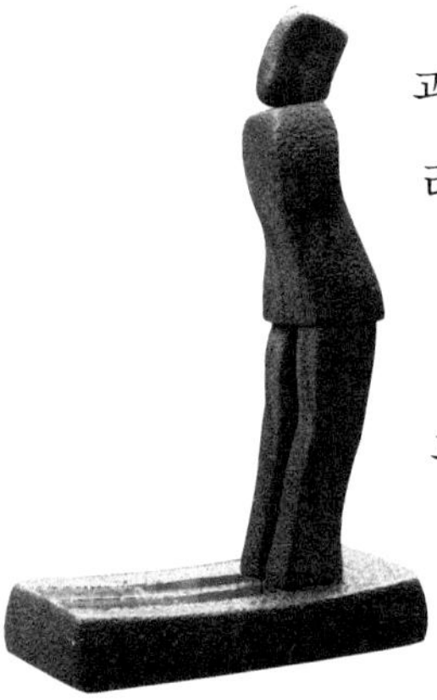

따라서 공공의 장소를 기저로 한 공공미술 개념의 변천 과정은 장식으로 본 미술에서 참여 · 개입으로 본 미술로 흘러간다. 우선 장식으로 본 공공미술은 장소 속의 미술(기념 조형물, 모뉴멘트), 장소로서의 미술(건축물 미술장식품, 새로운 장식미술[24])이다. 그리고 참여 · 개입으로 본 공공미술은 뉴 장르 공공미술[25]을 포함한 장소 특정 미술로 정리된다.

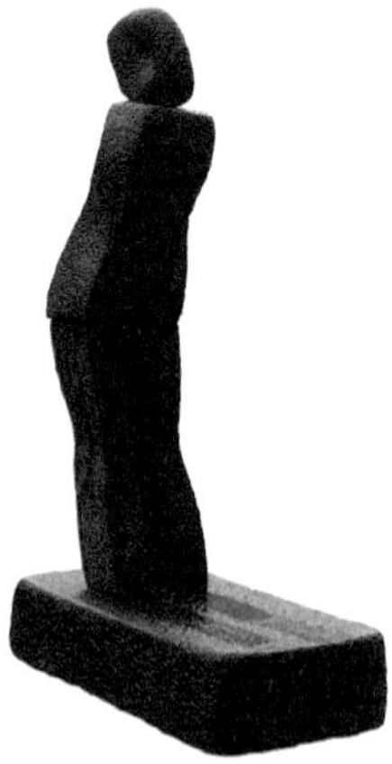

1) 공공미술의 탄생-장소 속의 미술

영국인 존 윌렛이 1967년 『도시 속의 미술(Art in a City)』이라는 논문을 발표했다. 그는 "미술은 구매할 수 있는 사람들만이 즐길 수 있는 형태가 아닌 모든 사람들이 예술을 향유할 기회를 가져야 한다."고 했던 것이 시작이다. 공공장소에 미술작품을 설치하던 관행이 '공공미술'이라는 제도로 정착하는 계기가 된다. 이 계기는 우리나라의 경우 이순신 장군의 동상, 세종대왕 대상 등의 기념조형물로 사회통제 기능을 하는 미술품이 주류를 이룬다. 그래서 마일즈는 '권력자의 위치에서 역사를 명상하는 것이 바로 모뉴멘트의 요체다'라고 했다.

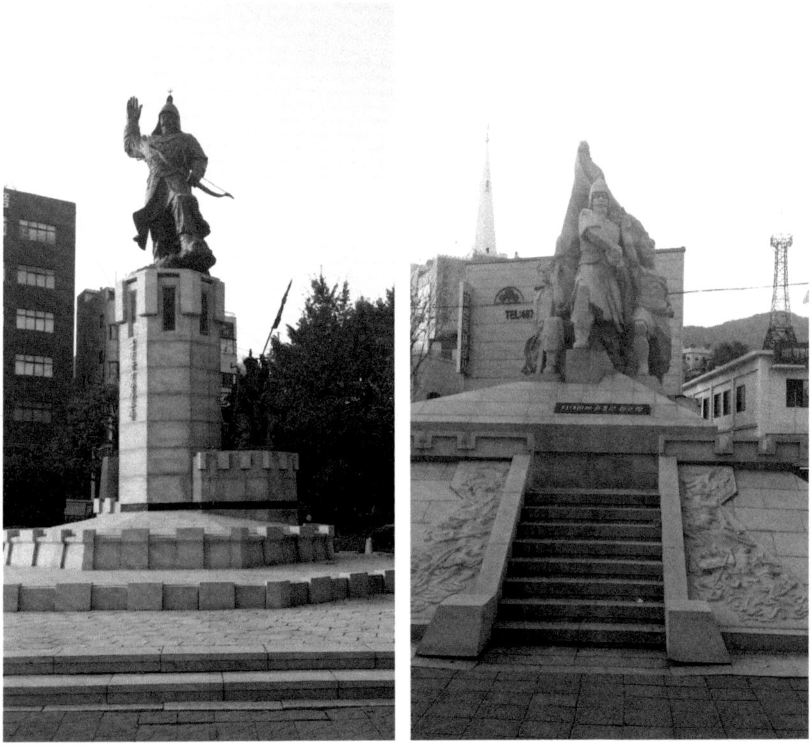

임란왜란 때 부산을 지키다 순직한 정발장군 기념 동상(좌)
다대포진 첨절제사 윤흥신 장군의 유적을 기리는 석상(우)

2) 장소로서의 미술

1970년대 이후 공공미술은 공간과 미술의 관계에 대한 새로운 고민이 시작되었다. 공간의 맥락을 살리는 매개로서 미술의 고민이다. 이때부터 미술이 '머물고 싶고 이야기하고 싶은 공간'을 만드는 데 적극적으로 동참했다.

공간을 어떻게 볼 것이며 미술을 어떻게 구성하느냐 하는 고민이 앉고, 만지고, 올라타고, 쉬고, 명상하는 기능들이 미술을 통해 재미있고 의미 있게 조정되었기 때문에 쓰임새와 모양새를 함께 충족시킨 미술의 한 형식이다.

공간의 다양한 맥락에 대해 고민하면서 공간은 관객의 눈을 담는 '시각적 공간'이 아니라 공간 사용자의 몸을 담는 '신체적 공간'이자 마음을 담아내는 '심리적 공간'으로 확장되었다.

장소로서의 미술이 사용자에게 기능성과 즐거움을 선사하고 도시 구성요소에 중점적으로 고민하기 때문이다. 공간의 쾌적성, 편안함, 위안으로 재구성되는 이들은 퍼블릭 퍼니처(Public Furniture)로 불리기도 한다.

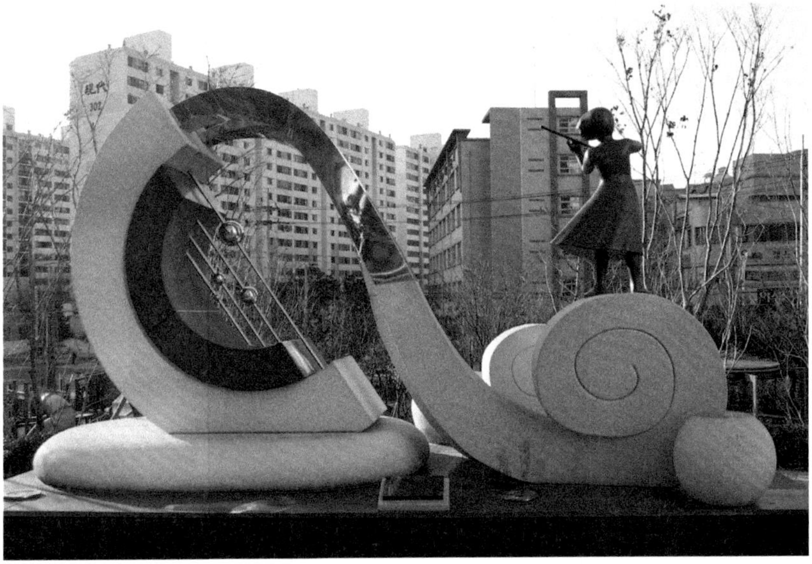

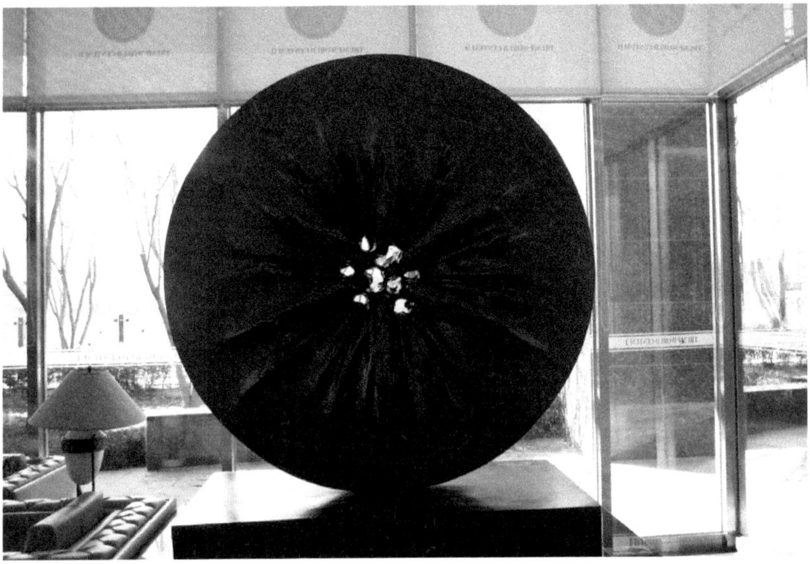

부산시 해운대구 한화꿈에그린아파트에 설치한 박동호의 '꿈의선율-2000'(위)
해운대구 대우트럼프월드 센텀2아파트에 설치한 김문규의 '빛의 메시지'(아래) 등
건축물 미술장식품은 '장소로서의 미술'에 속한다.

3) 참여 · 개입으로서의 미술

공간은 작품을 피어나게 하는 '원인'이자 이 세상에 딱 하나만 있는 삶의 현장이다. 공간과 사람의 관계 그리고 현장성에 대한 강조는 장소가 곧 작품의 의미와 형식의 주요 속성이 되는 '장소 특징미술(site-specific art)'을 만들어낸다.[26]

나는 수잔 레이시가 주장한 '뉴 장르 공공미술'이나 레이시와 제이콥의 '행동주의' 등도 장소 특징을 살린 공공미술로 참여 · 개입으로서의 미술을 포함한다. 여기에는 사회, 정치적 주제와 이슈, 시간과 사람들이 서로 참여하고 어우러지는 '현장성'을 회복하는 것으로 장소를 어떻게 보느냐에 따라 유령 같은 작품과 살아 있는 작품도 생기를 돌게 한다. 그러기 위해서는 지역의 적극적 참여가 필수적이다.

전통적인 공공미술이 공공의 개념을 장소(Public Space)와 관련해 작품을 만들고 소통한다면, 새롭게 전개되는 공공미술은 장소를 물리적 장소로 보지 않고 사회적, 문화적, 정치적 소통의 공간으로 간주하며 그런 의미에 맞는 작품으로 지역공동체와 관람객의 참여, 일시적 작업 등을 제안한다. 즉 지역 주민들과의 교감이 중요하고 관람객들과의 소통, 주변환경에 대한 이해가 필수적이다. 따라서 참여 · 개입으로서의 미술은 지역민, 관람자의 관념적, 개념적 경험들을 작가(전문가)와 함께 장소를 재구성하는 것이다.

공간에 대한 두 가지 입장에 대한 논의가 매우 활발한 점도 공공미술의 가능성을 넓게 해준다.

| 공공미술의 변천 | 27

구분	장식으로 본 미술		참여 · 개입으로서의 미술
	장소 속의 미술 (기념 조형물, 모뉴멘트)	장소로서의 미술 (건축물 미술 장식품, 새로운 장식미술)	장소 특정 미술 (뉴 장르 공공미술)
사상	· 오브제 중심 · 미학적 관심	· 공간 만들기 중심 · 도시, 공간 디자인	· 공익, 사회 중심 · 사회적 이슈
개념	전통 미술의 외출 (장식)	새로운 장식	새 장르 공공미술 (비평)
공공성의 출처	공공장소 (물리적)	공공장소의 환경 (물리적+기능적)	공동 관심 (사회 정치적)
우선권	작가	작가(선)-관객(후)	작가+관객
사회관계	폐쇄	개방	참여, 개입

현재는 도시라는 장소를 공공미술의 물리적 장소로 보기보다는 시민과의 상호작용을 가능하게 해주는 사회 · 문화적 소통의 공간으로 보는 관점으로까지 연장되고, 지역공동체와 관람객의 참여 등을 통한 상호작용으로 창작활동의 범위가 확대되어가고 있다.

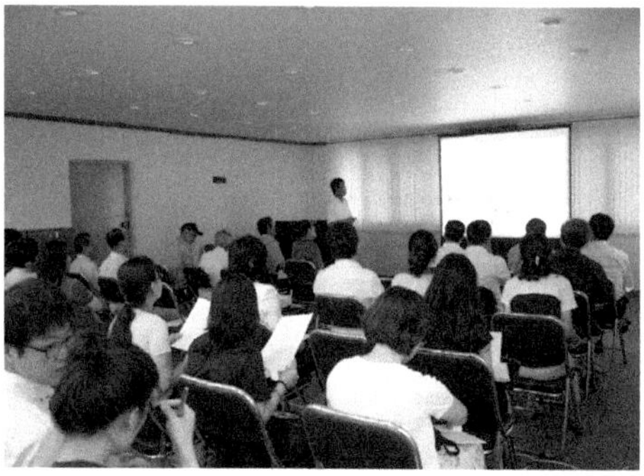

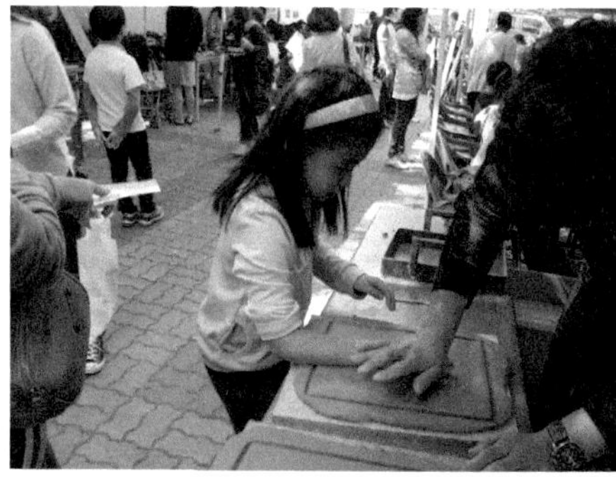

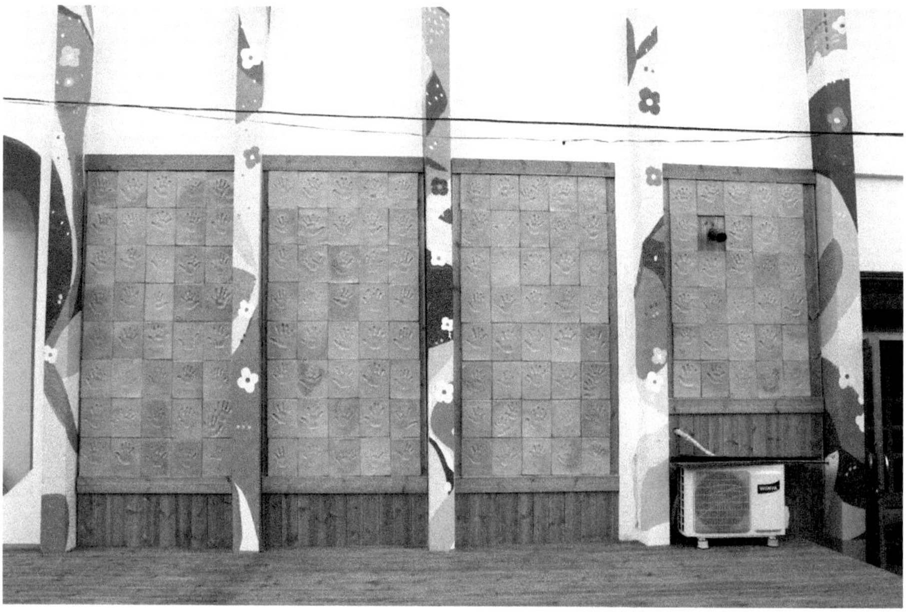

부산시 북구 금곡동 공창마을 주민 참여 · 개입으로서의 공공미술을 위해 주민설명히(좌)를 열고 지역민의 손노상 참여(우)를 통하여 160여 개의 손도장을 마을회관(아래)에 붙였다. 공공미술을 통해 지역민의 마을 애착심이 향상되었다.

공공미술의 일반적 의미는 장소와 기능, 내용적인 측면에서는 공공의 대중을 위해 제작되고 설치되는 미술품을 의미한다. 그래서 공공공간에 설치하며 공공을 위한 미술이라 하는 것이다.

여기에는 이순신 장군 동상이나 세종대왕 동상 등 이데올로기적 성격의 사회 통제 기능을 지닌 기념 조형물과 관공서나 백화점, 아파트 입구 등 큰 건물 앞에 설치되어 있는 미술 장식품이 있다. 이는 도시 공간에서의 삶의 질 향상 및 미술 향유의 기회 제공을 위해 건축물에 설치하는 미술장식품이다. 문화예술진흥법 제9조에는 대통령령으로 건축물을 건축하려는 자는 건축비용의 일정 비율에 해당하는 금액을 회화, 조각, 공예 등 미술장식에 사용하여야 한다고 정해

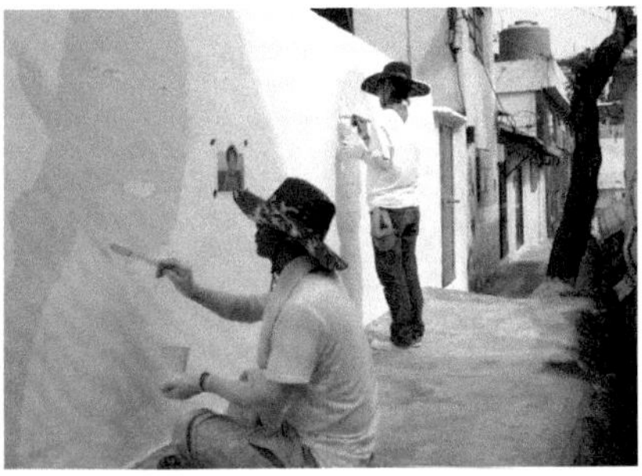

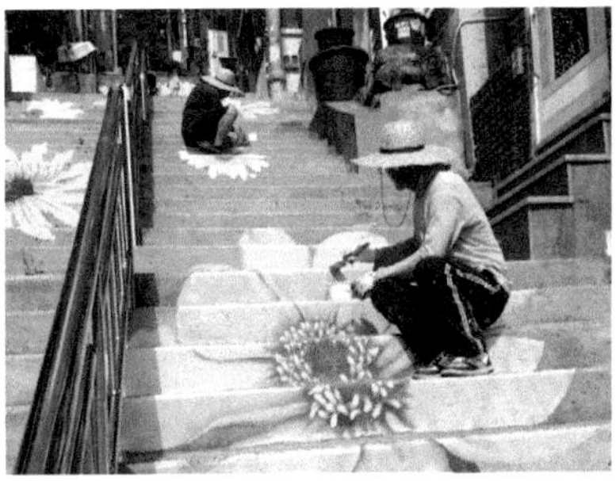

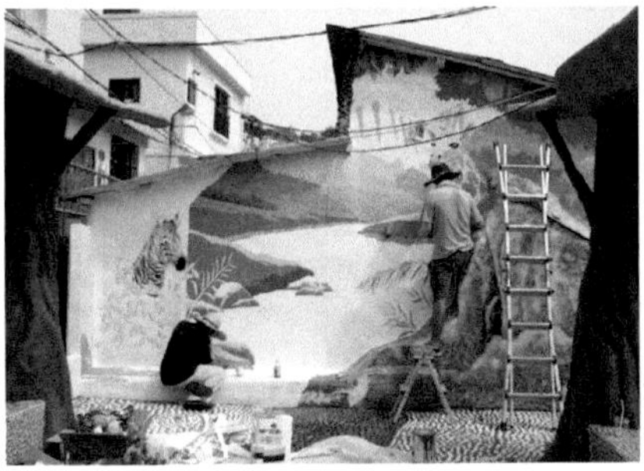

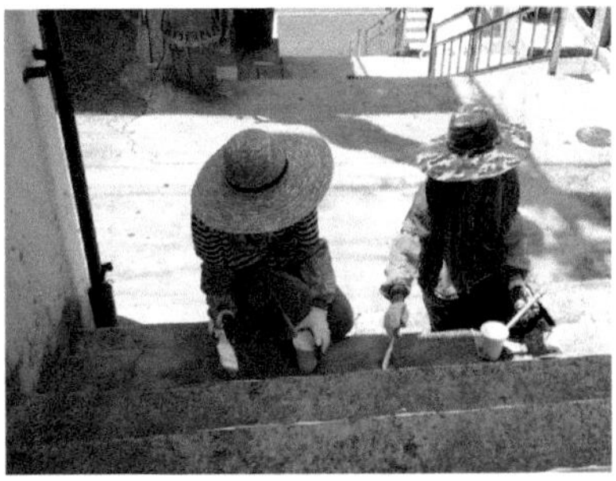

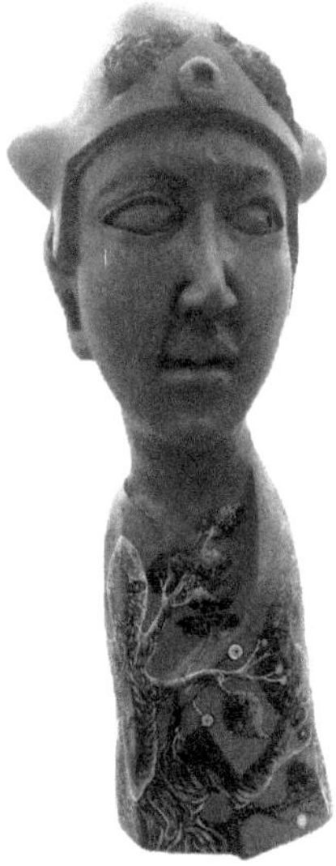

져 있다. 일명 1% 미술이다. 1972년 8월에는 권장으로 시작하여, 1984년 7월은 서울시 의무사항, 1995년 7월부터 전국적인 의무사항으로 개정 · 시행하였다. 2000년 1월부터 사용금액의 1% 이하로 하향 조정하여 지금까지 시행하고 있다.

최근 들어 우리나라에서 유행처럼 번진 것이 수잔 레이시가 주장한 '뉴 장르(새로운) 공공미술'이다. 약간의 차이는 있지만 '마을미술', '커뮤니티 아트', '참여미술', '공동체 미술' 등등 다양한 명칭으로 혼용 사용하고 있다. 필자는 이들을 묶어 참여 · 개입으로서의 미술이라고 전술했다. 이는 주민이나 공동체 참여를 유도하는 공공미술로 특정한 장소나 마을의 재생을 위해 개입을 요구하는 미술의 한 유형이다.

공공미술의 유래나 역사가 어떻든 간에, 어떤 이유로 우리는 공공미술을 선진국으로부터 도입했을까? 기념 조형물, 미술 장식품, 참여 · 개입으로서의 미술 등 이른바 공공미술은 첫째, 시각 환경을 풍요롭게 하여 장소를 더욱 흥미롭고 매력적으로 보이게 한다는 것, 둘째, 일반 대중이 미술에 더욱 가까이 접근할 수 있도록 한다는 것, 셋째, 하나의 건물이나 공동체를 통합하고 정체성을 강화시켜준다는 것, 넷째, 공공미술의 수용자인 대중을 새롭게 이해한다는 것, 다섯째, 공공의 새롭고 다양한 가치

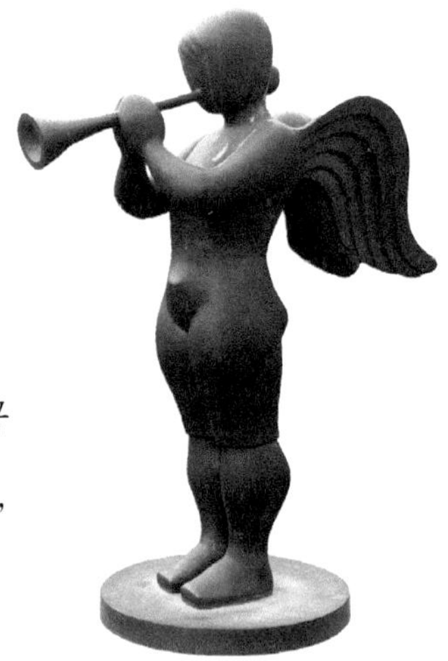

들과 이슈들을 창출시킨다는 것, 여섯째, 도시, 국가, 기업의 미술투자를 증대시키고, 미술가의 영역을 넓혀준다는 것으로 볼 수 있다.

장르에 따른 공공미술의 역할은 다음과 같다

공공미술 장르	역할
장소 속의 미술 (기념 조형물, 모뉴멘트)	사회 통제의 기능
장소로서의 미술 (건축물 미술 장식품, 새로운 장식미술)	도시 공간의 질 향상 및 문화적 영역 형성 공공에게 미술 향유의 기회 제공
참여 · 개입으로서의 미술 (장소 특정 미술, 뉴 장르 공공미술)	공동체 의식 고취 및 장소에 대한 애착 강화 사회적 의견 표출의 수단

부산시는 2010년 12월에 '미술장식품 관리실태 전수조사'를 시행했다. 그 결과를 부산의 한 언론지는 '부산 건축물 미술장식품 "흉물" 전락'이라는 타이틀 아래 사후관리 부실로 균열 부식 변색 등이 심각하다는 보도를 했다.[28] 2013년 9월에는 중앙일보에서 '깨지고 녹슬고 담뱃재 묻고… 억대 미술품들의 굴욕'이라는 타이틀로 대형 건물 미술장식품 관리 엉망을 지적했다.[29] 미술장식품에 관한 이런 언론기사는 참 오래간만에 보는 보도다. 최근 들어 공공미술이 도시의 흉물이 된다는 기사는 대부분 벽화로 기사의 말머리를 돌렸기 때문이다. 이 역시 보존 및 사후관리에 관한 지적들이다.

대중과의 접목, 장소의 특징 부각, 사회적 이슈 등 좋은 취지를 가지고 시작한 공공미술이 왜 도시의 흉물로 변해가고 있는 것일까?

| 주 |

1 신진욱, 「공공성과 한국사회」, 『시민과 세계』, 11호, 2007년 상반기호, pp.18-39 참고.

2 한나 아렌트(Hannah Arendt)는 공공영역을 말과 행위를 통해 '우리의 인격을 드러내는 구체적 행위의 공간과 장소'로 정의했고, 차이 나는 발언과 행동, 즉 공동체 구성원들의 가치와 기대를 경쟁하고 조정하는 정치적 과정과 역량을 중시했다.

3 김세훈 · 현진권 · 이준형 · 김정수 · 이기호 · 양현미, 『공공성-공공성에 대한 다양한 접근』, 미메시스, 2008, pp.19-27 참고.

4 마루타 하지메, 박화리 · 윤상헌 옮김, 『장소론: 웹상의 리얼리즘과 지역의 로맨티시즘』, 심산, 2011, pp.69-70.

5 남기범, 「컨버전스로 인한 공적공간과 사적공간의 경계변화」, 『한국사회의 방송 · 통신 페러다임 변화연구』, 정보통신정책연구원, 2008, pp.43-44 참고.

6 공간의 사용자는 공중(the Public)이며 공중들 사이의 교류가 일어나는 장의 역할을 하는 곳이 이 공간(Public Space)이었다. 아렌트는 "아고라는 사람들이 자신을 타인과 구별시켜 드러낼 수 있는 공적인 공간이다."라고 하였다. 하버마스와 아렌트는 자율적인 인간의 행위, 그리고 그 행위의 장(공간 혹은 장소)을 통해 공공성이 표출될 수 있다는 의견에 동의하면서 건축적 공공성의 논의의 시발점을 제공해주었다. 박소영 · 전영훈, 「공공디자인을 통해 발현되는 건축적 공공성에 관한 연구」, 대한건축학회 논문집(계획계) v.24n.8(2008-08) 참고.

7 신진욱, 「공공성과 한국사회」, 『시민과 세계』, 11호, 2007년 상반기호, pp.30-31.

8 김세훈 · 현진권 · 이준형 · 김정수 · 이기호 · 양현미, 『공공성-공공성에 대한

다양한 접근』, 미메시스, 2008, p.226.

9 김지영, 『설치 예술과 환경 디자인』, 광문각, 2004, p.34-35.

10 마야 린(Maya Lin, 1959~)의 '베트남 전쟁 기념 조형물(Vietnam Veterans Memorial, 1982)'은 검은 대리석에 5만 8천여 명의 전쟁 참여자를 새겨놓았다. 비난은 주로 희망을 상징하기보다는 어두운 검은색의 대리석과 비구상 스타일의 알 수 없는 내용, 아직 나이 어린 젊은 대학원생, 중국계 여성이라는 이유로 특히 베트남전의 참전자들의 반박이 심했다고 한다.

11 이 책 『공공미술, 도시의 지속성을 논하다』는 전자의 건축물 미술장식제도보다는 후자의 공공미술을 중심으로, 예술의 영역보다는 미술의 영역에 많은 비중을 두고 서술하였다.

12 김경욱, 「공공미술의 다양한 혜택들」, 『공공미술을 통한 지역문화환경 개선방안』, 문화관광부/한국문화관광정책연구원, 2005, 11, 16 심포지움, p.1.

13 두산백과 사전, 〈http://naver.com〉 참고.

14 김세훈 · 현진권 · 이준형 · 김정수 · 이기호 · 양현미, 『공공성-공공성에 대한 다양한 접근』, 미메시스, 2008, pp.49-50.

15 김세훈 · 현진권 · 이준형 · 김정수 · 이기호 · 양현미, 『공공성-공공성에 대한 다양한 접근』, 미메시스, 2008, p.51.

16 박삼철, 『왜 공공미술인가』, 학고재, 2006, p.151.

17 존 윌렛(John Willet, 1917~2002), 영국 햄프스테드 출생, 1930년 독일에 거주하였다. 옥스퍼드에서 철학, 정치, 경제에 관심을 가지며 졸업했다. 맨체스터 가디안(Manchester Guardian) 재직 시, 영국의 북서지방 쪽 문화에 관심을 두어 『도시 속의 미술(Art in a City, 1967)』를 출간했다. 이 책은 리버풀의 예술 문화, 건축, 현대 미술가와 그 당시 보편적인 예술을 묘사하여

반향을 일으켰다. 이후 뉴욕타임스(The New York Times) 및 타임스 리터러리 서플리먼트(The Times Literary Supplement)에서 비평가 및 작가로 활동하다 85세(2002년) 사망하였다.

18 강미래, 「도시공간 속의 공공미술 연구-뮌스터 조각 프로젝트의 접근을 중심으로」, 동독여자대학교 석사논문, 2011, p.20.

19 플럽(Plob)은 '텅벙'하고 물속에 떨어뜨린다는 뜻으로, 건축으로 미리 다 짜여진 공간에 작품을 '쿵' 떨어뜨려 집어넣는다는 뜻이다.

20 정꽃실, 「공공미술의 공공성 구현을 위한 제도 개선에 관한 연구」, 국민대학교 석사학위 논문, 2009, p.42.

21 김인규, 수잔 레이시, 이영욱 옮김, 『새로운 장르 공공미술: 지형 그리기(Mapping the Terrain: New Genre Public Art)』, 문화과학사, 2010, p.18 참조.

22 정꽃실, 「공공미술의 공공성 구현을 위한 제도 개선에 관한 연구」, 국민대학교 석사학위 논문, 2009, p.58 참고.

23 공공미술의 변천 과정은 비슷하지만 학자들마다 조금씩 다른 명칭으로 정리하고 있다. 이 책에서는 "박삼철, 『왜 공공미술인가』, 학고재, 2006"을 디딤돌로 하였다.

24 새로운 장식은 도시 구성 요소를 대상으로 한다. 길거리의 의자, 아트벤치, 볼라드, 휴지통, 가로등 등 스트리트 퍼니처, 거리나 광장의 패턴을 디자인하는 포장 작업, 울타리, 난간 등이며, 이들을 '퍼블릭 퍼니처(Public Furniture)'라고 부른다.

25 뉴 장르 공공미술은 수잔 레이시(Suzanne Lacy)가 공적영역에서 사회적으로 상호작용하는 다양한 종류의 미술을 공공미술로 정의하면서 그 새로운 공공미술을 기존의 장소적 공공미술과 구분하기 위해 1995년 『새로

운 장르 공공미술: 지형 그리기(Mapping the Terrain: New Genre Public Art)』에서 새롭게 제기한 용어이다. 새로운 공공미술은 완성된 결과보다 작품을 구상하고 만들어가면서 소통하는 '과정' 자체를 중시한다. 작품의 주제도 사회적 건강성, 문화적 다양성, 생태적 각성 등 공공성의 시대에 맞는 사회전체의 핵심의제들이다.

26 박삼철, 『왜 공공미술인가』, 학고재, 2006, p.140.

27 박삼철, 『왜 공공미술인가』, 학고재, 2006, p.146 참고.

28 「부산 건축물 미술장식품 "흉물" 전략」, 〈부산일보〉, 2011. 6. 14 참고.

29 「깨지고 녹슬고 담뱃재 묻고… 억대 미술품들의 굴욕」, 〈중앙일보〉, 2013. 9. 23 참고.

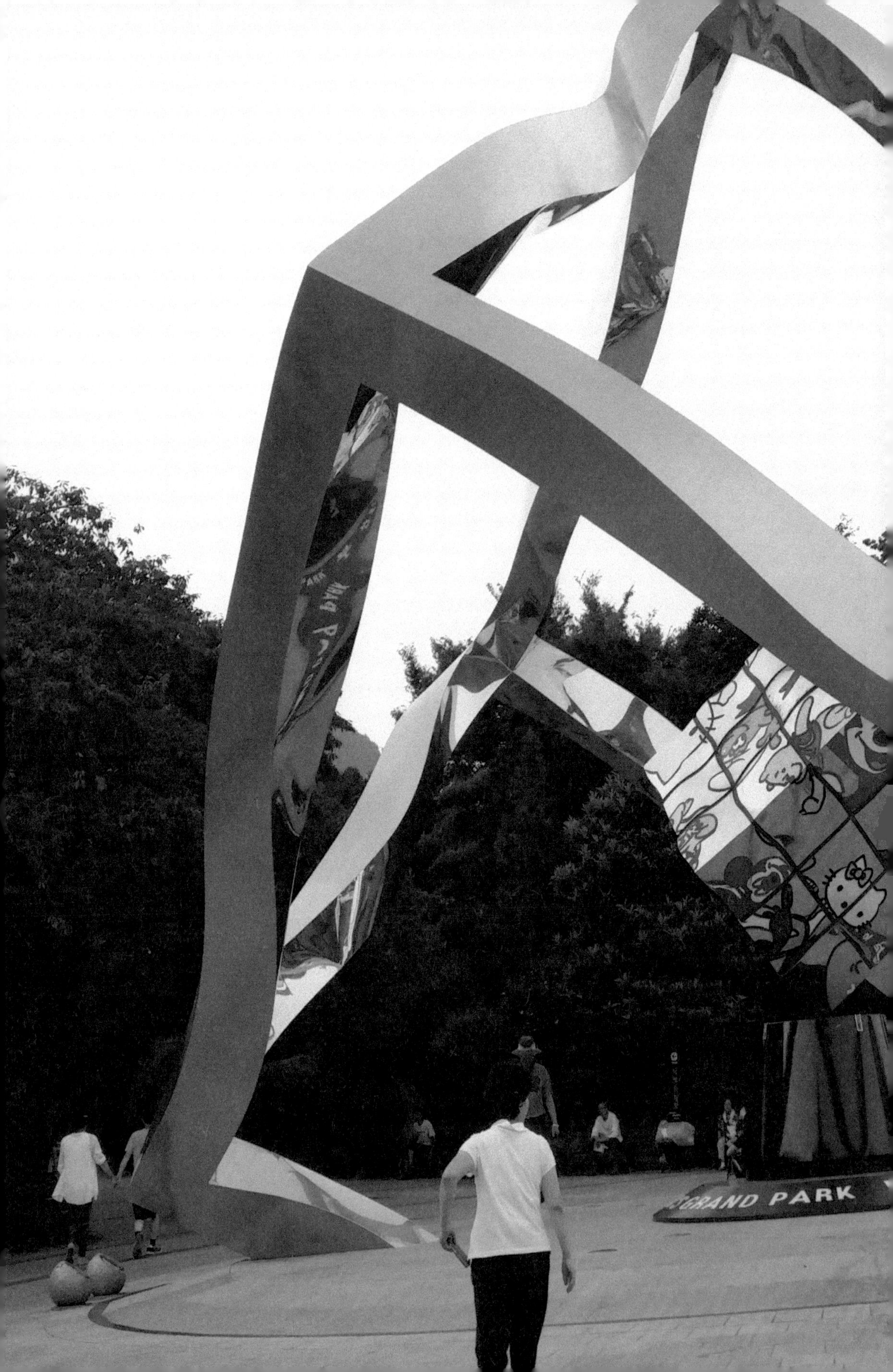
GRAND PARK

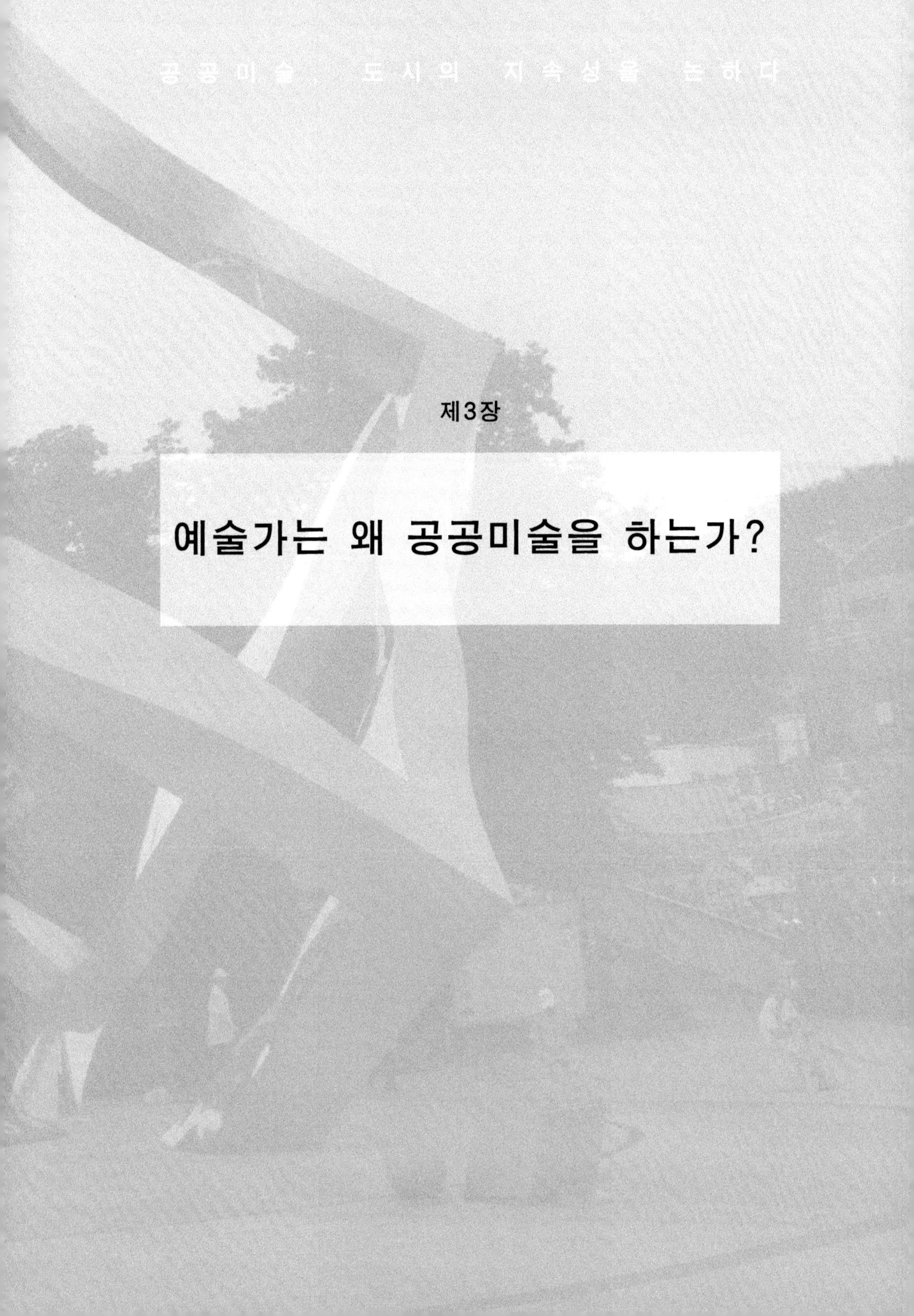

제3장

예술가는 왜 공공미술을 하는가?

1 예술가와 공공예술

예술을 위한 예술

여기에서 궁금한 것이 생겼다.

예술이 사회를 위한 예술에서 예술을 위한 예술로, 다시 사회를 위한 예술로 변화되고 있는 것은 아닐까? 그럼 도대체 예술이 무엇이기에 사회-예술-사회 등으로 순회를 할까?

여러 문헌을 봐도 예술이란 무엇인지 정의를 내릴 수 없다는 말뿐이다. 인간은 항상 즐거움을 쫓는 사회적 동물이다. 그래서 예술이란 인간에게 쾌감을 주는 하나의 형식이라고 정의하는 학자도 있다. 이런 관점에서 하버트 리드(Herbert Read)는 예술이란 "마음을 즐겁게 해주는 형식을 만드는 시도"라고 정의한 바 있다. 어떻게 보면 예술은 개인적으로나 사회적으로나 인간의 생존을 위해 꼭 필요한 필수 요소는 아니다. 물이나 음식이 없으면 인간의 생명은 위태롭지만 예술이 없다고 해서 목숨의 위험을 느끼게 하지는 않기 때문이다.

예술의 본원적 가치란 미학 · 철학적인 입장에서 본다면, 예술 그 자체가 갖는 근본적인 기능을 의미한다. 예술의 가장 본질적인 기능은 인간의 생리적 요구 중 하나인 '정신적 쾌락과 즐거움'에 대한 욕망을 충족시키는 데 있다. 그래서 무질서한 혼돈의 상태에서 질서를 부여하게끔 하는 것이 예술이다. 훌륭한 예술작품은 그것을 감상하는 사람에게 '희열과 정신적인 풍요로움'을 제공한다. 인간은 문화예술활동을 통해 '마음의 풍요'를 추구한다. 예술은 사람의 오감을 통해 두뇌에 쾌감을 제공하고 심리적 즐거움과 만족감 그리고 감동을 선사하는 것이다. 예술이 성장한 근본 이유는 바로 인간의 마음에 감동과 기쁨을 주고 정신적 만족을 제공함으로써 행복한 삶을 누리도록 해주기 때문이다. 이것을 예술 본연의 내재적 가치라고도 부를 수 있다.[1]

그렇다면 예술은 질서의 부여, 정신적 만족, 마음의 풍요 등 감상자 또는 사회를 위한 작용으로서의 예술인가? 예술가 스스로를 위한 예술적 행위는 없는가? 아니 어떻게 보면, 예술가는 사회를 위한 예술보다는 예술을 위한 예술을 하고 있다. 미술은 더욱더 그러하다.

어느 논문에서 본 기억이 있다.

"20세기 100년간 미술은 이전 세기보다 많은 예술 형식을 만들어냈다. 그러나 정작 공공미술의 창작자인 미술작가는 다양한 예술장르 중 일부분의 미술형식에 매료된 전문가들뿐이다. 그들의 작품이 미술관에 전시되었을 때는 아무런 문제가 없었으나 공개된 장소에 나왔을 땐 다양한 대중들의 서로 다른, 그래서 차가운 시선들을 감내해야 한다."는 내용이다. 분명 미술은 19세기, 20세기와 다른 양상으로 흘려왔다. 지금까지의 기조로 보았을 때, 대중과 소통하는 또는 함께하는 예술의 장르가 생긴 것은 기증사실이다.

현대 예술작품은 이제 더 이상 '사적이고 독립된 공간'으로서 관조의 대상을 생산하는 데 있지 않다. 예술이 사회와의 관계미학에 거론되었던 1990년대 작가들은 '형태를 생산할 수 있는 역동적 구조'를 만들었고, 관계미학은 이러한 작품이 상상하고 도출시키는 형태에 대한 미학적 판단을 제안한 것이다.[2]

다시 정리해서 말하면 예술가는 자신의 작업에 관해 세 가지의 관점을 가지고 있다. 첫째가 어떻게 그것을 물질적으로 번역/전환할 것인가에 관한 미학적 관점이며, 두 번째는 어떻게 예술적 준거/범주 안에 기록할 것인가의 역사적 관점, 세 번째는 어떻게 사회적 관계와 생산의 현재 상태를 비교하여 개연성 있는 자리를 찾을 것인가의 관점인 사회적 관점이다. 예술과 일상의 접목이라는 것은 첫 번째와 두 번째, 세 번째가 공히 전제를 깔고 있다. 그래서 예술을 위한 예술은 그 자체의 경험을 위해 존재한다는 것이다. 오늘 우리가 보고자 하는 공공예술은 세 번째의 사회적 관점에 주안점을 두고 있다. 예술을 위한 예술이기보다는 사회를 위한 예술이라 할 수 있다. 이제 예술의 영역을 확장하려고 시도하면서 경험을 만들어내는 어떠한 것이든 예술이 될 수 있다고 리처드 슈스터만(Richard Shusterman)은 『삶의 미학』에서 주장한다.

나는 요즘 들어 이런 생각을 한다. 예술가는 고전주의자이든 인상주의이든 모더니스트이든, 아니면 공공예술가이든 진실한 예술가라면 예술 행위의 방법이나 시각의 차이가 있을 뿐 모두가 사회 내에서의 존재론적 종합에 일익하고 있다고…….

역사적으로 근대예술이 탄생하기 전의 도시 속에서는 공공예술(미술)이라는 개념이 있었을까?

모든 것이 뒤섞여 있던 원시시대는 예술이 하나의 토털아트였다. 바위에 새긴 고래 한 마리가 미술이며 교육이며 생활이었다. 점차 일상과 차별화되는 예술의 유형으로 전개되면서 모더니즘 시대까지 지속되어왔다. 이 시기는 철저히 은폐된 예술가의 삶이다.

모더니즘 시대 예술을 폐쇄적인 창작과 매개, 소통 방식의 폐단이라 할 수 있을 것이다. 발터 벤야민은 두 가지 예술의 종말론적 서사를 제시한 바 있다. 하나는 헤겔과 같이 예술은 주술과 종교 의식의 힘에서 비롯되었기 때문에 예술작품에 권위를 부여하는 유일성을 통해 강력한 아우라(aura)를 오랫동안 유지해왔다. 이러한 예술작품의 유일성은 그 누구도 흉내 낼 수 없는 천재의 독창적인 수법을 드러나게 하는 것, 즉 초월성의 근원 혹은 신성의 근원으로 간주하는 힘이었다. 그러나 새로운 기계 복제매체는 이러한 주술적인 유일성을 파괴시켜버렸다. 예술은 점차적으로 예술이 갖는 "아우라의 쇠퇴"를 가져왔다는 것이다. 다른 하나는 점진적으로 상실되어간다는 이야기가 아니라 예술을 충분히 만족스럽고 유의미한 깃으로 만드는 특별한 종류의 경험, 즉 일관되고 지속적이며 천천히 향유하고 깊이 느껴지는 경험이 상실되어간다는 것이다.[3]

아서 단토(Arthur Danto)는 1964년 뉴욕의 스테이블 갤러리에서 전시되었던 앤디 워홀(Andy Warhol)의 작품 브릴로 박스를 보고 충격에 휩싸인다. 그리고 그는 1964년에 앤디워홀의 작품 브릴로 박스를 본 기점으로 예술종말을 선언하게 된다. 예술에서도 더 이상 예술만이 가지는 권위적이며 유미적이지도 않는 예술은 일상과 다시 만났다는 것이다. 슈퍼마켓의 종이박스가 전시장에 놓는 순간 워홀에 의해 예술품으로 둔갑한다. 마치 뒤샹이 변기를 아프리카 원주민에게는 그릇이 될 수 있다고 주장하듯, 영화 부시맨에서 코카콜라 병이 사냥할 때 쓰는 돌을 가는 도구, 빨래 방망이가 되듯 말이다.

근대사회에서 예술이란 개인의 자율적 표현의 결과물이며, 그 감상 또한 개인의 사적인 미적 권유에 의한다는 것이 모더니즘 미학의 철학적 기반이다. 근대적 예술가는 집단 공동체에 귀속되기보다는 오히려 그 집단적 가치관의 부정에 자신을 정초시켰다.

20세기 초부터 일기 시작한 아방가르드 미술운동은 독일 바우하우스(Bauhaus)나, 러시아의 브후테마스(VKHUTEMAS, 국립예술기술공방)와 같은 교육기관을 통해 소위 '미술'의 새로운 자기 확장을 시도하게 된다. 그래서 소위 말하는 컨템퍼러리 시대인 오늘날은 어느덧 융합예술이라는 이름으로 묶어 놓이기에 이르렀다고 해야 할까.

아서 단토 역시 현대예술을 '예술=일상'이라는 역사철학적 비평이론으로 전개했다. 그래서 일상과 예술이 융합된 종말 이후의 시대에 위치한 지금의 컨템퍼러리 시대에는 더 이상의 진보적 행진이 없음을 주창한 것이다.[4] 현대예술은 이제 일상과 별리된 '예술로서의 초월적 가치'를 찾는 것이 더 이상 의미 없음을 느끼게 되자 일상 자체로 관심을 기울이게 된다. 현대는 '예술+예술'식의 예술의 탈장르적 모색은 이미 나올 것이 다 나왔다고 예술가들은 이야기한다. 이제, '예술+비예술'식의 영역 확장의 시대가 초래되었다는 말이 된다.

미술 그 자체로서 존재했던 형식에서 벗어나 장소와 사회가 통합하려는 시도로서 인간의 삶 속으로 들어가고자 하는 예술은 공공미술이라는 용어를 통해 모더니즘을 거부하는 상징처럼 되었다.

예술가들은 이제 미학의 사고가 바뀌었다.

아서 단토가 이야기하는 컨템퍼러리 아트가 '예술=일상'이든 아니든. 미술은 미술관, 갤러리에서 벗어나고 있으며, 유미주의에서 함께하는 예술로 가고 있다는 것은 부정할 수 없을 것 같다.

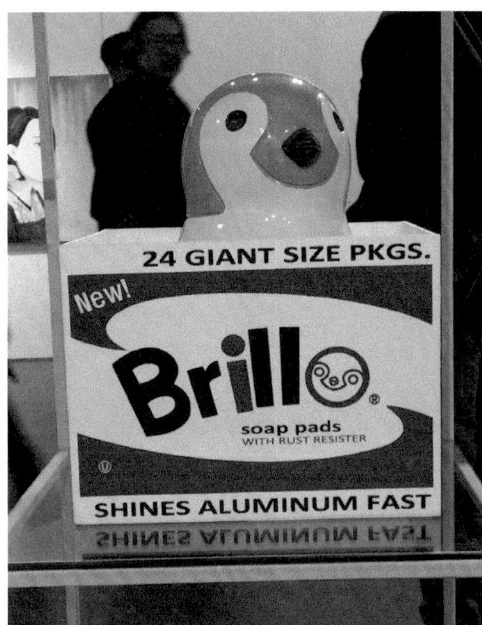

앤디워홀의 작품
브릴로 박스를 이용한
홍초롱의 '펭귄'

상품은 유통을 목적으로, 기계와 체제를 도구로, 과학적 원리와 규칙을 방식으로, 계산 후 돌입하는 행위를 과정으로, 조립 공장을 거처로 해서 만들어진다. 반면 작품은 소통을 목적으로, 손과 몸을 도구로, 직관과 영감을 방식으로, 상상과 행위를 병행하는 과정을 통해 일상을 무대로 만들어진다. 이 차이의 결과는 물신과 영혼이다. 그래서 아방가르드는 물신화되고 상품화된 예술에 저항해온 이유도 여기에 있다.[5]

일상은 상품과 연결되어 있다. 그래서 예술은 상품화되었다. 아트페어에서 미술품은 상품으로 진열대에 나열되어 있다. 물론 알다시피 공장에서 대량생산되는 공산품과는 차별성을 가진다. 그래서 예술은 마트에서 구입할 수 없다. 5일장을 열 듯 아트페어라는 시장을 열어 판매하는 것이 일상화되었다고 해도 마트와는 다르다. 그러나 예술작품이 곧바로 교환과 소통, 거래의 세계에 봉헌된다는 의미가 내재되어 있다. 모든 상품들은 공통적으로 하나의 가치, 즉 그들의 교환을 가능하게 하는 공동의 실체를 갖는다. 마르크스에 의하면 이 실체는 상품을 생산하기 위해 사용된 '추상적인 노동의 양'이라고 했다. 그것은 모든 상품들의 '추상적이고 일반적인 등가물'인 일정한 금액에 의해 포함된다고 보았다.[6] 마르크스를 시작으로 우리는 예술에 대해 다음과 같이 말한다. 예술은 '절대적인 상품'을 상징한다. 왜냐하면 그것은 가치의 이미지 자체이기 때문이다.

명품의 경제학적 기초 조건은 한정 수량 생산과 소수가 독점하는 소비에 있다. 따지자면 미술작품이 명품가게 물건보다 훨씬 소수고

귀하다. 그리고 통상 여하한 고가 상품보다 매우 가격이 높고, 제도를 통해서든 사람들 고정관념에서든 특별한 존재로 취급된다. 그럴 수 있는 배경은 예술의 독창성과 유일무이함을 긍정하는 공동체의 정신, 예술가의 미적 상상력과 창조 활동을 상품 생산 및 소비와는 차원이 다른 것으로 평가하는 사회체제 및 의례에 있다. 분명 미술작품은 그런 사회적 배경에 힘입어 일상용품은 물론 초고가 상품을 초과하고 압도하는 독점적, 우월적 지위를 누리는 것이다.[7]

예술, 그것은 사회적 교환이라는 소재 자체로 만들어지므로 집단 생산에서 독자적인 위치를 차지한다. 예술작품은 인간 활동에 의한 여타의 다른 생산품들과는 구분되는 질을 갖는 것이다. 그 질은 바로 사회적 투명성(transparence)이다. 성공한 예술 작품은 언제나 공간 안에 단순하게 존재하는 것 이상을 목표로 한다.[8] 미술의 창작과 향유를 법으로 보장하는 데는 미술작품을 돈으로 환산할 수 없는 가치, 예컨대 창조성, 독창성, 아름다움 등 미학적 가치의 대상으로 보는 사회적 합의가 깔려 있다는 점이다.

그래서 예술가는 두 가지 아주 무거운 짐을 지고 있다. 하나는 '예술성'이다. 예술가들이 모이는 곳이면 어김없이 등장하는 안줏거리가 예술가에게서의 작품에 나타난 예술성의 있고 없음이다. 다른 하나는 상품의 가능성이다. 미술품(예술에서 미술을 국한하여 본다면)은 판매가 되어야만 작가에 의해 재생산되는 경제적 환선의 고리를 가진다. 가수였던 조영남, 탤런트 김혜수 등 비전공자의 그림도 잘 매매가 되는 마당에, 불행하게도 80% 이상의 미술가는 자신의 미술작품 판매보다는 아르바이트 등 다른 방법으로 환전하여 창작을 충족시킨다.

아트페어가 열리는 곳이면 가격대와 판매량의 궁금증으로 현장을

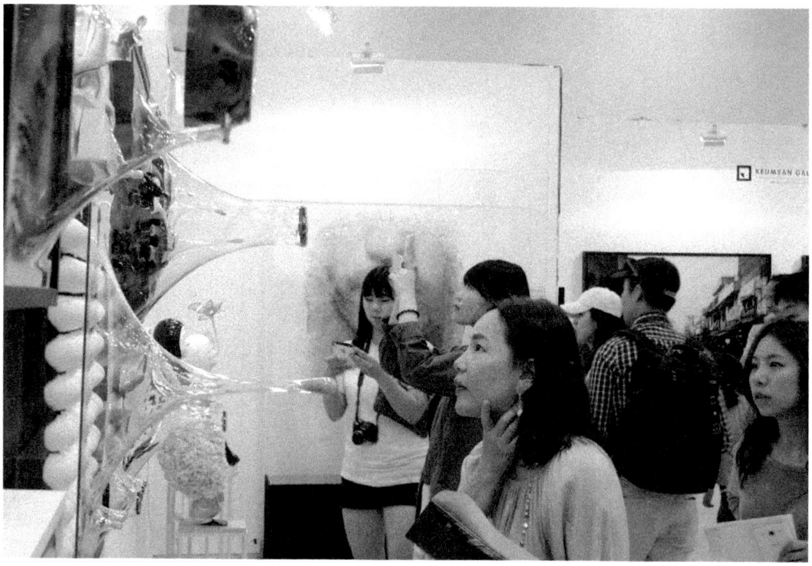

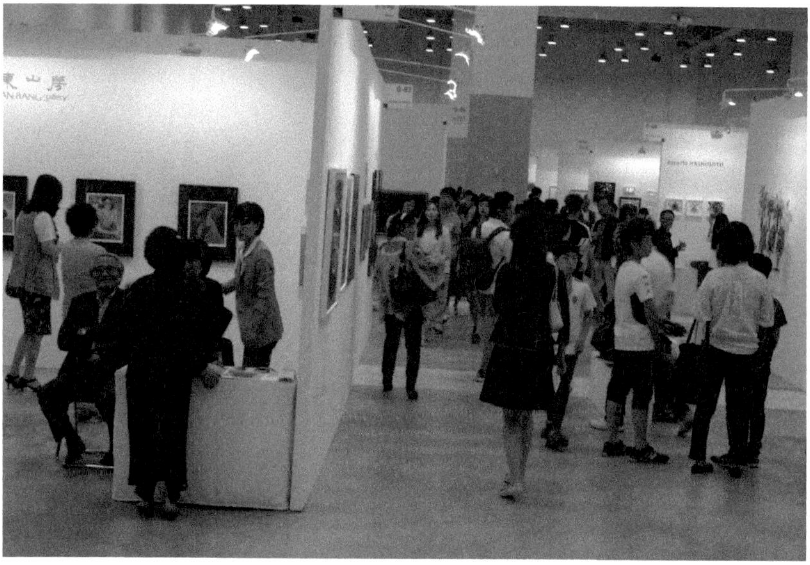

2013년 6월 부산 제2벡스코에서 열린 아트쇼(아트페스티벌)에
관람객들이 그림을 구경하고 있다.

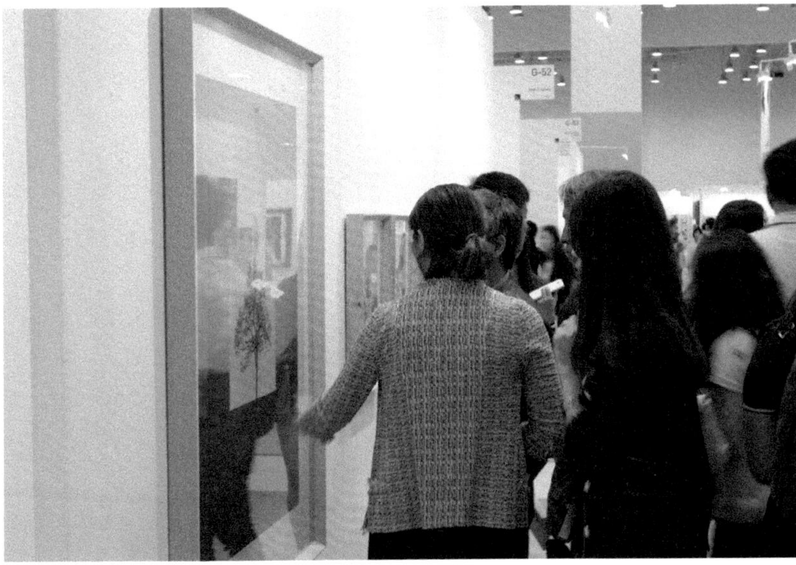

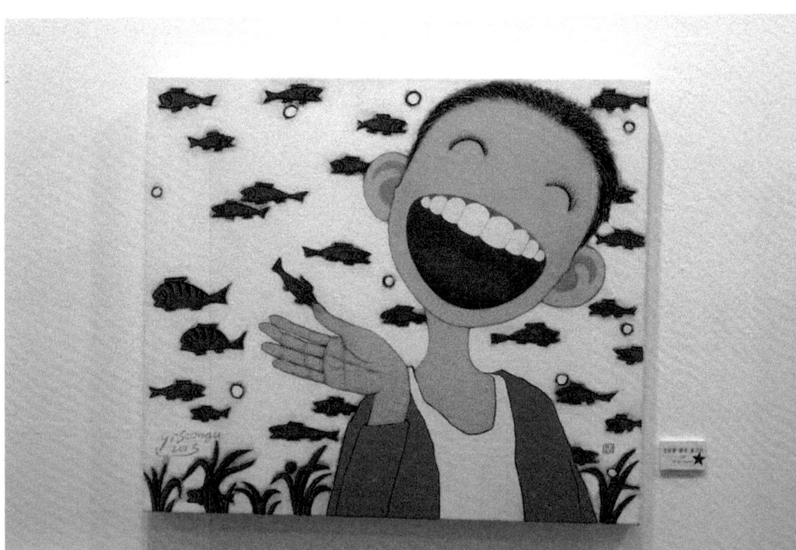

아트페어에서 그림이란 품격 있는 상품이며,
레드닷은 미술품 판매를 위한 진행과정이다.

찾는다. 누구나 알다시피 미술품은 재래시장에서 파는 재배용 야채나 공장에서 생산되는 공산품도 아니다. 작가-작품-관객의 관계는 비(非)현장적이고 탈(脫)신체적인 체제의 지시를 담아내지만, 일상-작품-사용자의 관계는 고유한 현장과 이야기 속에 삶의 질감을 구체적으로 담아낸다. 그래서 관객의 역할은 피동적이다. 이 피동적 대상과 조우하기 위해 예술가는 예술성과 상품성에서 줄다리기를 하고 있다.

박삼철은 "예술은 작품 같은 상품을 만들지만, 일상은 삶 같은 작품을 만든다. 상품은 사는 이를 기다리지만 작품은 마음을 나눌 이를 기다린다. 그래서 상품은 '누가 만들었나?'가 중요하지만 작품은 '왜, 무엇을 만들었나?'가 중요하다."고 한다.[9] 예술가는 고민에 싸여 살아가고 있다.

2 왜 공공미술이 도시의 흉물이 되었을까?

공공미술은 도시 속의 흉물인가

2010년 9월 26일 KBS 〈해피선데이-1박2일〉에서 종로구 이화동이 방영되었다. 서울 공화국에서 보면 부산은 지방이다. 지방에서 본 이 방송은 부러움의 대상이었다. 나름 문화를 통한 도시재생을 한다는 나는 이렇게 유명 프로그램에서 방송된다면 많은 홍보가 될 것이며 지역의 공공미술도 관광객이 몰리는 명소가 되리라 생각했다.

방영된 내용을 보면 가수 겸 배우 이승기가 서울시 종로구 이화동에 그려진 펼쳐진 새의 날개 벽화 앞에서 사진을 찍는 장면이 있다. 날개 벽화 덕에 이승기는 천사가 되었다. 문제는 이 방송이 방영된 이후부터다. 이화동 주민들은 예상치 못한 '손님들'로 불편을 겪어야 했다. 밤낮을 가리지 않고 찾아오는 이들은 이곳에서 사진을 찍었고, 주민들은 소음과 사생활 침해 등으로 고통을 겪기도 했다.

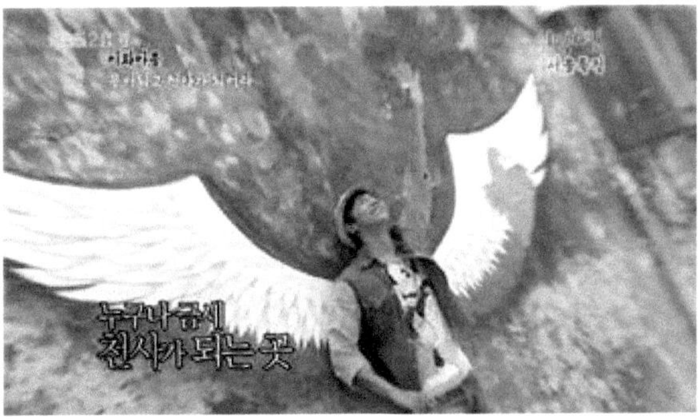

KBS 〈해피선데이-1박2일〉 방송에 이승기가 서울시 종로구 이화동에 그려진 펼쳐진 새의 날개 벽화 앞에서 사진을 찍는 장면이 방영됐다.

이 작품을 그린 작가 '스위치걸(네이버 ID)'은 2010년 10월 4일 자신의 블로그에 "이화동 날개벽화를 지우고 돌아왔다"는 제목의 글을 올렸다. 작가는 한쪽 날개가 훼손이 되어 보수하려 갔다가 어린 딸을 둔 아주머니가 '새벽에 남자들이 우르르르 몰려와 옷을 벗어 팬티만 걸치고 사진을 찍어댔다'는 말에 할 말을 잃었다고 전했다. 결국 벽화가 그려진 집주인이 해당 작가에게 그림을 삭제해주길 부탁했고, 결국 벽화는 지워졌다. 작가는 이후 자신의 블로그에 "그저 허락만 받아 그리면 되는 줄로만 알았던 일이 이렇게 피해가 될 줄 몰랐다"는 글을 올렸다.

시민 의식 결여로 인해 사라진 사례는 서울의 이화동 외에도 빈번하다. 부산광역시 북구 공창마을 등 전국의 벽화마을에 한번쯤은 있는 일들이다. 부산의 감천2동 문화마을 역시 관람객의 관람의식 문제가 간간이 새어나오고 있다.

2011년 초에 부산광역시에서 '건축물 미술장식품 실태조사 결과'를 보도했다. 당해 6월 14일 〈부산일보〉에서 '부산 건축물 미술장식품 흉물 전락'이라는 주제로 사후관리 문제와 건축주 관리 외면을 보도한 데 이어 2013년 3월 〈KBS 9시 뉴스〉에서는 '공공미술품 도심 흉물'이라는 주제로 "오가며 똥 싸고 오줌 싸고 노숙자들은 잠자고 싸우고, 병 깨고, 냄새가 진동을 해요."라는 상인의 인터뷰를 더해 공공미술의 인식부재를 보도했다.

벽화를 중심으로 한 공공미술 역시 그러하다. 도시 미관 정비로 시작된 벽화가 이제 도시의 흉물로 전략하고 있다. 서울시는 오세훈 시장 때 4년간 150억 원을 투입해 지난 2007년부터 2011년까지 진행한 85개의 프로젝트, 1,590명의 건축가, 미술가, 디자이너, 지역주민인 참여한 '도시 갤러리 프로젝트'가 서울시의 관리 소홀로 도심 속

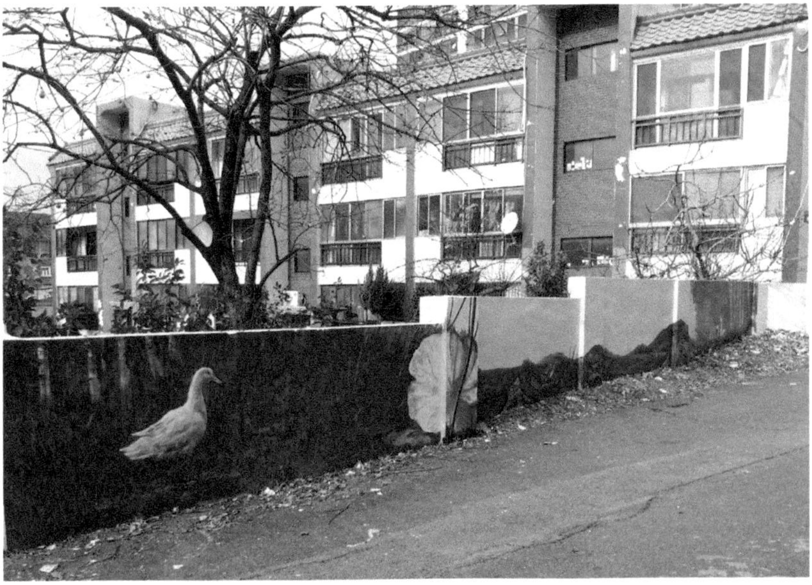

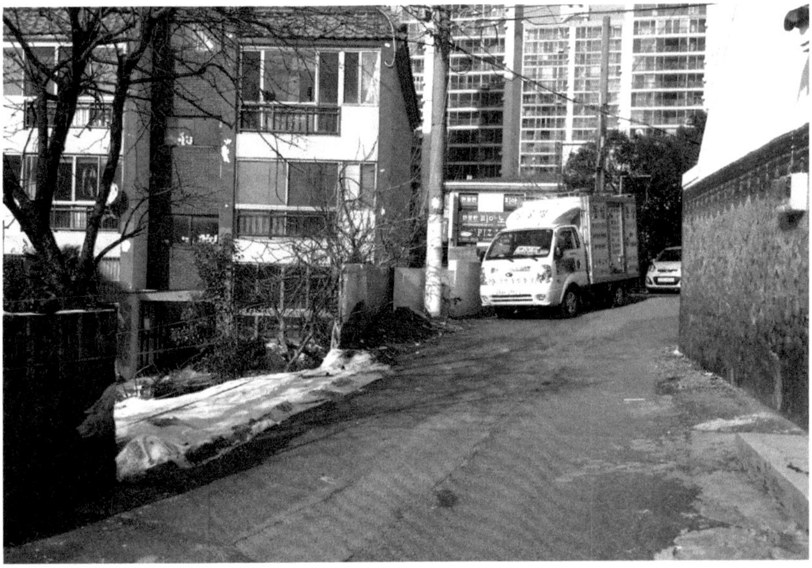

부산시 북구 금곡동 공창마을에서는 공공미술로 완성된 벽화가
한 달 만에 공사차량 진입을 위해 담장을 허물면서 사라졌다.

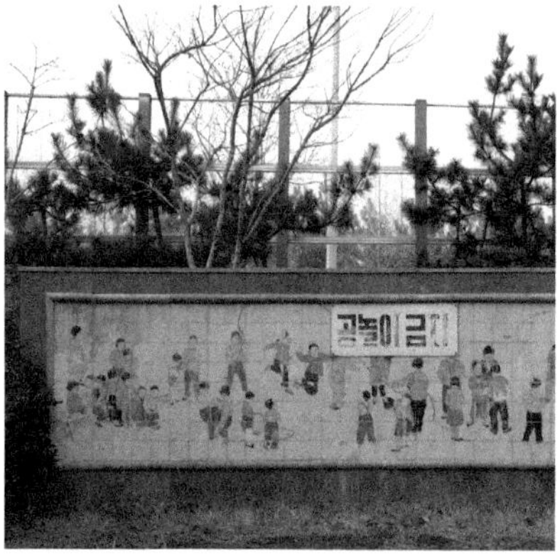

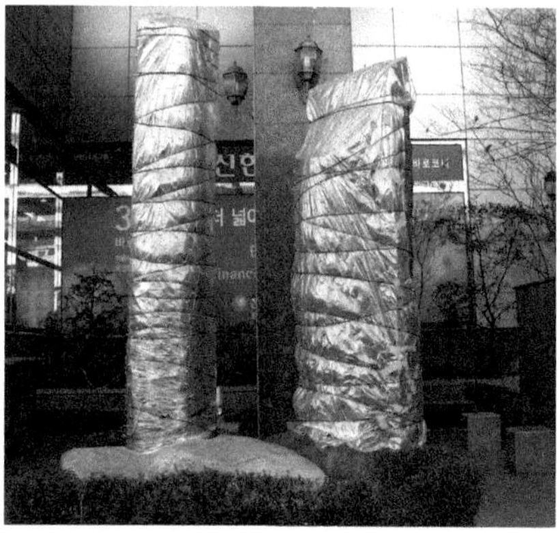

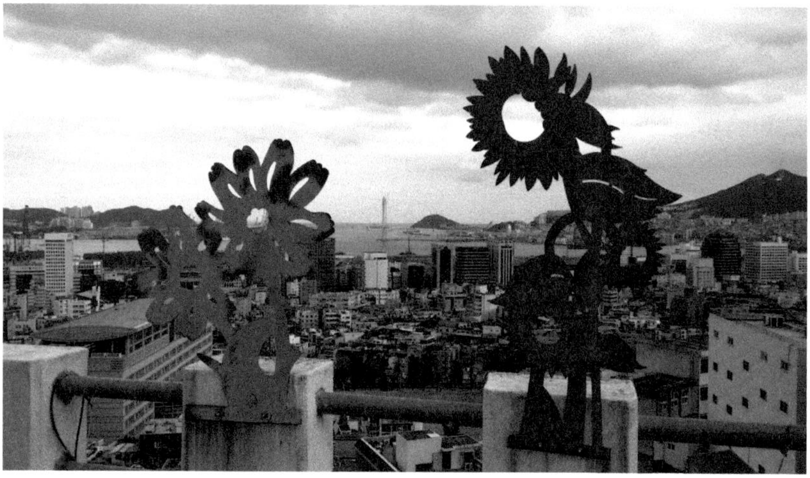

아파트 건축물 미술장식품에 '공놀이 금지'가 붙어 있다.(좌) 크리스마스 장식을 위해 조형물을 포장하고 전선을 칭칭 감아놓았다.(우) 산복도로에 설치한 꽃모양의 조형에 녹이 슬고 있다 (아래) 예술가도 작품에 관한 사후관리에 힘을 기울여야 하지만, 예술을 향유하는 시민들의 의식도 필요하다. 예술의 향유와 삶의 질은 만들어주는 것이 아니라 스스로 만드는 것이다.

흉물이 되어가고 있다. 예산이 5년 새 99%가 깎여 방치되고 있다. 예산이 없다 보니 당연히 관리와 유지 · 보수는 소홀해졌다.[10]

부산시 역시 서울시와 버금간다. 부산에서 공공미술 프로젝트의 하나로 벽화마을, 벽화길이 조성되기 시작한 것은 지난 2007년부터다. 벽화 그리기는 '괜찮다'는 평가와 함께 부산 곳곳에 우후죽순처럼 생겨났다. 정확히 파악은 되지 않지만, 이렇게 생겨난 곳이 40여 곳이나 된다. 문제는 이곳 벽화마을이 조성된 지 4, 5년이 되면서 훼손이 시작됐지만 그대로 방치되고 있다는 것이다. 일부 지자체는 자체 예산으로 보수는 하지만, 지자체들의 관리예산은 정작 '0'에 가깝다.

이화동 마을이 관람객의 인식문제에 따른 '인식의 흉물'이라면 서울시 도시 갤러리 프로젝트나 부산의 벽화마을들은 지속관리를 하지 못해 일어나는 '시각의 흉물'이다. 벽화 등 공공미술은 대부분 낙후지역을 대상으로 한다. 이런 지역은 노후된 주택의 벽에 그림을 그리는 경우가 상당수다. 벽 자체가 노후되어서 벽화가 오랫동안 보존되지 못하는 필연적 문제를 수반하고 있다. 그러나 적은 예산으로 시각적, 심미적 개선을 하기에 가장 좋은 예술의 장르가 벽화다. 따라서 공공미술은 제작과 동시에 관람객의 의식, 지역민의 참여, 사후관리에 대한 깊은 고려가 필요하다.

도시재생 활성화 및 지원에 관한 특별법(도시재생법)이 2013년 4월 30일 제정되었다. 2000년대 초반부터 '도시재생'은 학계의 화두였다. 압축성장과 급속한 도시화로 누적된 정주환경의 열악성에 더하여 지식기반사회로의 전환은 우리 도시의 근본적인 변화를 요구한다. 이즈음 해외에서 하나의 패러다임으로 자리 잡은 도시재생은 학문적 정책적 관심 대상으로 부각된다. 2006년 국가 연구개발(R&D)사업으로 도시재생사업단이 출범하고, 2008년 국토해양부의 전담부서가 생긴 이후 지속적으로 추진된 도시재생법의 제정이다.[11]

언젠가 재생과 함께 등장한 단어가 '복원'이다. 복원은 사라진 역사적 건조물이 '재건축'하는 것이다. 복원(재건축)과 함께 등장하는 단어가 '철거'다. 반대말이다. 말 그대로 역사적 의미가 있는 장소와 건조물이 불도저에 밀려 없어진다는 것이다. 복원은 대체로 공공 소유이자 유산이고, 복원 주체는 공공 행정이며, 그 재원은 국민의 세금이다. 복원의 다수 이유는 민족문화의 계승 등이고, 그 결과물은

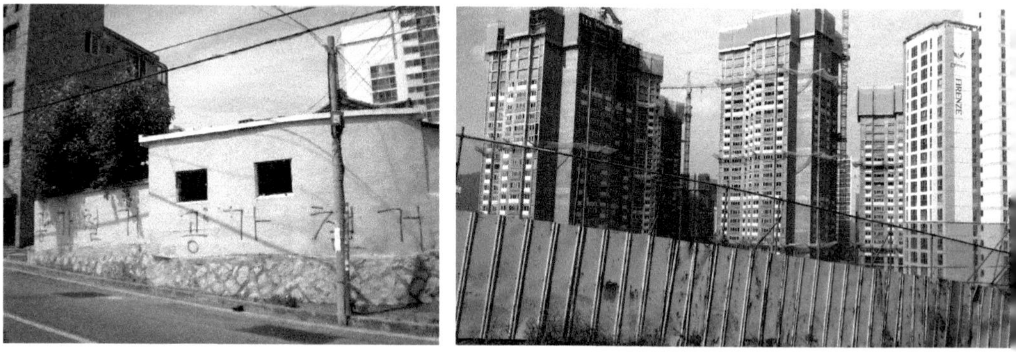

철거지역과 재건축 건물

결국 짝퉁의 역사 건조물이 될 확률이 높다는 것이 문제로 지적된다. 철거의 경우 대상은 대체로 민간 소유이자 근대시대의 유산이며, 철거의 주체는 민간 소유자다. 때론 공공 행정이 도심재개발구역(도시환경정비구역)을 지정해 거들기도 한다. 철거 이유는 건조물이 노후해서, 또는 새 건물 건축으로 더 많은 이익을 얻기 위해서이다. 그 결과물은 대개 세계 어디에나 있는 거대한 신축 건물이거나 주차장이다.[12] 현재 일어나고 있는 이 두 가지 현상은 역사 보존이라는 측면에서는 별 도움이 되지 않는 일들이다.

우리 주위를 보자. 재생이라는 이름하에 어떤 복원을 하고 있는가? 도시 속 작은 마을이라도 옛 지명을 찾아 스토리텔링을 하며, 지명에 걸맞게 행복센터나 복지관을 짓는다. 폐가나 작은 자투리땅에 세우는 건물이라 마을의 특징을 살리기보다는 건축적 특징이 부각된다. 간판은 분명 옛 지명을 찾았음을 알 수 있으나 건물은 아니다. 부산의 행복마을 30여 개에 지어진/지어지는 것과 산복도로 르네상스로 건축되는 모습을 보면서 이런 생각을 한다. 인문학적으로는 복원, 생태학적으로는 철거일까.

그럼 공공미술은 재생일까, 복원일까. 나는 2012년 닥밭골 마을의

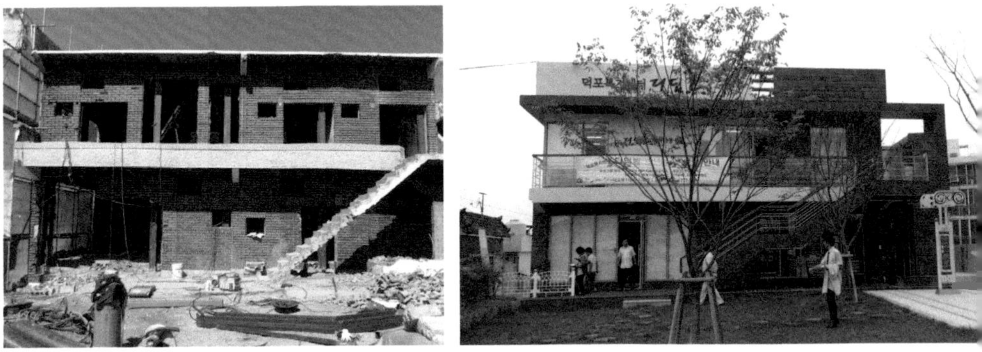

부산시 사상구 덕포동 김길태 사건 지역의 건물을 복지센터로 재생

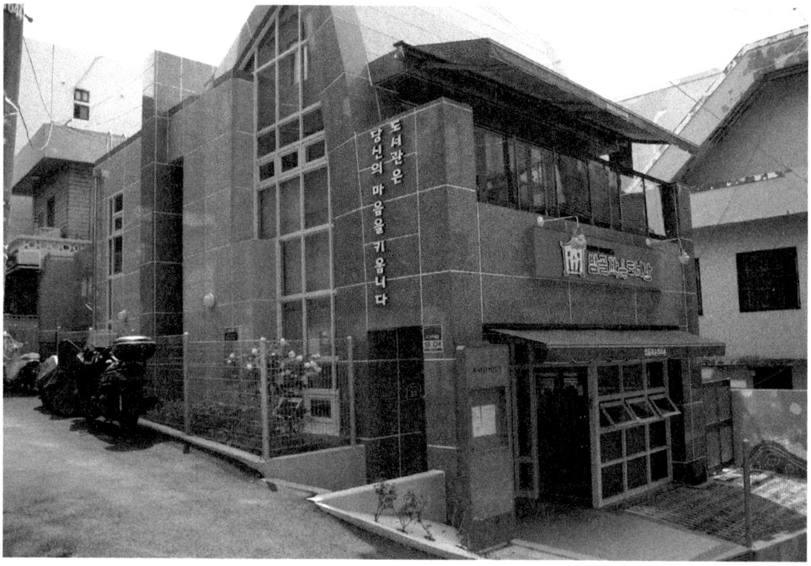

부산시 동래구 연산동 폐가를 도서관으로 재생

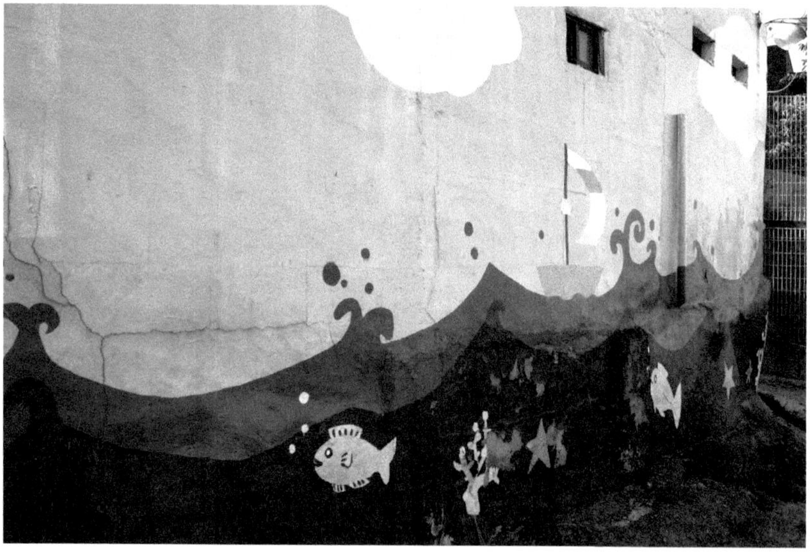

부산시 동래구 거제동 물고기 벽화

벽화를 개·보수하고 지친 몸으로 산복도로를 거닐 때 이런 생각을 했다. 공공미술은 재생도 복원도 철거도 아니다. 치장이다. 공공미술은 특정지역을 알록달록한 페인트로 벽을, 골목을 치장하는 것이다. 오래된 페인트가 빛바래거나 떨어지는 곳에 물고기, 꽃, 무지개 모양으로 치장하기, 나무그늘이 있는 곳에는 조금은 다른 모습의 벤치로 치장하기, 허전한 거리에 고래 한 마리 만들어두기 등 시각적, 공간적 허전함을 치장하는 것이다. 미술을 통한 역사 찾기도 의미 없다. 마을의 스토리텔링도 의미가 없다. 마을의 역사를 더듬어 그림을 그리고 타일을 붙이면 할머니들께서 한결같이 하는 말이 '이왕이면 이쁜 꽃이나 나비를 그리지' 하고 간다. 프로젝트를 시작하기 전에 마을의 어르신을 만나 리서치를 하거나 주민설명회를 하면 그림 내용에 관한 얘기는 밝고 화사한 꽃과 나비다. 부산의 벽화마을을 다니다 보면 부산이 바다와 근접한 도시라 그럴까 이름을 알 수 없는 물고기나 고래들이다. 공공미술은 꽃, 나비, 물고기로 치장하기다. 재생, 복원이 아닌.

그러나 공공미술은 도시재생에서 중요한 몫을 차지한다. 공공미술은 그리고 만들고 붙이는 것만이 아니기 때문이다. 우리는 장소로서의 미술이 공공미술이 전부라고 생각한다. 참여·개입으로서의 공공미술에서 제안하듯이 공공미술은 장소를 물리적 장소로 보지 않고 사회적, 문화적, 정치적 소통의 공간으로 간주하며 그런 의미에 맞는 작품으로 지역공동체와 관람객의 참여, 일시적 작업 등을 제안하므로 재생이다. 정신적 재생의 시작이 공공미술이다.

3 예술가는 왜 공공미술을 하는가?

예술가는 왜 공공미술을 하는가?

예술이 왜 "공공"이라는 용어와 접목하려, 또는 접목해야 할까? 아니면 접목 당하고 있을까?

그리고 예술가는 왜 공공미술을 할까?

바바라 호프만(Barbara Hoffman)은 공공과 미술이라는 용어를 병치시키는 것이 역설이라고 말한다. 그녀가 공공과 미술의 결합이 역설적이라고 말하는 근거는 미술을 개인-공동체, 주관성-객관성, 사적인 것-공적인 것 사이에서 개인, 주관성, 사적인 것으로 간주하기 때문이다.[13] 그런데 미술은 정말 그러한가? 미술은 공공과 반대되는 위치에 있는 것인가? 이것은 공공을 어떻게 이해하는가에 따라 그리고 어떤 미학적 입장을 갖는 미술인가에 따라 다르다고 하겠다.

전술하였듯이, 현대의 미술사는 변했다. 1960년대 말 이후 공공미술이 본격적으로 등장하게 된 배경에는 자기충족적이고 완벽한 형식에 치중하는 모더니즘 미술에 대한 거부감이 자리 잡고 있었다. 이전 모더니즘적 시각에서 공간은 미술이 자리 잡기 전까지는 비어 있는 공백일 뿐이고 미술을 통해 공간이 채워진다고 여겼다. 이러한 미학적 관점은 그 공간뿐만 아니라 공간에서 이루어지는 자연과 인간, 시간과의 관계도 '주변(周邊)', '타자(他者)'로 만들며 위계질서를 만들었다.[14] 옛 미술이 '지금 여기'가 아니라 '다른 어떤 곳'에서나 만날 수 있는 행복을 만들어냈다는 헤르베르트 마르쿠제(Herbert Marcuse)

의 비판을 의식한다면, 새로운 미술은 유토피아의 '행복'이 아니라 지금 여기의 '문제'를 드러내는 예술이다. 이들은 변화와 개혁을 꿈꾸었던 아방가르드 미술의 역할을 되찾기 위해 사회적 비판을 형성하고 대중과 대화하는 장을 만든다.

이제 미술은 개인-공동체, 주관성-객관성, 사적인 것-공적인 것 사이에서 개인, 주관성, 사적인 것으로만 간주하지 않는다. 때로는 개인+공동체, 주관성+객관성, 사적인 것+공적인 것으로 보며, 또 공동체, 객관성, 공적인 것으로 보기도 한다. 그래서 미술을 보는 각도를 조금만 돌리면, 형식적으로는 엘리트주의, 내용적으로는 상업화

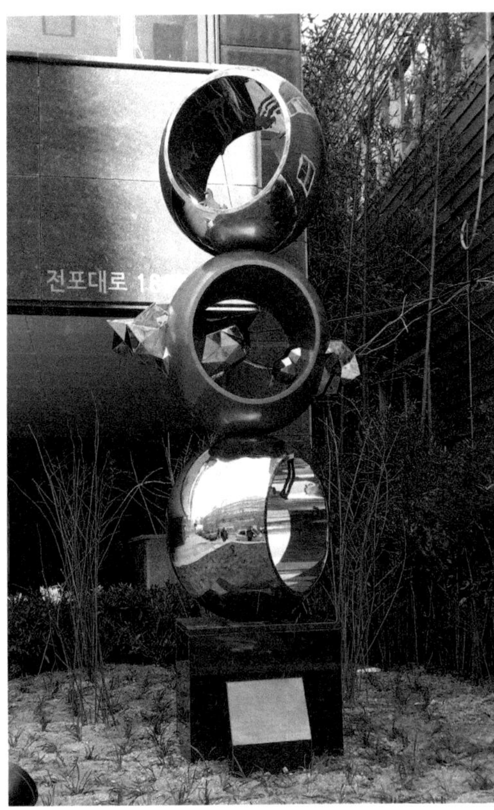

새로운 미술은 유토피아의 '행복'이 아니라 지금 여기의 '문제'를 드러내는 예술이다. 부산시 부산진구 전포동 몽뜨레에 설치된 김도형의 '더불어 사는 지구'

되어버린 미술에 대한 비평적 성찰은, 예술을 하는 이유, 예술가로 살아가는 의미에 대한 성찰과 맞물려 있게 된다. 공공미술을 기존의 유미주의적 미술을 넘어서 삶으로 확장된 미술로 기존의 미술 개념을 넘어서는 미술로 보는 견해와 미술 장르의 일부로 화이트 큐브에서 외부로 공간의 이동, 공간의 확장으로 보는 견해가 존재한다.[15]

시대(또는 사회)와 미술(가)의 조우라 할 수 있다. 그러면 왜 미술(가)은 시대와 만나려 하는가? 이 의문에 대답은 나는 '살기 위해서'라고 말하고 싶다. 아트페어를 개최하여 작품을 판매하는 것도, 매체를 통해 예술가 스스로를 홍보하는 것 또한 그러하다.

2012년 문화예술인실태조사 결과에 따르면 월 100만 원 이하 문화예술인 비율은 문학(91.5%), 미술(79%), 사진(79%), 연극(74%), 영화(71%), 국악(67%), 무용(64%), 음악(60%), 대중예술(43.5%), 건축(34%) 순이다. 대중예술, 건축 정도를 제외한 대부분 분야의 월 100만 원 이하 비율이 2009년 같은 조사 때보다 늘었다. 아예 수입이 없다는 응답도 26.2%나 나왔다. 춥고 배고파야 창의적 예술을 하는 것은 예나 지금이나 틀린 말이 아닌 것 같다.

예술은 과거에 비해 일상과 긴밀하게 연결되어 있다. 밀실 같은 작업실에서 자기만이 알고 있는 방식으로 그려 결과물만 보여주는 유미주의, 심미주의에서 이제는 제작과정과 결과물을 함께 대중에게 보여준다. 그래서 때로는 관람객이 참여해야만 완성되는 작품들도 있다. 더 이상 신이나 영웅을 담론하지도 않는다. 대신 주위에 열려 있는 사소한 것들이 주제가 된다. 지금 여기의 문제에 관심을 기울이고 있다. 현시대의 문제와 사회에 눈을 돌리고 있기 때문이다. 이런 상황들의 일환 중 하나인 미술은 공공과의 접목을 꾀했다. 공공의 장소, 공공의 공간을 선택했다.

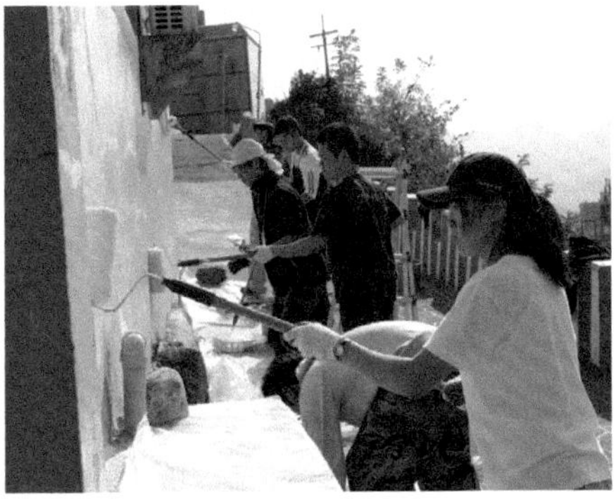

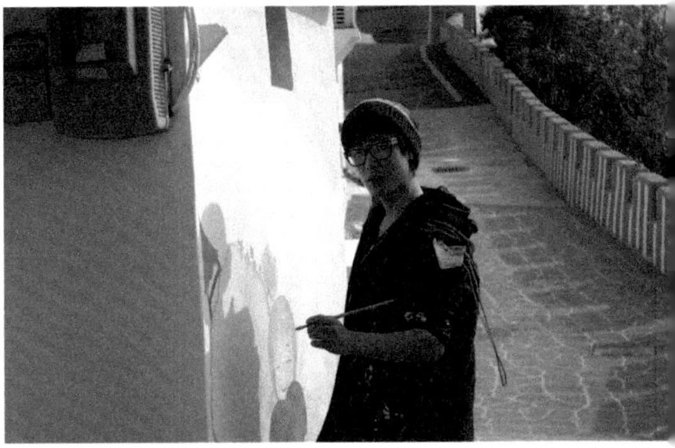

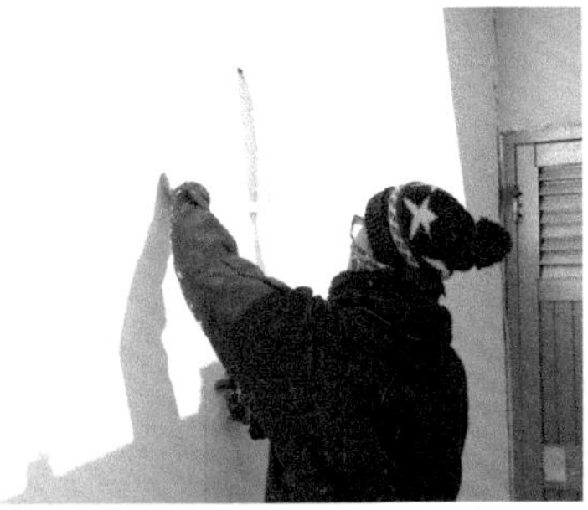

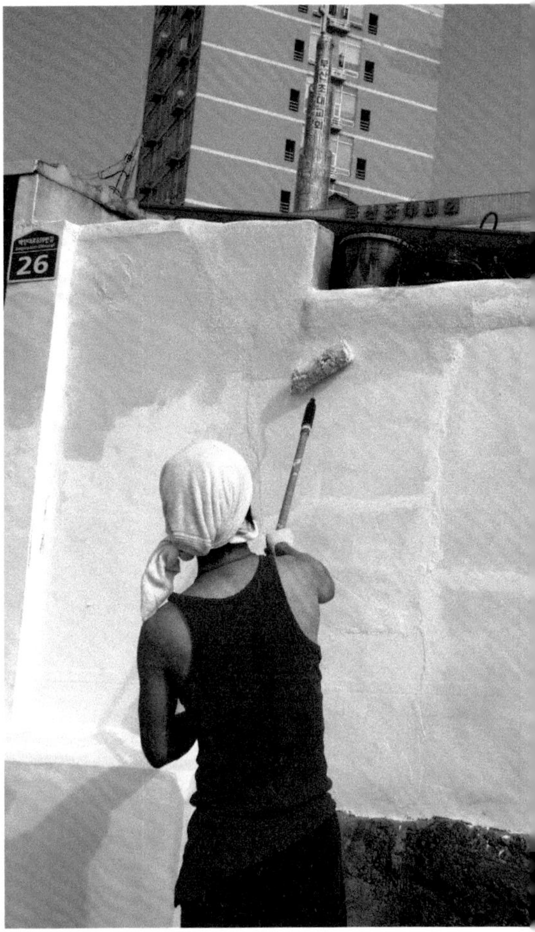

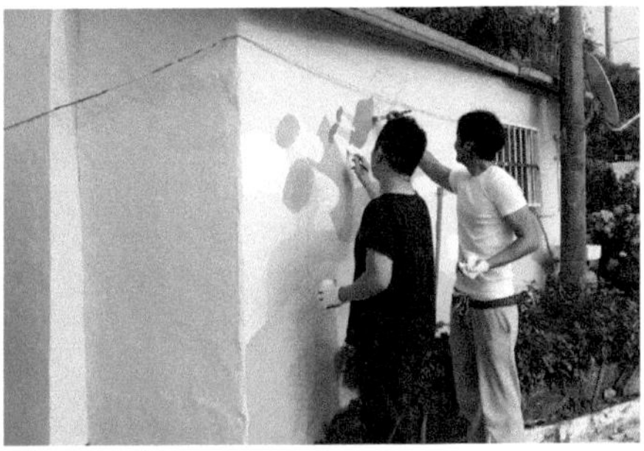

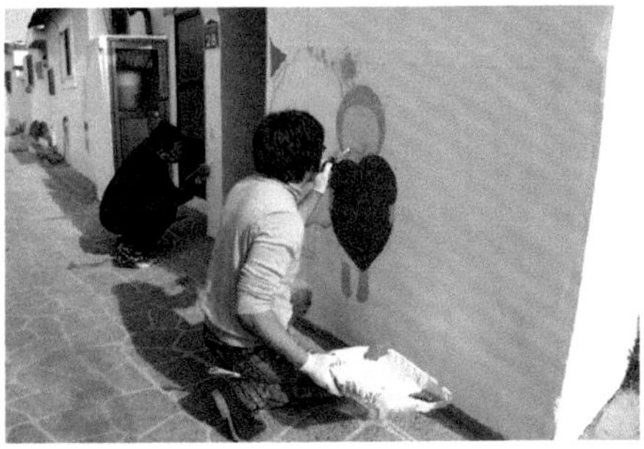

부산시 사상구 괘법동 고샅길 프로젝트 벽화제작 과정

그리고 또 하나 국가와 예술가의 접목을 꾀하고 있다. 정부는 가난에 대해서는 교육과 보건 및 복지정책을 통해 대처하고 있다. 정신적 빈곤에 대하여서는 문화와 예술활동을 통하여 접근했다. 정신과 물질의 빈곤이 모두 해결이 되어야 진정한 의미의 삶의 질이 향상되었다고 말할 수 있다는 측면에서, 공공미술을 통해 우리는 척박한 감정적, 신체적, 사회적인 삶의 질 향상을 요구하고 있기 때문이다.

절대적으로 부족한 공원과 녹지, 숨막히는 공간의 조밀도, 척박한 시각 환경 등의 궁핍을 해소할 방법으로서 미술은 개입을 한다.[16] 이 시대의 공공미술은 그 역할을 하고 있으며 미술가 역시 이런 이유에서 공공미술을 한다. 그리고 또 하나 공공미술은 미술가에게 미술을 통한 노동을 판매하는 경제적 도구가 되기도 한다.

부산의 감천2동은 공공미술을 통한 마을 만들기의 대표적인 사례다. 사이키 고베 부시장이 2012년 감천문화마을을 보고 나서 "재개발, 재건축에 벗어나 도시 재생이라는 주제를 가장 잘 표현한 사례다."라고 극찬한 내용이 신문에 보도되었다.[17] 공공미술을 통한 도시재생이다. 공공예술의 영역에서 전술하였듯 공공의 미술과 예술의 경계가 아직까지 모호하다. 그래서 이 책에서는 마을 만들기에서 일반적으로 확대 해석한 '예술'이라는 용어를 사용한다.

예술을 통한 마을 만들기는 크게 공공예술형, 마을 만들기형, 예술마을형 등 세 가지가 있다.[18]

공공예술형은 우리나라에서 가장 많이 볼 수 있는 유형이다. 행정주도의 공공예술사업으로 시작하여 주민 참여의 폭을 넓히는 시스템이다. 2006년 'Art in City' 사업, 2009년 '마을미술 프로젝트' 등 행정이 적극적으로 지역에 예술자원을 도입하여 생활환경 개선과 가시적인 성과를 내고 있으며, 사업의 추진력이 좋다. 그러나 행정의 주도로 사업이 시작되므로, 도입된 공공예술활동에 주민이 공감하기 어렵고 행정의 인센티브와 지원이 중단되면 사업의 지속성을 보장할 수 없다는 것이 단점이다. 이는 주민 참여가 형식적으로 이루어지거나 주민의 예술적 역량 강화에 초점을 맞추기보다는 개별 사업의 가시적 성과 위주로 사업을 선정하고 평가하는 현 시스템과 관련이 있다.

주민의 자체적 예술역량 배양과 지역의 사정을 잘 아는 전문가(예술가)가 지속적으로 사업 추진의 행정적, 전문적 노하우를 지역민에게 공급하기 어려운 난제와 지속가능한 추진의 제약, 사후 관리 문제

등으로 부산시에서 추진하고 있는 행복 마을 만들기에서 공공예술형은 최근에는 배제하고 있다.

일본의 나오시마는 공공예술 프로젝트를 통한 마을 만들기의 대표적인 사례이다. 나오시마 '이에 프로젝트'다. 슬럼화되어가는 섬마을에서 예술가들이 빈집 프로젝트를 시작한 것이다. 우리와 달리 여기는 지역의 주민들이 예술품을 관리, 설명하며 운영한다. 그리고 주민 스스로가 자부심을 가지고 예술가가 되어가고 있다.

마을 만들기형은 지역주민의 자발적 의지로 시작된다. 주민공동체, 주민예술동아리 등 주민의 취미와 여건에 맞는 소모임 구성이 주민참여의 동력이 되는 시스템이다. 비록 사업의 가시적 성과가 더디게 나타나더라도, 지역주민의 자체 역량에 발맞추어 진행되므로 지

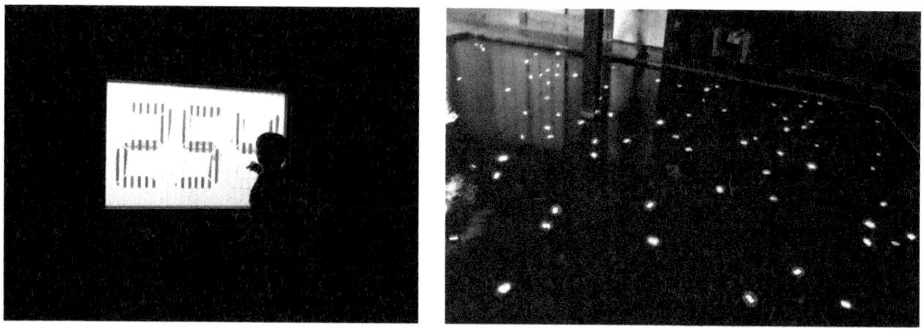

나오시마 '이에 프로젝트', 미야지마 타츠오의 작품 '시간의 바다 98'

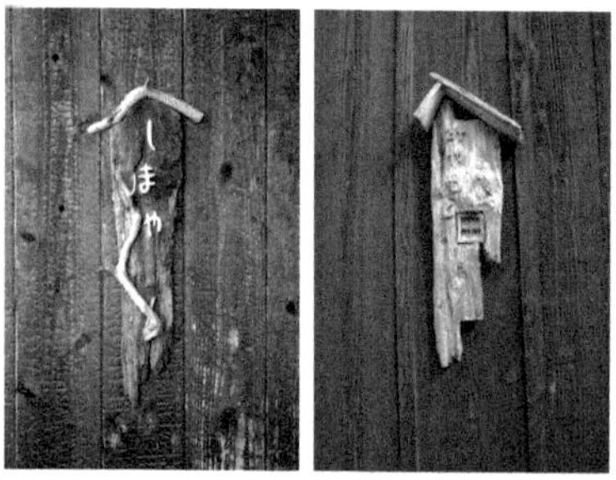

주민들이 만든 문패

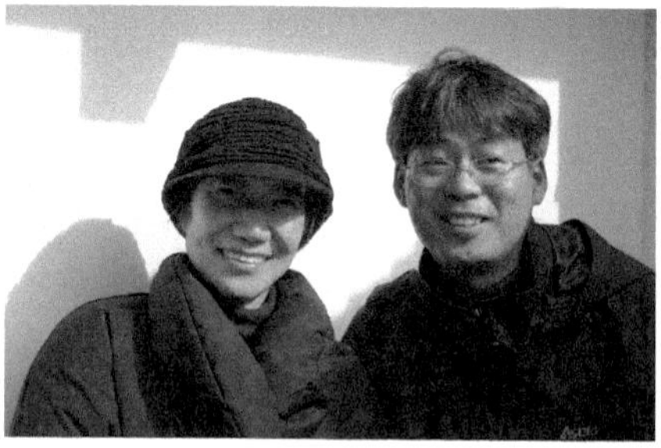

프로젝트를 설명하는 마을 해설자(좌)와 함께

속가능성이 가장 좋은 유형이라 할 수 있다. 그러나 대개의 경우 지역에 살고 있는 특정 개인(또는 집단)의 능력과 네트워크에 기초한 우연적 결과물로 나타나는 경우가 많다. 부산의 경우 반송동 느티나무도서관, 화명동 대천천네트워크 등은 좋은 사례라 할 수 있다.

마을 만들기형은 활동과정에서 주민의 역량만으로 해결하기 어려운 문제에 대한 행정적 지원이나 주민의 예술적 역량을 숙련시킬 수 있는 전문가의 지도, 주민의 예술활동을 네트워크화하고 외화할 수 있는 시스템적 뒷받침 등은 주민의 자체적 역량에만 의지하기에는 어려운 것이 과제이다.

부산의 행복마을 만들기, 산복도로 르네상스가 일반화되기 위해서는 초기 단계에 마을의 정체성에 맞은 프로그램을 제시하고 핵심

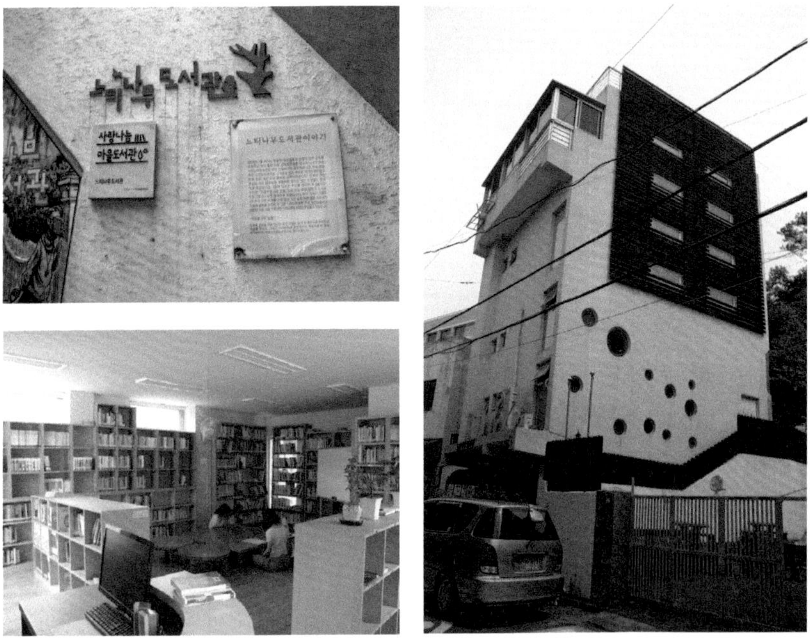

해운대구 반송동 느티나무도서관

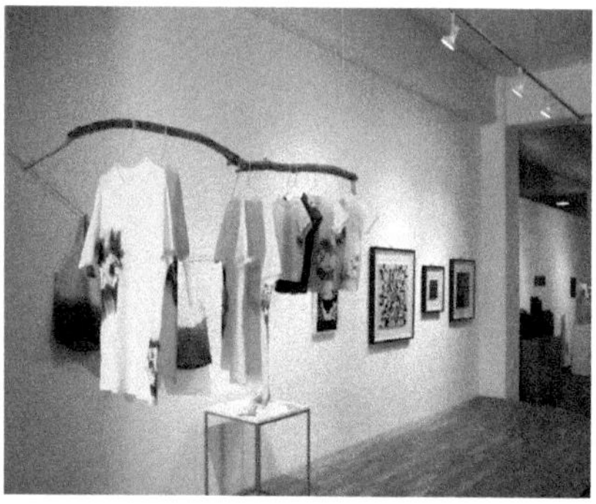

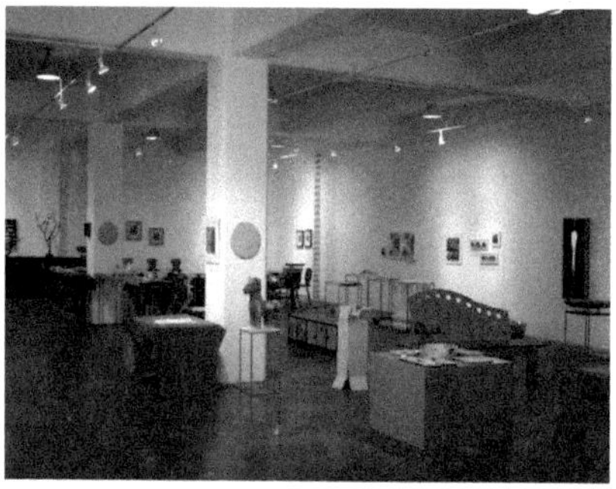

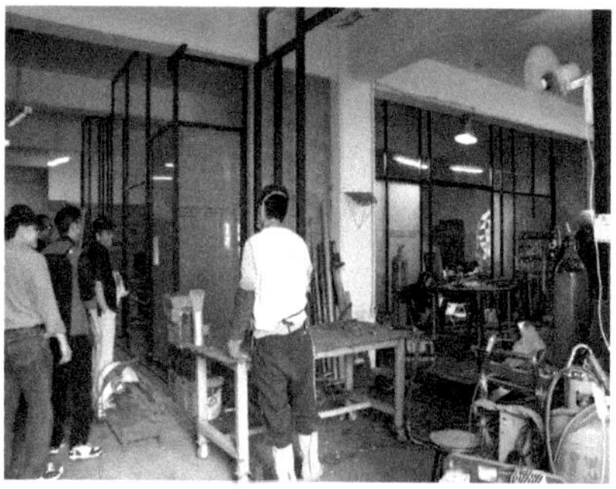

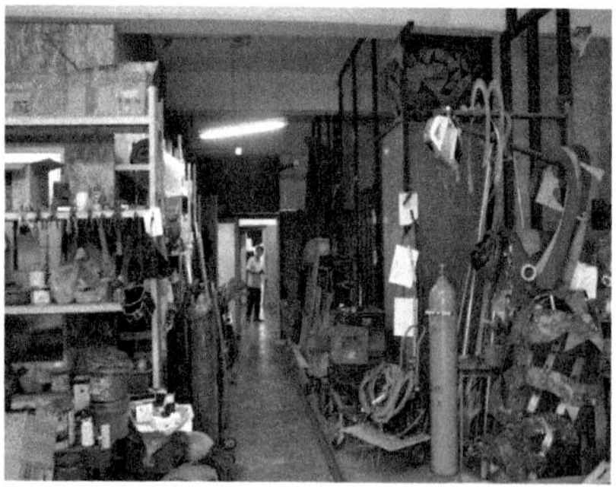

집단을 형성할 수 있는 마을리더(문화매개집단) 투입은 마을만들기의 가능성을 점치게 하는 좋은 예이다.

예술마을형은 주로 재개발예정지 등 임대료가 싸고 활용공간이 풍부한 지역에 예술가들이 입지하여 예술활동을 진행하면서 형성되는 유형이다. 예술마을형은 일명 '젠트리피케이션(Gentrification)'에 의해 생겨난다. 그 지역에 원래부터 거주하고 있었다기보다는 특정 시기에 외부에서 유입된 예술가들로 이루어지는 경우가 많기 때문에 지역사회에 뿌리를 내리는 데 오랜 시간이 걸린다. 특히 지역주민들이 예술가들의 작업을 이해하고 받아들이도록 하는 것이 과제이다.

부산시 사하구 소재 아트팩토리인다대포. 예술가들이 모여 작업을 하는 집단창작촌이다. 후원하는 기업의 재정적 어려움으로 2013년 초에 문을 닫았다.

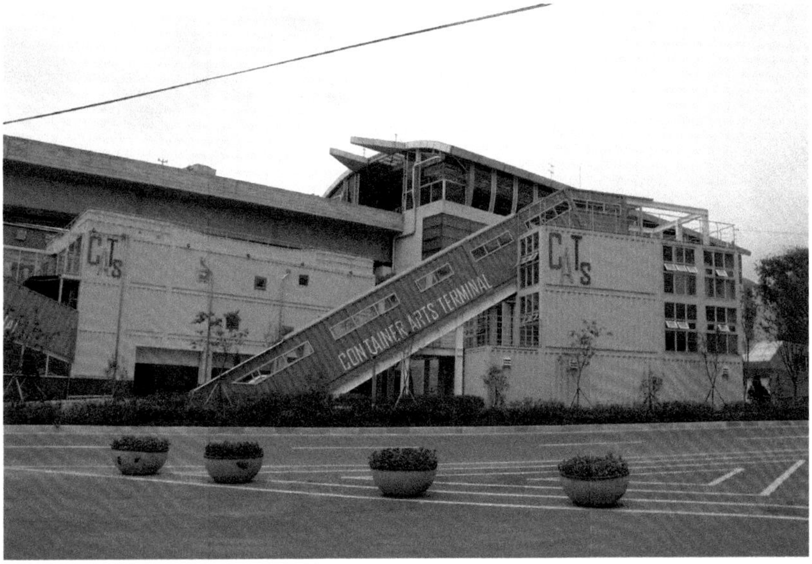

부산시 사상구 부산-김해 경전철 아래 사상 인디스테이션 CATs 복합문화시설. 컨테이너 아트 터미널(Container Art Terminal)이라는 이름을 줄여 CATs라 한다. 부산시의 강동권 창조도시 조성사업 일환으로 조성된 컨테이너 아트 터미널로 부산항의 역동성을 상징하는 컨테이너 27개를 이어 붙여 만들었다. 2013년 7월 12일 문을 연 CATs는 지역의 문화 활성화와 예술가의 창작지원을 위해서 조성되었다.

지역만들기의 차원이라기보다는, 특수한 도시 예술환경의 보존이라는 측면에서 접근해야 한다. 대개의 경우 뉴타운 등 재개발이 실행되고 나면 예술공간의 상실과 임대료 상승과 같은 압력에 의해 예술가들은 또다시 다른 지역으로 흩어질 것이 예측되기 때문이다.

따라서 예술마을형의 경우 문화마을로 지정하여 안정적 작품활동과 소통 및 지역의 특수성을 제도적으로 보존하는 적극적인 정책적 노력이 필요하다. 지역마다 역사를 가지고 있다. 문화의식과 생활환경 역시 차이도 있다. 이런 지역적 특징의 분석을 통해 그 적합성을 찾아야 한다. 그리고 나서 예술을 통한 마을 만들기를 진행하는 것이 좋지 않을까.

'홍대앞'이라고 하면 예술가뿐만 아니라 일반 시민들이 문화를 누릴 수 있는 공간으로 생각한다. 그래서 홍대문화라고도 한다. 홍익대학교의 명성에 힘입어 동교동, 서교동, 상수동 등 인근 지역에 화방, 미술학원, 갤러리, 대안 공간, 예술 관련 상점들이 자리를 꿰차기 시작했다. 홍대 출신의 예술가들이 동네 구석구석에 작업실을 내면서 홍대는 '예술적 기운이 있는 동네'로 모습을 갖추게 된다. 상업화된 예술에 대한 대안으로 신진 작가들, 실험적인 예술을 하던 작가들을 지원한 대안공간들도 이 시기에 큰 역할을 한다. 여기에 1990년대 중반 록카페와 댄스 클럽이 등장하고 라이브 클럽을 중심으로 '인디씬(Indie Scene)'이 형성되면서 더욱 다양한 장르의 예술이 홍대지역에 결합하게 되는데 이 시기를 기점으로 홍대는 청년 문화를 상징하는 지역이 된다. '변했다', '예전만 못하다'라는 목소리가 수년째 홍대 언저리를 맴돌고 있다.

최근 홍대에는 예술가들의 작업실이 눈에 띄게 줄었고 그 자리엔 작업실 분위기를 낸 카페와 상점들이 꽉 들어찼다. 장르를 넘나드는 실험도, 취향을 공유하고 이를 새로운 문화로 만들어내는 힘도 많이 약해졌다. 예술가들의 둥지는 이제 홍대 번화가에서 벗어나 임대료가 저렴한 지역으로 옮겨가고 있다. 대표적인 지역이 문래동이다.[19]

홍대만 그럴까. 뉴욕의 소호거리도 예술가에 의해 부흥했다. 베이징시 외곽 옛 군수공장자리에 위치한 따산스 798(따산스 치쥬빠) 역시 예술가에 의해 재생되었다. 최근에는 798의 예술가들이 타 지역으로 전출을 가고 있는 중이라는 얘기를 들었다. 반면 일본 요코하마의 자임 예술촌은 자임이라는 이름의 4층짜리 건물이다. 1928년에 지어져 관동재무국, 노동기준국, 지방재판소 등 관공서로 쓰인 유서 깊은 건축물이다. 지금은 예술가들의 보금자리로 탈바꿈했다. 화가, 댄서, 큐레이터, 그래픽 디자이너 등 예술가 25여 명이 입주해 있다. 근처 옛 후지은행 건물의 도쿄예술대학과 연계하여 '뱅크아트 1929 프로젝트'와 '자임 프로젝트'를 기획하여 경제적인 부가가치가 한 해에 60억 엔에 이를 정도다고 한다.[20]

젠트리피케이션(Gentrification)은 도시에서 비교적 빈곤 계층이 많이 사는 정체 지역(도심 부근의 주거지역)에 비교적 상상력이 풍부한 사람들이 유입되는 인구 이동 현상이다. 인구이동에 따라 경제적 부흥이 생기면 빈곤 지역의 임대료 시세가 올라 지금까지 살고 있던 사람들이 살 수 없게 되거나, 지금까지의 지역 특성이 손실되는 경우가 발생하는 사례를 일컫는 말이기도 하다. 세계 대부분의 도심은 전통 산업 붕괴로 빠르게 슬럼화되고 있다. 그 결과 도시 중산층은 도심 외곽에 있는 신도심의 아파트촌으로 이주하고 대기업 자본 역시 그곳에 집중된다. 이렇게 공동화된 도심을 다시 활성화시킬 수 있는 유일한 방법은 공적 자금을 동원해 예술공간을 유치하는 것이다. 이 공간들은 '창조 노동자'의 자발적인 움직임에서 만들어진 것이 아니라, 지역 경제를 살리기 위한 촉매제로 만들어진다.[21]

어찌 보면 슬럼화 지역에 지가 상승을 유도하고 거주민이나 영세 자영업자를 내쫓는 가장 '세련된' 방법이다. 그래서 젠트리피케이션으로 인한 지가 상승이 공간 유지에 가장 큰 위협이 되고 있다. 낙후하고 위험한 지역이 깨끗하고 안전해지면, 그 결과 땅값도 오르기 때문이다. 그리고 그것을 문화예술을 비롯한 소위 '창조산업'이 매개한다고 생각한다.

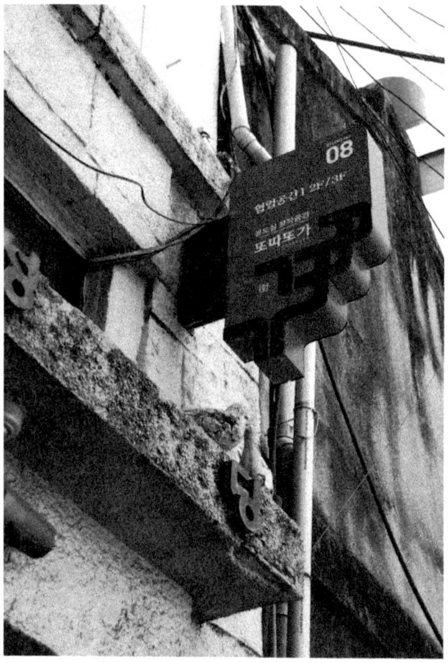

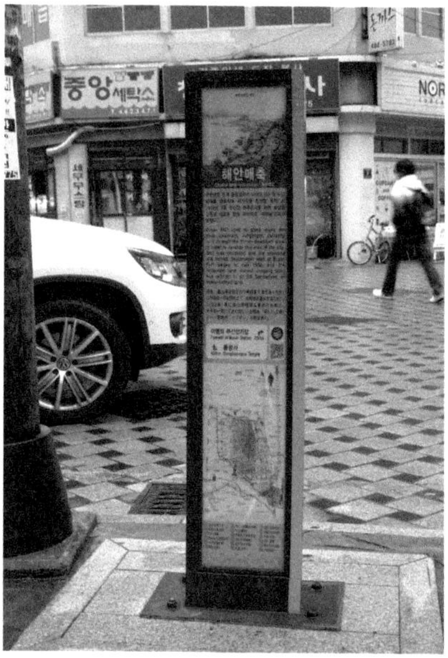

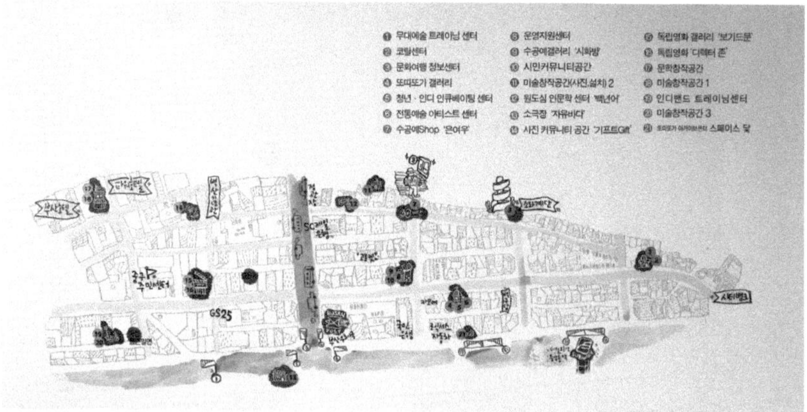

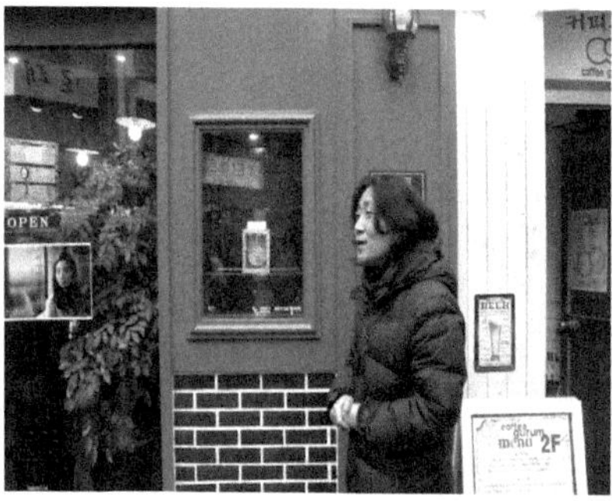

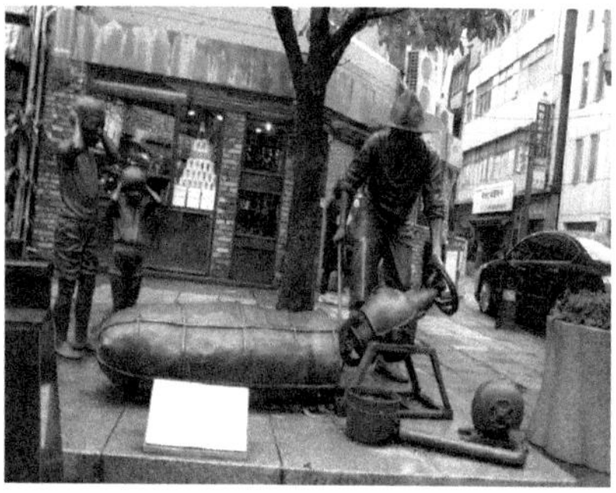

또따또가란 '똘레랑스, 따로 또 같이 街'란 뜻으로 서로의 문화를 관용의 눈으로 바라보며 통섭하자는 취지가 담겨 있다. 21개 공간의 원도심 창작공간과 또따또가 안내지도, 카페 벽 작은 갤러리 앞에서 김희진 대표가 설명하고 있다. 그리고 40계단 입구에는 역사를 담은 조형물들이 설치되어 있다.

부산에는 또따또가가 이와 유사하다. 부산시에서 낙후된 동광동, 중앙동 일대에 공간을 임대하여 문화예술인에게 장소를 제공했다. 2013년 초에는 또따또가 설립 3년이 지나 입주작가를 재공모하기도 했다. 간혹 이곳을 찾을 때마다 작가들의 활발한 움직임을 몸소 느낀다. 이런 방향에서 본다면 이 왕성함은 결코 예술가에게 좋은 결과를 초래하지 않는다.

김강은 "지금 운영되는 창작 레지던시 대부분은 돈 몇 푼 주고 예술을 데려와서 '심은' 것에 불과하다. 어떤 면에서는 예술가에게 좋은 부분이 있을지도 모르겠다. 공간이 없기 때문인데, 그 정도 고민에서 운영하는 것은 문제이다. 예술가는 젠트리피케이션의 선봉에 설 수밖에 없고 정책입안자는 그것을 이용할 수밖에 없다. 예술가도 긴장할 필요가 있다"[22]고 말한다. 실제로 가난하지만 무궁무진한 아이디어로 무장한 젊은 예술가가 특정 공간을 일시적으로 '점유'하는 경우, 주변의 지역경제가 재생되는 결과가 상당함을 발견하게 된다. 최근 전 세계적인 주목을 받고 있는 '창조도시' 담론은 창조산업을 주도하는 계층이 도시의 성장을 이끈다고 주장한다. 다양한 상상력을 가진 예술가다. 또따또가 역시 계약기간이 지나면 비정상적으로 오른 월세에 대해 '울며 겨자먹기'로 주인의 요구를 들어주거나 다른 장소를 찾을 수밖에 없게 되거나 정책입안자의 생각과 같이 쇠퇴된 지역을 활성화하는 도구로서의 예술가가 되는 것은 아닐까 하는 씁쓸한 생각을 해본다.

젠트리피케이션을 막는 것은 불가능하다고 본다. 그것의 방향을 돌리거나 우리에게 유리한 것으로 만드는 것이 우리의 몫이 아닐까.

| 주 |

1 김세훈 · 현진권 · 이준형 · 김정수 · 이기호 · 양현미, 『공공성-공공성에 대한 다양한 접근』, 미메시스, 2008, p.119.

2 김성원, 「담론의 플랫폼」, 『아트인컬처』, 2013년 5월호, p.91.

3 리처드 슈스터만, 허정선 · 김진엽 옮김, 『삶의 미학: 예술의 종언 이후 미학적 대안』, 이학사, 2012, pp.22-23 참고.

4 김성호, 「융합예술의 개념」, 『예술문화비평』, 7호, 2012년 겨울, p.25.

5 박삼철, 『왜 공공미술인가』, 학고재, 2006, p.250.

6 니꼴라 부리요, 현지연 옮김, 『관계의 미학』, 미진사, 2011, p.75.

7 「공공미술작품과 공공미술상품」, 〈한국일보〉, 2013. 9. 13.

8 니꼴라 부리요, 현지연 옮김, 『관계의 미학』, 미진사, 2011, p.73.

9 박삼철, 『왜 공공미술인가』, 학고재, 2006, p.281.

10 「흉물이 된 서울 도시 갤러리」, 〈중앙일보〉, 2013. 10. 4 참고.

11 「도시재생법 제정 그 의의와 한계」, 〈한겨레신문〉, 2013. 5. 6.

12 도시재생사업단 엮음, 『역사와 문화를 활용한 도시재생 이야기, 세계의 역사 · 문화 도시재생 사례』, 한울, 2012, pp.9-10.

13 김세훈 · 현진권 · 이준형 · 김정수 · 이기호 · 양현미, 『공공성-공공성에 대한 다양한 접근』, 미메시스, 2008, p.259.

14 정꽃실, 「공공미술의 공공성 구현을 위한 제도 개선에 관한 연구」, 국민대학교 석사학위 논문, 2009, p.41-47 참조.

15 정꽃실, 「공공미술의 공공성 구현을 위한 제도 개선에 관한 연구」, 국민대학교 석사학위 논문, 2009, p.47 참조.

16 문화관광부, 한국문화관광정책연구원, 「공공미술을 통한 지역문화환경 개선방안」 심포지움 자료, 2005. 11. 16.

17 「도시 재생 사업 최고 모범 사례 감천문화마을 '관광객 10만 시대'」, 〈부산일보〉, 2013. 1. 9.

18 백선혜 · 라도삼, 「예술을 통한 지역만들기 방안 연구」, 서울정책개발연구원 2008, 문예진흥위원회 홈페이지, 보도자료와 송효진, 「공공미술 프로젝트를 통한 마을만들기-통영 동피랑마을의 관광지화」, 고려대학교 석사논문, 2011, p.25 참고

19 오민근, 서진영, 『서울, 문화를 품다』, 생각의나무, 2010, pp.41-44.

20 김미리, 최보윤, 『세계 디자인 도시를 가다』, 랜덤하우스코리아, 2010, pp.148-153.

21 임경용, 「누가 예술가를 이웃으로 만드는가?」, 『아트인컬처』, 2013년 5월호, pp.132-134 참고.

22 김강, 「제도와 자율 그 사이에서」, 『공공 도큐멘트2』, 미디어버스, 2013, p.99.

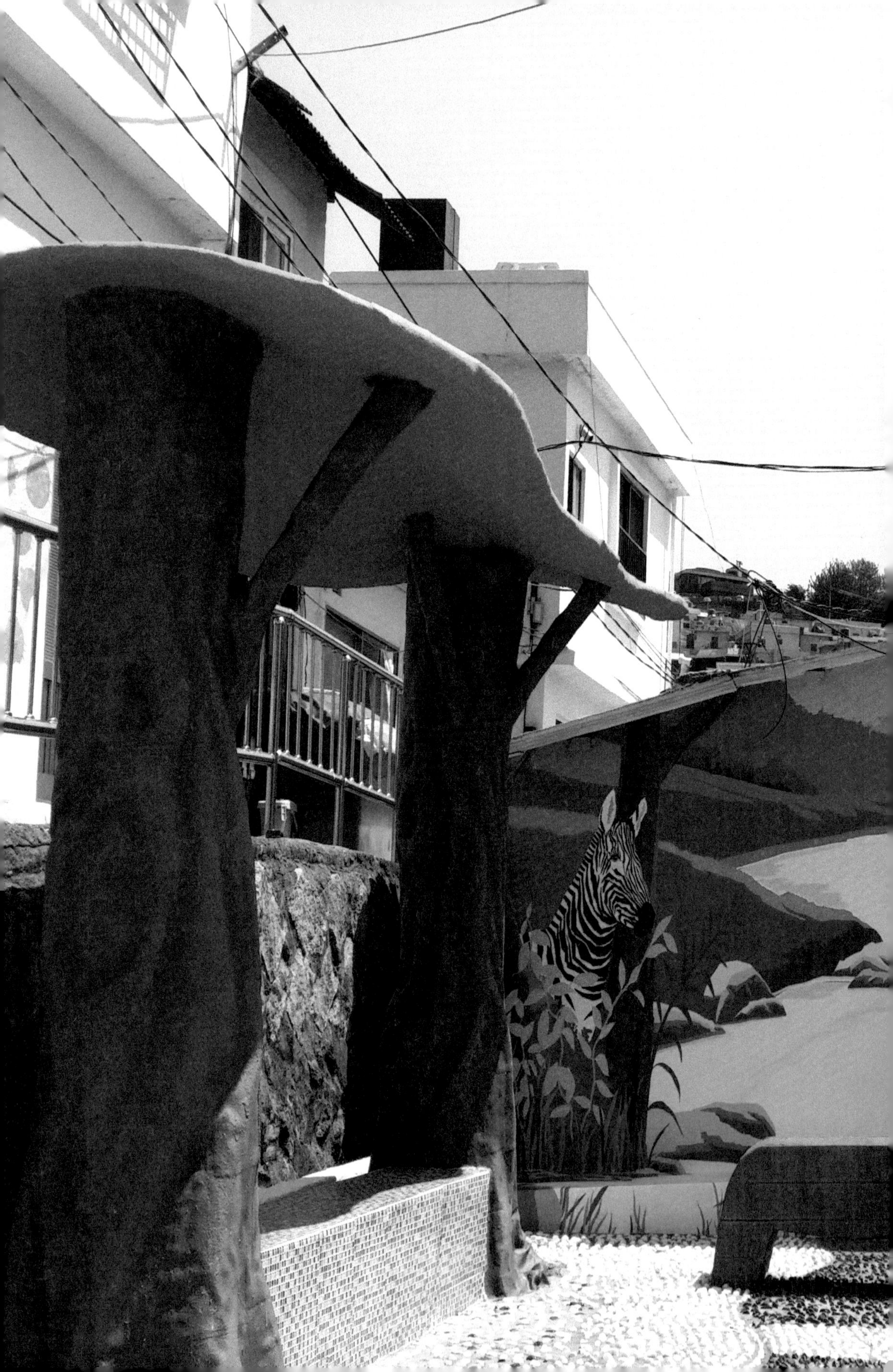

제4장

부산의 공공미술 마을

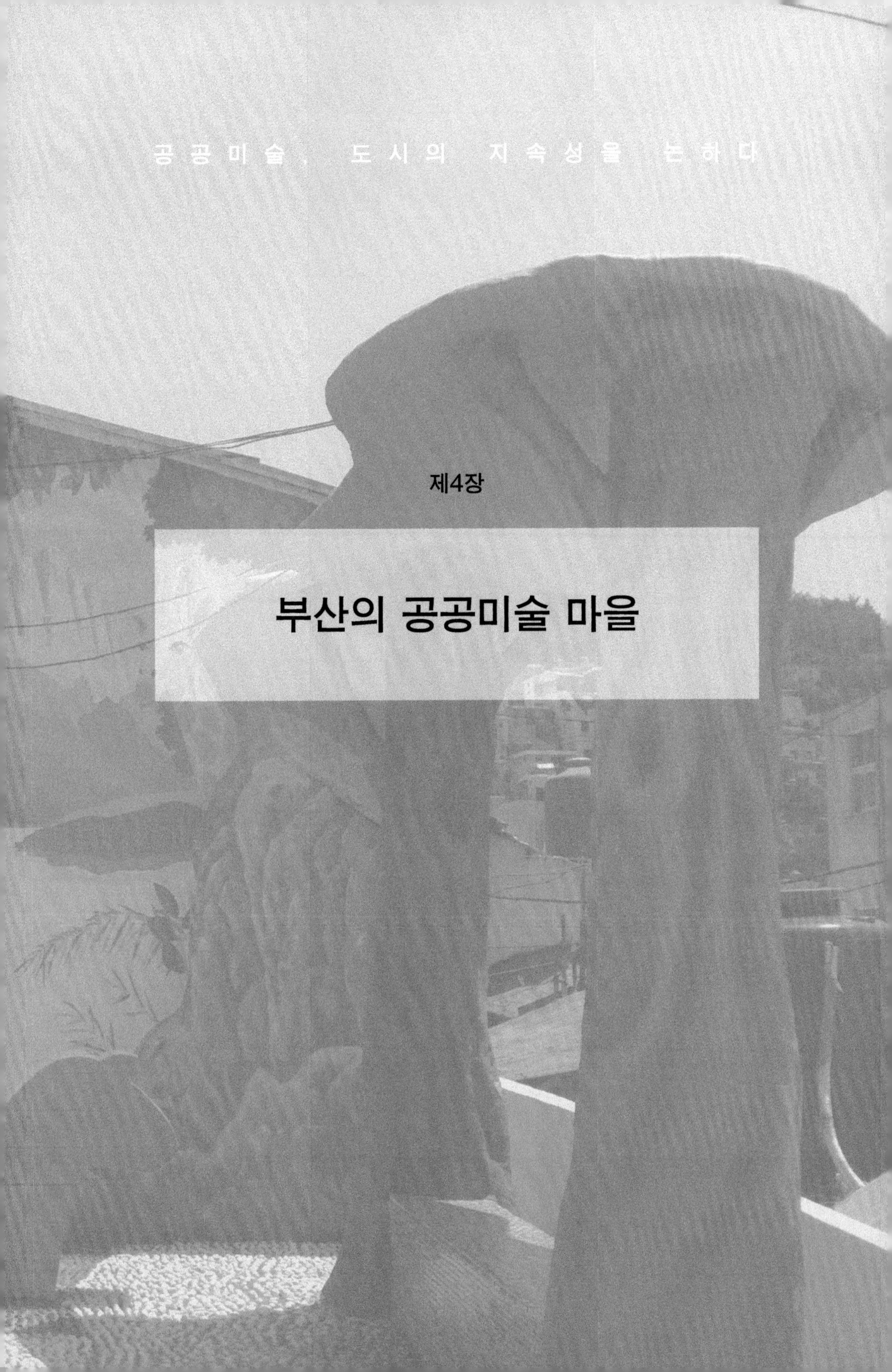

1 골목길의 부활

금정구 금성동 죽전마을 골목갤러리

부산 금정산(金井山)은 우리나라 백두대간의 끝자락이다. 해발 801.5m. 물이 풍부하고 기암절벽이 즐비해 부산 시민들의 즐겨 찾는 도심 속 휴식처로 인기가 높다. 이곳에 대나무로 유명한 마을이 있다.

죽전(竹田) 마을.

'竹田'이라는 이름만으로도 연상이 된다. 대나무 밭이다. 이 마을은 옛날 우리 선조들이 군사용인 화살을 만드는 대가 생산되는 마을이라 하여 죽전마을이라 했다.

금정구 금성동(金城洞) 일대를 '산성마을'이란 명칭으로 부른다. 금성동의 명칭은 금정산성 안의 동네라는 뜻에서 붙여진 것이다. 오늘날 금성동은 죽전(竹田) · 중리(中里) · 공해(公海)의 세 개의 자연마을로 구성되어 있다. 죽전마을은 화살을 만드는 대나무가 많이 생산되어 붙여진 지명이고, 중리마을은 중성문이 있었기 때문에 불린 지명이다. 공해마을은 공해란 말이 관아를 뜻하며 산성내의 좌기청, 군기고, 화약고, 내동헌, 별전청 등의 관아가 위치하였던 까닭에 붙여진 이름이다.

산성마을에는 물맛 또한 유명하였다고 한다. 동래부사가 산성물을 마시기 위하여 자주 이곳을 찾았다고 하니 어느 정도인지 짐작케 한다. 산성 막걸리는 조선시대 산성주변에 살던 화전민들인 국(鞠)씨와 두(杜)씨가 이 마을에서 처음 술을 만들었다. 임진왜란 때 모두 납치되어가고, 양산, 철마에 살던 장사 김해 김씨가 이주해 와서 마을을 새로 일으켰다고 전해진다. 따라서 이들은 누룩을 만들어 생계로 삼아온 데서 유래한 것으로 그 역사가 족히 450여 년은 된다고 한다. 특히, 일제강점기 때는 고유의 맛을 지닌 이 막걸리가 더욱 알려져, 산성에서 누룩을 많이 만들고 적게 만드는 차이에 따라 부산·동래 지방과 경남 일원의 쌀값이 올랐다 내렸다 할 정도였다고 한다.[1]

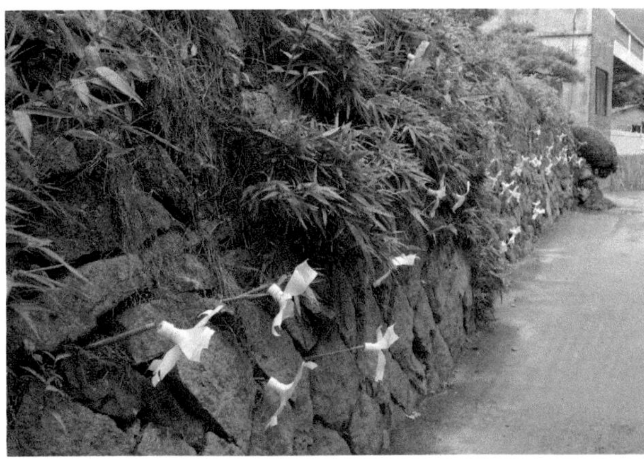

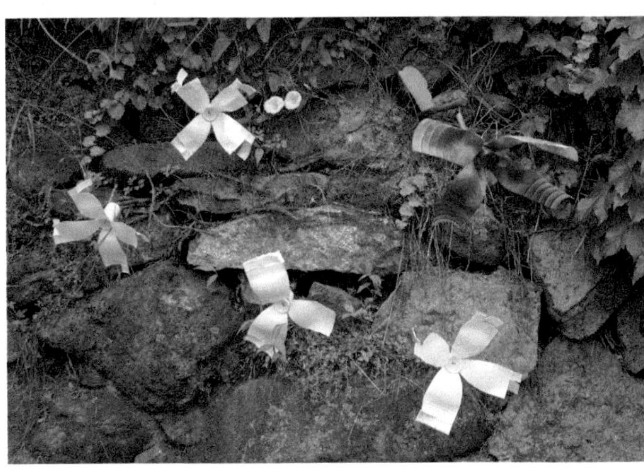

산성막걸리 병을 이용해 바람개비를 만들어 담장에 설치했다.

산성막걸리는 박정희 대통령이 부산에서 군수사령관을 할 때부터 산성막걸리를 즐겨 마셨다고 하며, 박정희 대통령 지시로 대한민국 민속주 1호로 선정되었다고 전하기도 한다. 지금의 금정산성 막걸리는 산성마을 전체에서 공동 출자하고 임원을 선출하여 공동 관리하고 있으며, 막걸리의 생산량은 산성마을 일대의 대중음식점의 수요에 충당될 만큼만 제조하여 이 지역에 독점 공급하고 있다.[2]

이곳 산성의 죽전마을, 대나무가 많다는 뜻의 죽전(竹田)인 점에 착안하여 금정산의 자연과 역사를 바탕으로 금성동 문화마을 조성사업이 진행되었다. 일환으로 '대나무숲 그림길'을 조성하였다. 이곳을 가겠다면 '킴스아트필드미술관'을 찾는 것이 더 쉬울 듯하다. 부산광역시 금정구 죽전 1길 29 일원. 대나무 숲 그림길이 들어선 이 골목길은 문화재보호구역으로 개발이 제한돼 주거환경이 낙후되고 각종 적재물로 미관을 해치던 곳이다. 희망근로사업이 시작되자 인근 주민들의 환호를 받았던 곳이다. 특히 벽화작품은 희망근로사업으로 시작하였으나 전문예술가들이 참여해 작품성이 뛰어나다는 평

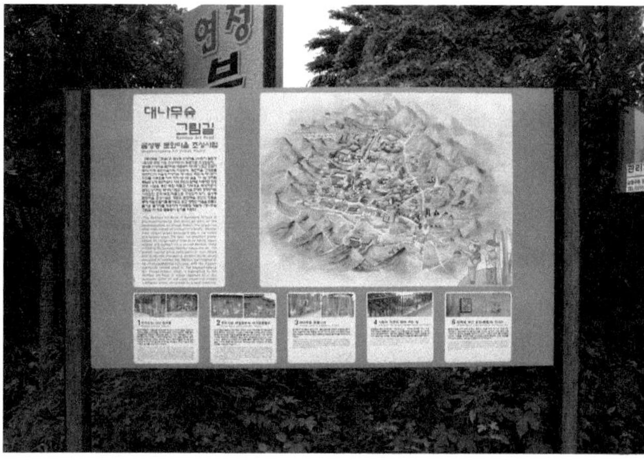

마을입구에 있는 '대나무숲 그림길' 안내도

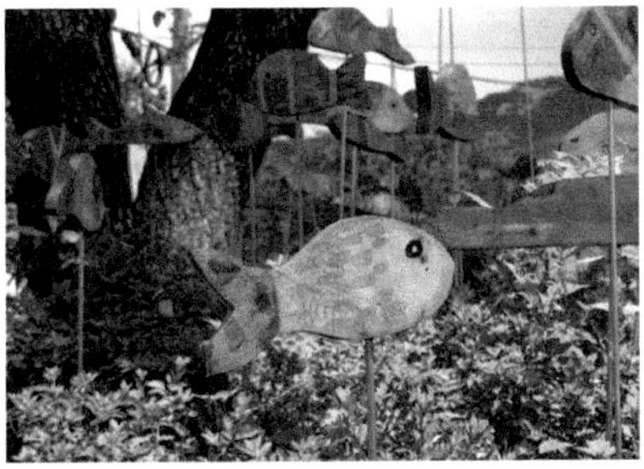

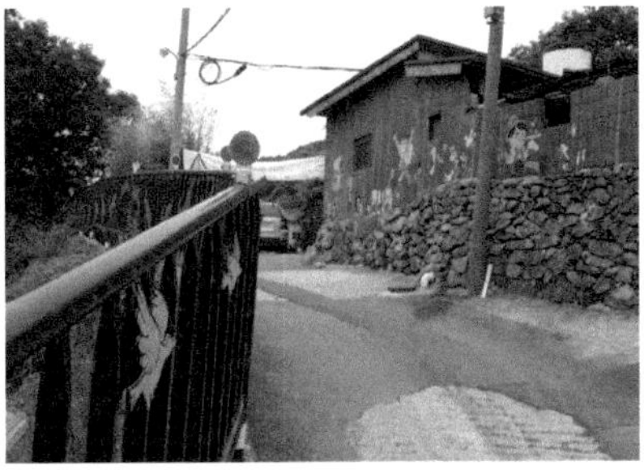

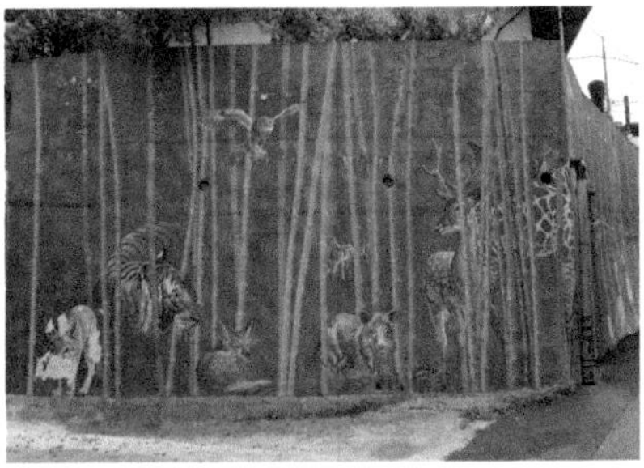

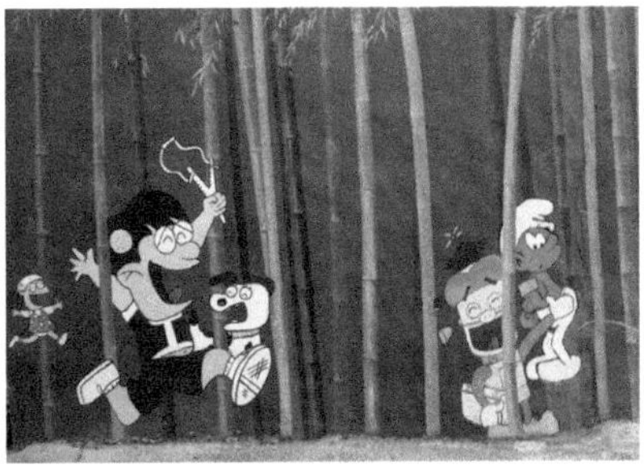

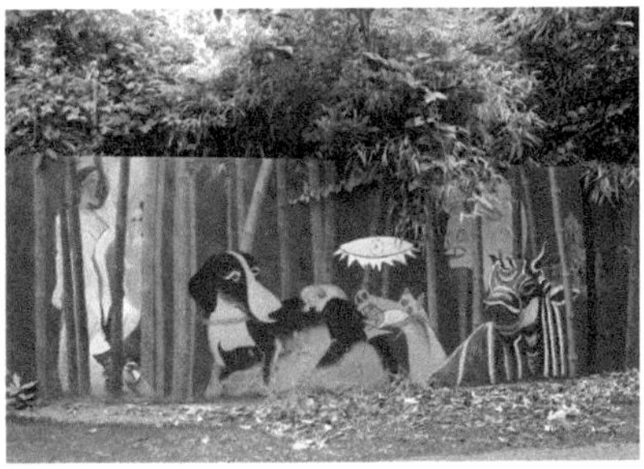

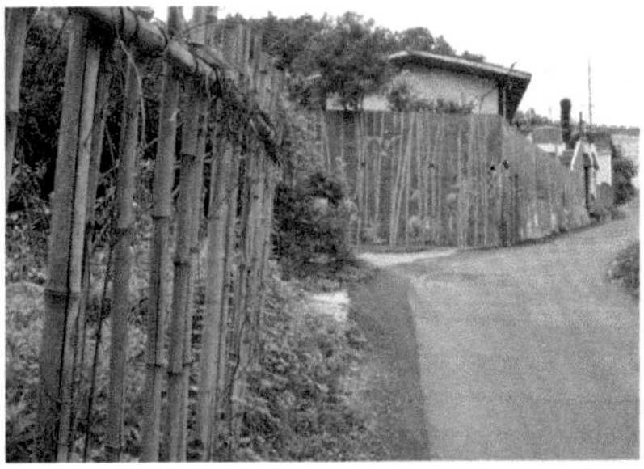

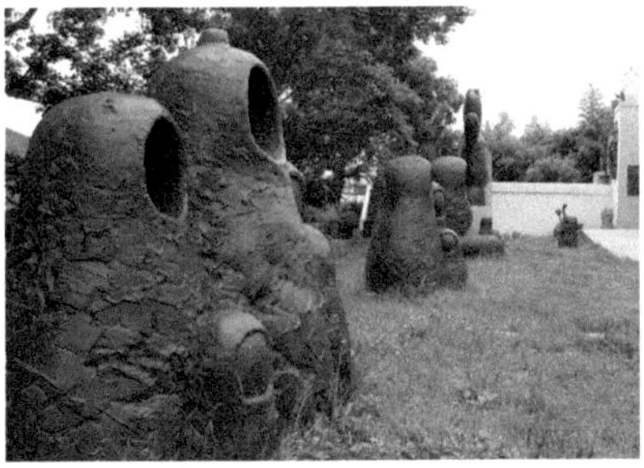

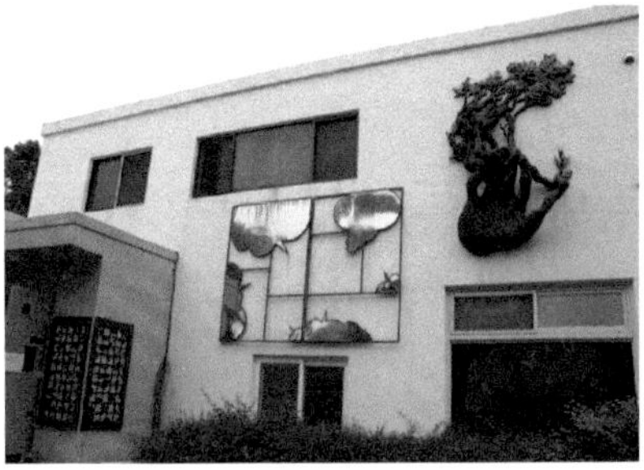

피카소, 앤디 워홀, 박수근 등 현대미술을 대표하는 작가들의 작품과 만화캐릭터를 소재로 톰과 제리, 아기공룡 둘리, 달려라 하니 등 1980년대부터 최근까지 국내외 만화주인공들이 대나무와 함께 벽화로 제작되어 있다. 이곳은 킴스아트필드미술관을 같이 볼 수 있어 매력이다.

가를 받았다. 조각과 회화, 디자인 분야 전문가 6명 참여, 희망근로자 15명이 참여했다. 사업기간은 2010년 3~6월까지 4개월간. 400여m에 이르는 골목길의 돌담과 담장 사이 벽을 작업하여 만든 벽화 길이다.

"금성동 산성마을 죽전리는 예로부터 대나무가 많고 인심이 좋다 하여 죽전마을이라 하였는데, 죽전마을 그대로를 표현하고자 마을에 자생하는 대나무와 벽화 속 대나무가 조화를 이루도록 하여 마치 대나무 숲을 거니는 것처럼 통일감 있게 표현하였다. 지역 주민의 참여로 이루어진 희망근로 사업을 통한 벽화 작품과 지역성을 부각하면서 금정산성이라는 역사적 사료와 시간성을 현대적 조형언어로 시각화한 조각(부조) 작품으로 구성되어 있다. 금성동 문화마을 조성사업은 새로운 문화예술 공간의 창출을 통해 마을에 활기를 불어넣고, 밝고 명랑한 마을을 만들고 즐거운 볼거리를 제공하여 지역문화 창달에 〈대나무숲 그림길〉이 작은 출발점이 되기를 바란다."라고 안내판에 새겨져 있다.

사업의 특징이라 한다면 죽전마을 골목갤러리는 전문 예술작가들이 힘을 합쳐 어른과 아이의 눈높이에 각각 맞춰 그려진 벽화마을이라는 점이다. 피카소, 앤디 워홀, 박수근 등 현대미술을 대표하는 작가들의 작품, 반대편에는 만화캐릭터를 소재로 톰과 제리, 아기공룡 둘리, 달려라 하니까지, 1980년대부터 최근까지 국내외 만화주인공들을 만나볼 수 있는 야외 갤러리이다. 만화 주인공들을 모두 만날 수 있어 아이들과 함께하면 소중한 추억거리를 간직할 수 있을 것이다.

반면 희망근로가 아닌 지역민의 참여가 저조하다는 인상이 아쉬운 점이다. 마을에 대나무 수는 줄어들고 있고, 오래된 대나무 울타리만 보인다. 마을 뒤에는 화려한 음식점이 생기고 있다.

"금성동 문화마을 조성사업은 새로운 문화예술 공간의 창출을 통해 마을에 활기를 불어넣고, 밝고 명랑한 마을을 만들고 즐거운 볼거리를 제공하여 지역문화 창달에 〈대나무숲 그림길〉이 작은 출발점이 되기를 바란다."는 안내판의 문구처럼 작은 출발점이 되어 연속적으로 이어지기를 바란다.

닥밭골에서 2012년 8월 유재석이 출연하는 〈런닝맨〉 촬영이 있었다. 런닝맨들은 팀을 나누어 게임으로 진행하여 김종국, 개리, 지석진 등 몇 명이 이곳 닥밭골 마을을 찾았다. 오락 프로그램이라 골목골목 누비는 모습은 웃음을 자아냈다. 마치 2010년 이승기가 KBS 〈해피선데이-1박2일〉 방송에서 이화동 마을의 날개벽화 앞에서 천사가 되는 제스처를 취해 홍보를 하듯 닥밭골 마을도 런닝맨의 방영으로 벽화가 있는 좁은 골목 동네로 많이 알려졌다.

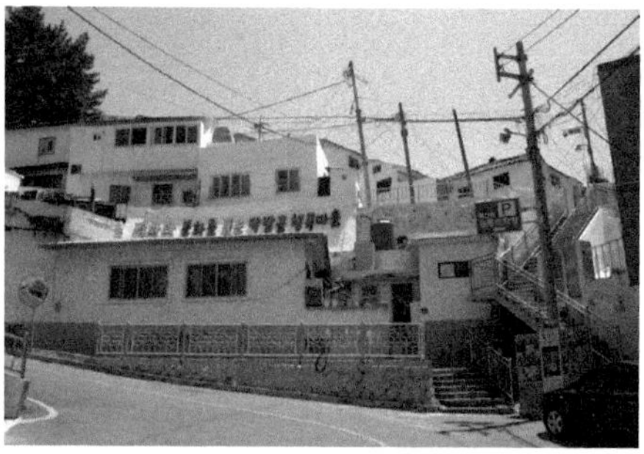

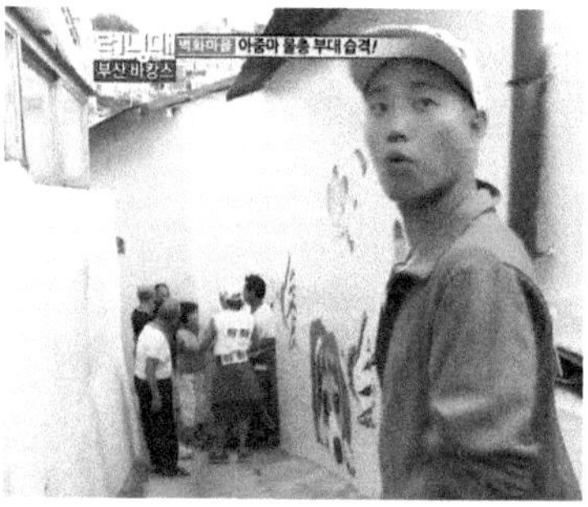

2012년 8월 유재석이 출연하는 런닝맨을 닥밭골 벽화마을에서 촬영했다.

닥나무가 많아 닥밭골이라 한다. 대신여자중학교 뒤편 동대신2동이 현재 닥밭골 마을이라 한다. 이곳에만 닥나무가 많은 것이 아니라 옛날 대신동 일대가 전부 닥밭골이라 불렀다. 이 마을을 당시의 특징을 살려 닥밭골이라 부르고 있다. 사실 닥밭골은 문화마을로 만들기 위해 그 이름을 차용하였다고 봐야 할 것 같다. 사람이 살기 시작한 것도 불과 얼마 되지 않는다고 한다. 이 마을의 스토리텔링을 준비하고 있는 시인 이현주는 이 마을 어르신의 말을 인용해 "1953년 11월 부산역전 대화재가 나고 이어 용두산까지 그 불이 번졌는데, 당시 화재민들이 갈 곳이 없자 영도에 3년 정도 수용되었다가 현재의 닥밭골로 이주했다."고 하면서 그녀는 이곳 사람들은 자신들을 화재민이었다고 아직도 말한다고 전했다. 당시 사람들은 대형 천막에서 칸을 질러 2~3평 정도의 공간에서 살았다 한다. 그런 생활을 몇 년을 한 후 시에서 집을 지어주어 살았는데 그것이 현재의 주거형태였다. 그러니까 그때 이후 거의 변함이 없다고 보면 된다.

나는 이 마을을 찾으면서 세 가지에 놀랐다. 하나는 좁은 골목길과 많은 계단이다. 1m 넓이의 골목길은 외부인에게는 정감을 불러일으킬 수 있으나 주민들에게는 불편하고 좁은 골목에 불과하다. 집집마다 화장실이 없어 좁은 골목에 공동화장실이 있는 것으로 보아 그 불편을 짐작할 수 있다.

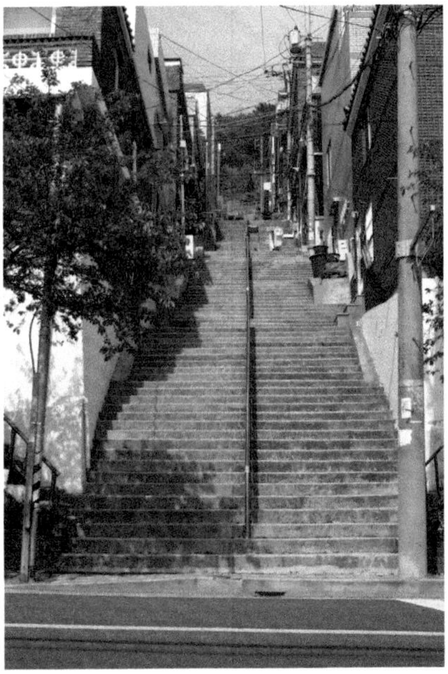
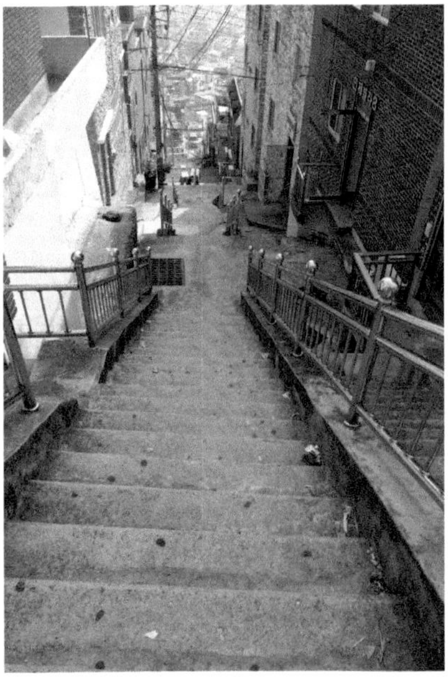

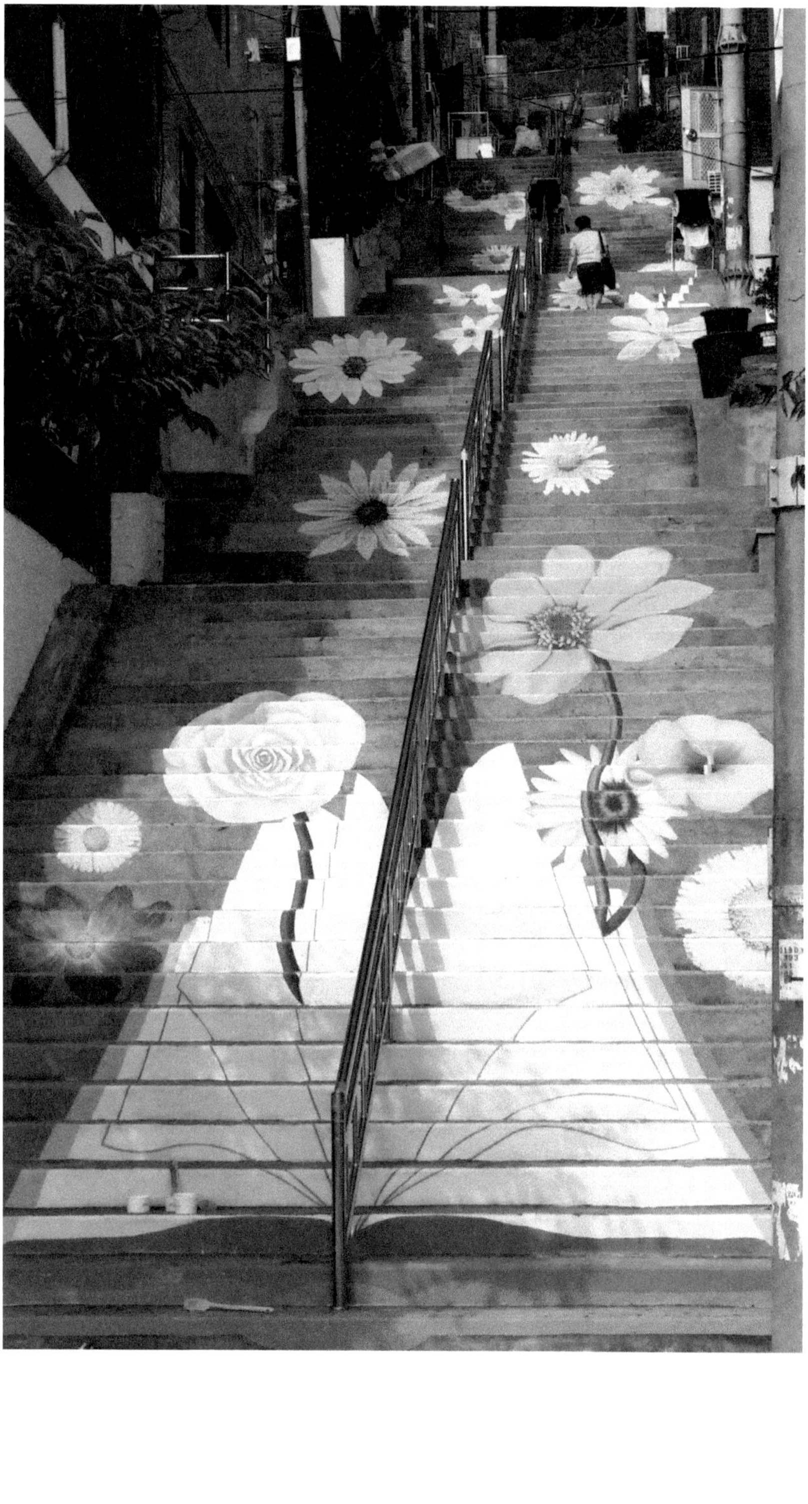

계단. 약 200m, 193개의 긴 계단이 있다. 마치 하늘로 가는 천국의 계단 같다. 이 계단에 2013년 여름에 주민참여형 계단벽화 그림을 그렸다. 진광교 감독, 박용우 주연의 영화 〈뷰티풀선데이〉 촬영지이기도 하다. 사랑, 희망, 행복 등을 상징하는 꽃말의 꽃 그림을 그려, 정말 또 다른 세상으로 가는 꽃길 같은 느낌이다. 이 계단을 따라 연인이 손을 잡고 올라가면 마치 사랑이 꼭 이루어질 것 같다.

다른 하나는 초현경로당 현판이다. 1971년 3월 3일 경로당 설립에 지역민들은 200원에서 5,000원까지 각기 찬조하여 경로당을 건립하였다는 현판이다. 당시 마을 주민들의 잘 갖춘 공동체를 엿볼 수 있으나 현재는 부녀회 등으로 구성된 공동체는 활기를 보이지 않는다고 한다.[3]

세 번째는 마을에 당산이 있다는 것이다. 당산으로 보아 옛날에는 제법 큰 마을이었을 것으로 추정된다. 시인 이현주에 따르면, 마을에 있는 당산은 영험이 좋다고 소문난 당산이었는데, 부산역전 대화재 이후 이주해 올 당시 하루도 거르지 않고 굿하는 소리가 들렸다 한다. 당산은 사람들이 들어오기 전부터 있었는데 나무가 수백년 정도 된 것으로 보아 당산의 유래는 꽤 오래되었다고 전해진다.

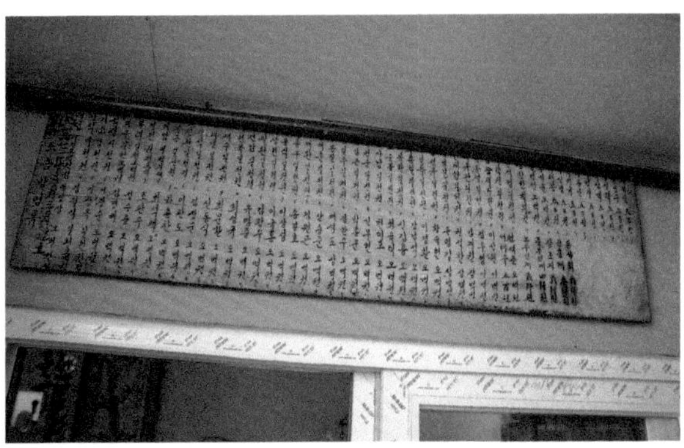

1971년 3월 3일
지역민들이 각기
200원에서 5,000원까지
찬조하여 설립한
경로당의 현판

닥밭골은 2009년에 백문현 마을리더와 함께 동대신2동 주민자치위원회에서 희망근로사업으로 동대신2동 5~9통 내의 100여 가구가 사는 지역에 벽화를 제작하였다. 도시미관 개선을 통한 창조적 생활환경 조성으로 낙후된 마을을 정감 어린 동화 속의 마을로 조성한다는 취지였다. 2012년과 2013년에는 낡은 벽화 등을 개 · 보수하여 현재의 모습으로 가꾸고 있다.

지금도 이 마을을 찾으면 꼭 보고 싶은 것이 이 지역에 사는 할머니 일곱 분을 캐리커처로 그린 벽화다. (사)문화예술인적자원개발센터에서 진행하였는데, 초현경로당에 찾아가 할머니들을 설득하여 인물을 스케치하여 벽화로 옮겼다고 한다. 2012년 7월부터 9월까지 한여름에 더위를 먹어가면서 작업을 하고 있는 도중, 2/3쯤 완성되었을 때 할머니들이 몰려왔다. 자기와 닮았는지 확인하러 왔던 것이다. 한 할머니는 웃고 있는 자신의 모습이긴 하나 눈이 작다는 이유로 수정을 요구했고, 다른 분은 얼굴이 너무 크다, 옆집 아주머니는 오고 가는 길인데 할머니들이 자신을 보는 것 같아 기분이 좋지 않다는 등의 이유로 지워달라는 건의가 있었던 곳이기도 하다. 더운 여름에 고생한 노고를 핑계 삼아 부녀회장 할머니의 설득으로 지금까지 보존되고 있다. 그래도 이제는 마을에 오랫동안 살아온 할머니들의 초상이 이곳의 명물이 되었다.

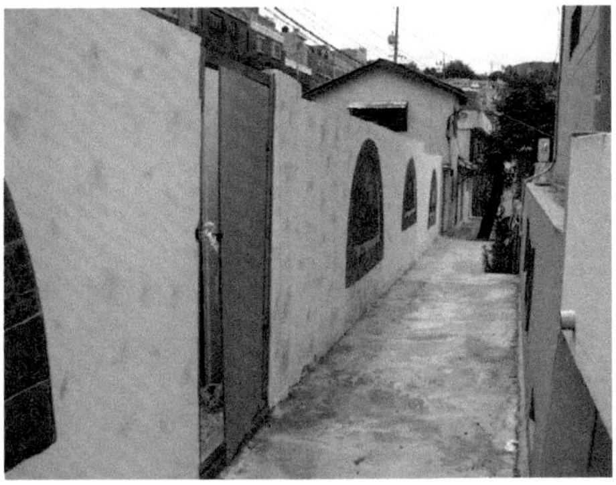

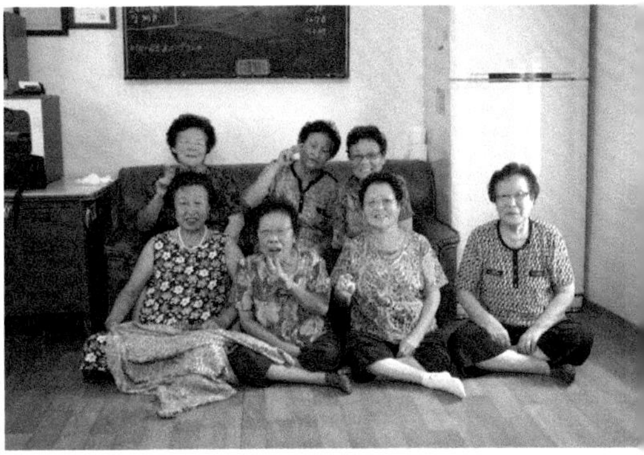

오래된 벽과 노인정의 할머니들

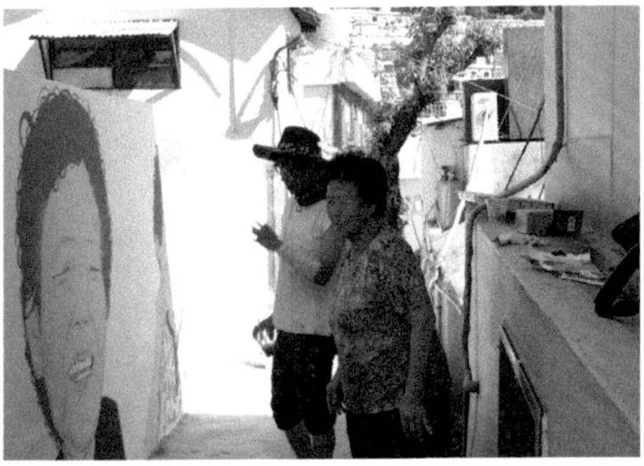

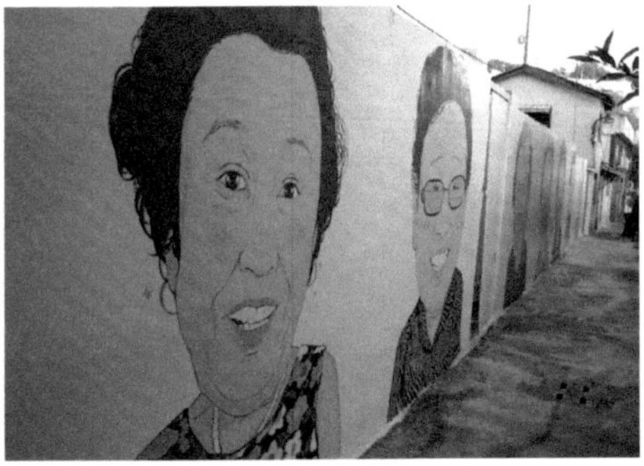

할머니가 자신과 닮았는지 확인차 현장을 찾아와서
벽화에 이것저것 수정을 요구하는 장면(위)
일곱 명의 할머니 캐리커쳐 벽화(아래)

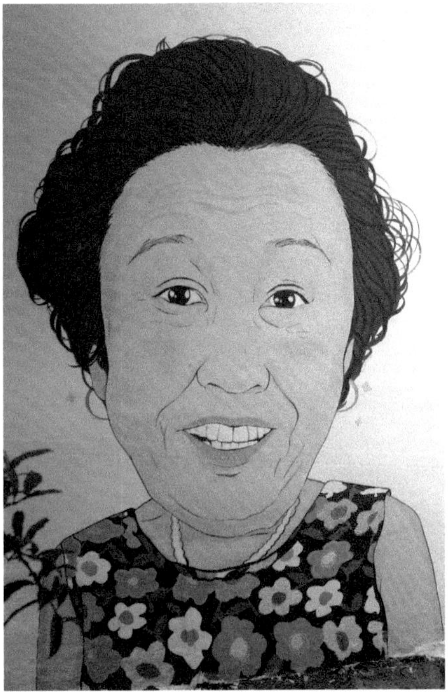

할머니 캐리커처 벽화 부분

덧붙여 닥밭골에 들르면 마을 입구 북카페에서 바리스타가 만들어주는 커피를 한 잔 꼭 마셔야 닥밭골에 왔다고 할 수 있다. 맛이 일품이다.

어느 지역이든 마을을 만든다는 것은 리더가 필요하다. 닥밭골 마을은 동대신2동 주민센터의 안인호 사무장이 그 역할을 한다. 큰 몸집에 비하면 분주하게 골목을 비집고 다니는 그의 모습이 날렵하다. 그래서 닥밭골은 정말 행복마을이다.

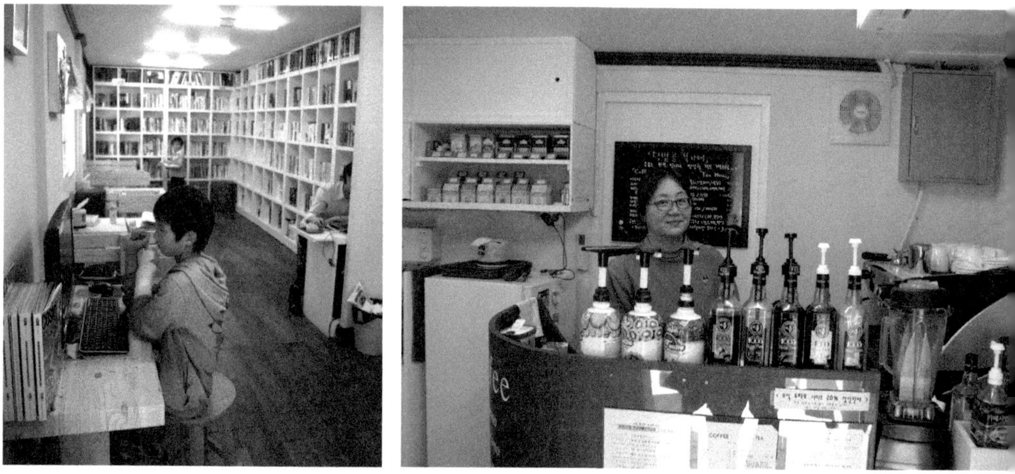

부산시 서구 닥밭골 마을의 북카페와 바리스타

2013년 10월 한적한 일요일 오후, 강서구 가덕도 천가동 정거마을을 찾았다. 부산 갈맷길이 연결되어 있는 코스 중의 하나라서 그럴까. 연인, 가족 등 많은 사람들이 구경을 오고 있었다. 이곳은 좁은 골목길 곳곳에 어촌 특유의 소재로 그린 알록달록한 벽화가 눈길을 끌어 매주 주말이면 100~200명의 방문객들이 꾸준히 마을 구경을 오고 있다고 한다.

마을 입구에 큰 돌로 만든 '정거마을' 13통이라는 이정표가 있다. 그 아래에 '생태 벽화 마을'이라고 알리면서 이 마을은 진우도를 바라보고 있으며 일명 '달걸이'라고 한다. 어선이 바다에 나갔다가 풍랑이 심하면 이곳으로 피하여 닻을 걸고 기다렸다는 뜻으로, 어원으로 보면 정거(碇鐻)라야 하는데 행정 편의상 정거(碇巨)라 한다고 적혀 있다. 예부터 풍랑이 심할 때 섬의 모서리 마을이라 대피소 역할을 했던 곳으로 보인다. 멀리 다대포 아파트가 보이는 이곳은 지금도 60여 가구가 모여 사는 전형적인 가덕도의 외딴 어촌마을이다.

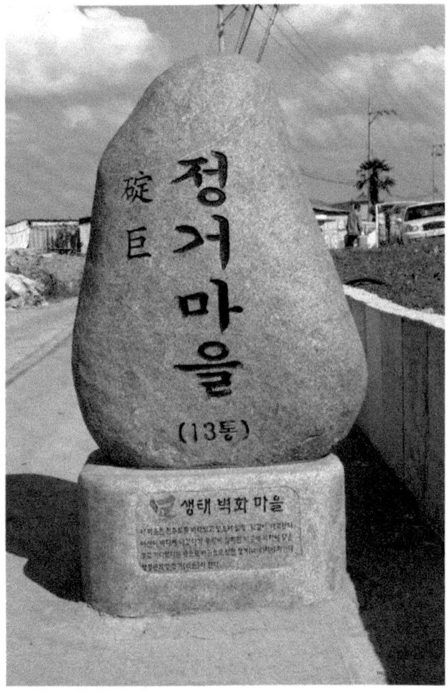

마을입구
정거마을 이정표

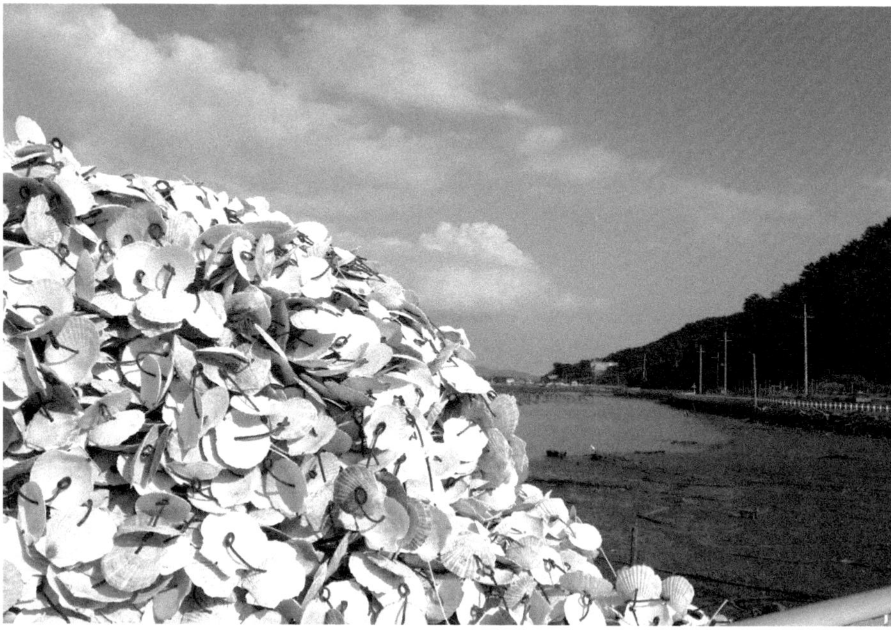

산을 이룬 굴 껍질 뒤로 멀리 정거마을이 보인다.

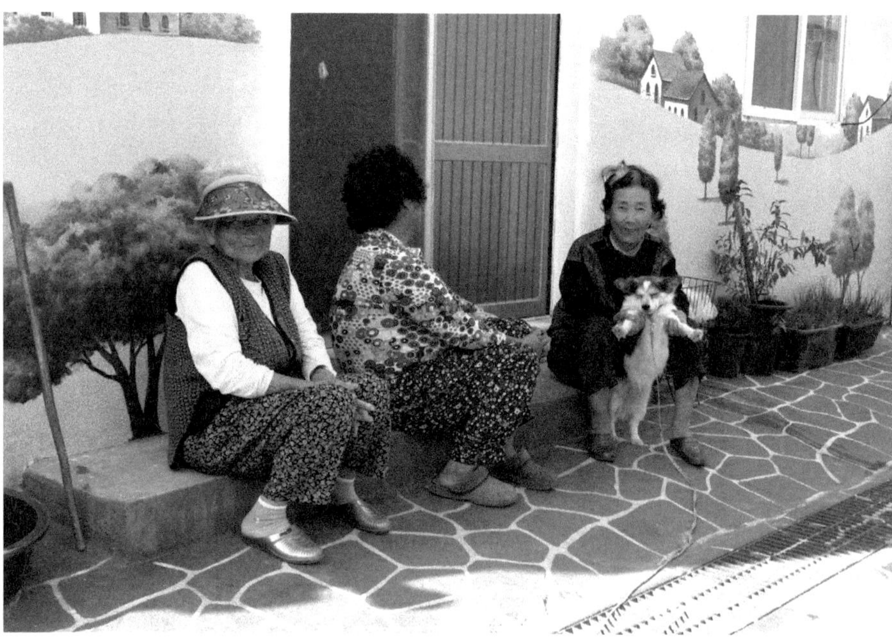

벽화 앞에서 이야기를 나누고 계시는 마을 할머니들

가덕도 섬 전체에 막 같은 구조물이 바다를 에워싸고 있다. 굴 양식장이다. 굴 껍데기가 산을 이루는 곳도 있다. 바다의 도시 부산이라고 해서 다 같은 모습은 아니다. 해운대, 송정 등의 바닷가에서는 절대 볼 수 없는 풍경이다. 10월이라는 시기가 좋지 않은 탓일까. 마을에는 할머니 몇 분이 강아지와 도란도란 얘기를 나누고 있었다.

"할머니, 마을 정말 예뻐졌어요."

"이쁘죠? 구경 많이 와요. 사람들이"

"이렇게 사람들이 많이 오면 장사도 잘되겠어요. 오면서 보니 굴 껍질이 많던데, 굴이나 생선회를 파는 집은 없나요?"

"없어요. 요 앞에 커피라도 팔라구 하나 만들어주던데, 장사도 안 해요."

"아~ 그럼, 마을에는 장사하는 곳 없나 봐요?"

"없어요. 고기 잡으면 회거리는 저 건너에 팔고~"

2012년 부산시 커뮤니티 뉴딜 시범지역 사업장에 정거마을이 선정된 후 골목길 바닥정비와 담장을 어촌마을의 특색이 담긴 벽화로 단장되었다. 벽화제작은 네오아트(대표 정무헌)가 주축이 되어 주민들과 함께 2012년 11월부터 2013년 3월까지 진행했다고 한다. 조개껍질을 부착한 물고기, 마을사람들의 어촌풍경, 유명한 명화를 벽에 부착한 명화작품, 벽화제작과정 사진과 TV에 방영된 장면을 액자에 넣어 부착한 벽화 등 골목길을 따라 빈틈없이 벽화가 해변 풍경과 어우러져 다양한 볼거리를 제공하고 있다.

마을의 특징을 살리면서 동시에 활성화를 부여한다면 상당히 고무적이다. 마을을 찾으면서 한 가지 아쉬운 점이 있다면, 다른 공공미술의 마을과 같이 일회성으로 끝나지 않을까 하는 걱정이다. 뉴딜사업으로 시행되었다고 하나, 이 벽화사업으로 치고 빠지는 프로젝트 같은 느낌이 들었다. 현장에서 주민의 참여로 보이는 것은 찾을 수 없었고 주민 역시 벽화를 보러 오는 관람객을 대상으로 무언가를 얻을 수 있다는 생각도 없었다. 마을의 수익창출을 위해 만들어준 부스는 거미줄이 바람과 함께 춤을 추고 있었기 때문이다. 달리 머물 수 있는 곳이 없는, 지나가는 경유지라는 인상이다. 시간이 지나면 사람들은 탈색된 벽화를 보기 위해 더 이상 이곳을 찾지 않을 것이다. 주민들이 참여하여 그렸다는 보도에 비해 주민들이 그린 서툴지만 재미난 그림은 찾아볼 수 없기에 애착심 없는 벽화의 사후관리는 행정기관에만 의존하지 않을까 염려된다.

정거마을은 벽화마을로 알려지면서 방문객이 늘다 보니 파래, 김, 꽃게, 문어 등 정거마을 인근 바닷가에서 생산되는 해산물의 매출도 증가해 마을 주민들을 기쁘게 하고 있다는 기사를 읽은 적이 있다. 그러나 내가 본 정거마을은 벽화로 새롭게 단장된 호젓한 어촌마을일 뿐이었다.

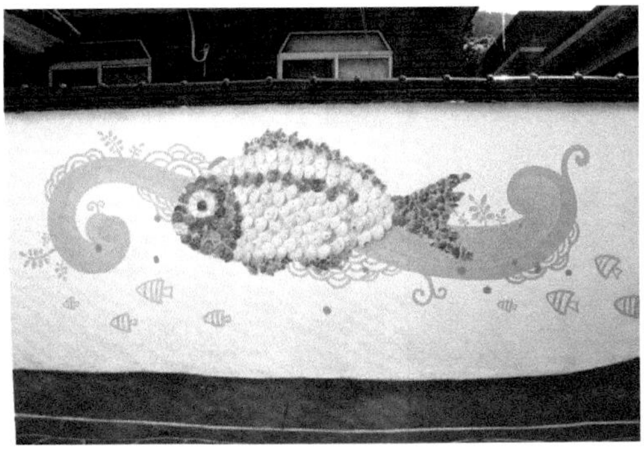

조개껍질로 부착한 물고기 모양은
이색적이다.

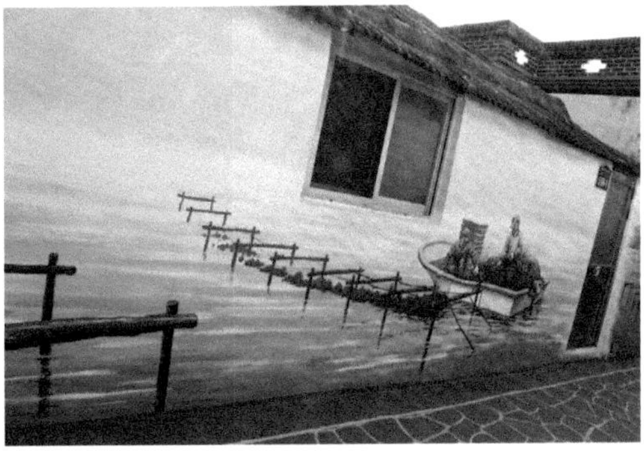

골목벽화 대부분이 어촌마을의
풍경을 담고 있다.

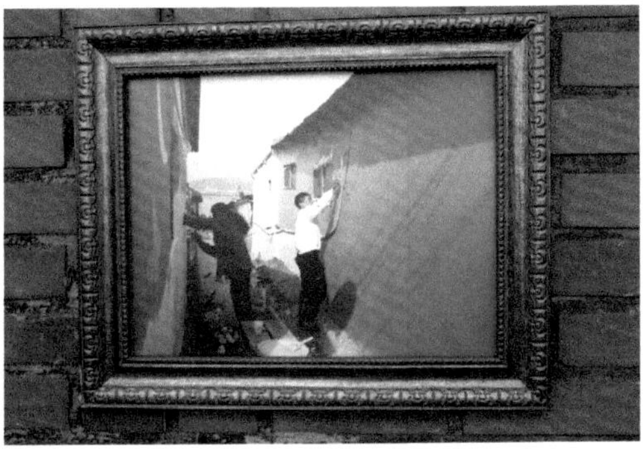

벽화를 그리는 모습을 벽에 사진으로
부착해 진행과정을 보여주고 있다.

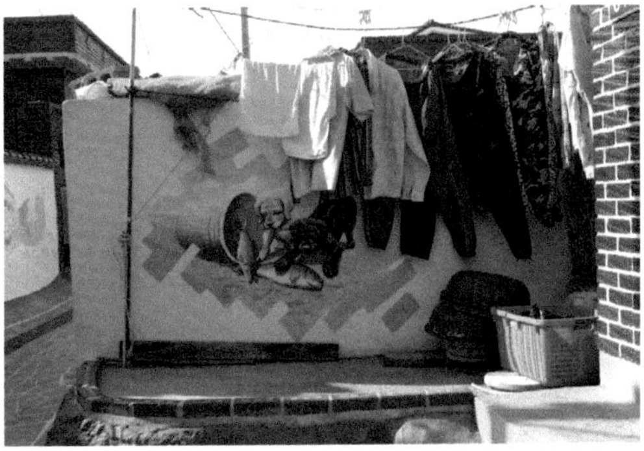

빨래 아래 강아지 벽화가 웃음을
자아낸다.

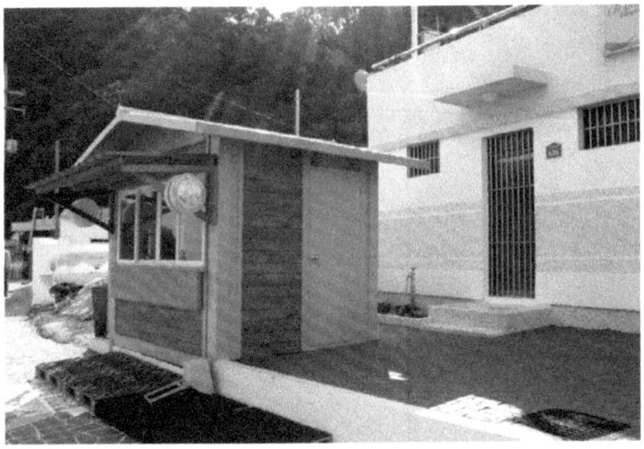

커피 등을 판매하여 수익을 창출하라고
만든 부스가 굳건히 닫혀 있다. 한 번도
운영하지 않은 듯하다.

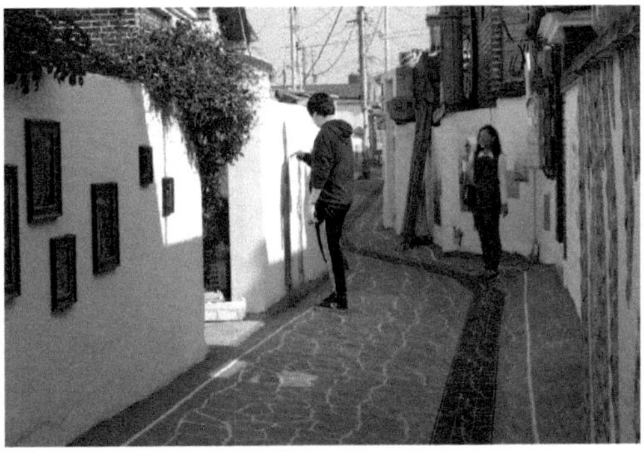

관람 온 연인이 벽화를 보며
이야기를 나누고 있다.

2 달동네 벽화마을

동구 안창마을 안창고 프로젝트

안창마을은 도심에서 이어지는 자그마한 분지에 입지해 있어 안쪽 끝이라는 의미로 안창이라는 마을 이름이 지어졌다. 6 · 25전쟁 때 피란 온 사람들이 한 채, 두 채 지은 판자촌이 현재의 모습으로 이어졌고, 현재는 부산의 대표적인 달동네다.

호랑이가 살았다고 하여 이름 붙은 '호계천'이라는 작은 실개천이 마을 중앙으로 흐르는데, 이 개천을 경계로 행정구역상으로는 부산광역시 동구 범일4동과 부산진구 범천2동에 속한다. 지난 2007년 안창마을 공공미술 프로젝트 '안(內) · 창(蒼) · 고(庫)'로 화려한 변신을 했다. 벽화와 다양한 설치미술품이 더해져 문화공간으로 탈바꿈한 적이 있는 곳이다. 물론 동구 범일4동을 중심으로 진행되었다.

부산진구 범천2동 22, 23통 낙후지역 결핍지수 조사차 2012년에 안창마을을 다시 찾았다. 기분이 묘했다. 반쪽만 조사를 했지만, 노인 인구가 80% 이상, 40여 채의 공 · 폐가, 50% 이상이 무허가 주택이며 정주의식 또한 아주 낮은 편이었다.

안창마을은 한때 오리마을로도 유명한 곳이었다. 마치 금정산 산성마을이 막걸리와 염소고기로 유명한 것과 흡사한 모습이다. 이곳은 공공미술 효과를 톡톡히 보았다. 관광버스를 타고 벽화 구경을 위해 단체가 방문하던 때는 오리고기도 잘 팔려 수익이 좋았다. 그러나 몇 년이 지난 지금은 외지인이라곤 벽화 구경 온 몇몇 젊은이가

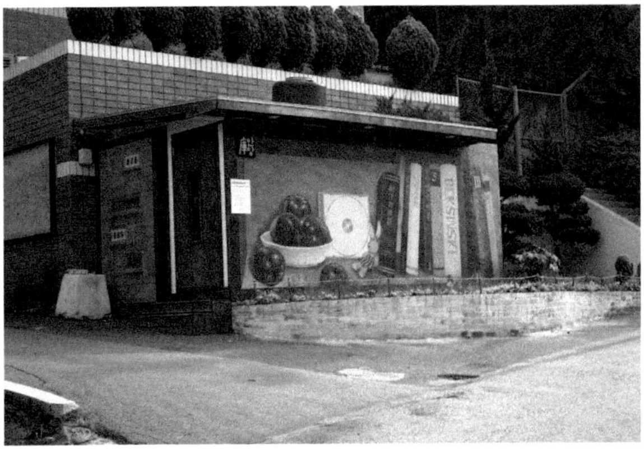

안창마을 입구 벽화.
마을의 특징과 창고의
이미지를 살린 벽화다

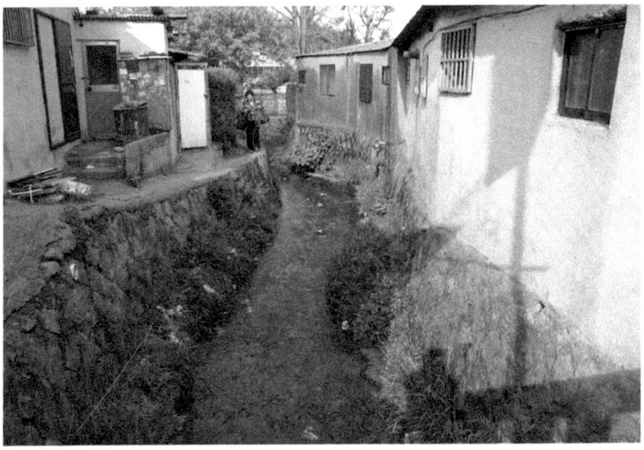

'호계천'. 행정구역상
이 개천을 경계로
부산광역시 동구
범일4동과 부산진구
범천2동으로 나뉜다.

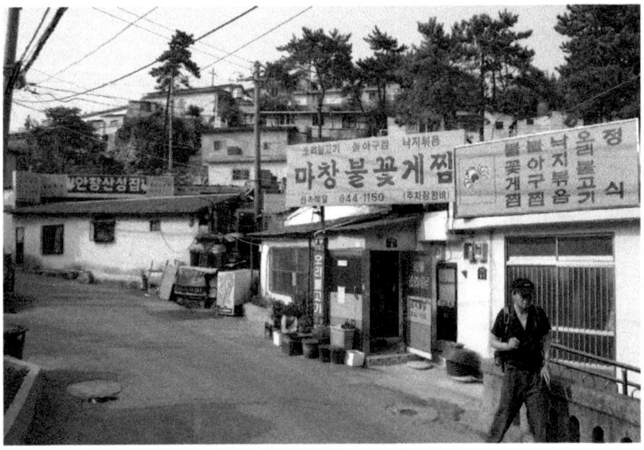

안창마을 오리고기로
유명한 음식마을.
벽화마을로 유명해지자
오리고기 판매량도
늘었다고 한다.

전부다.

마을의 내력을 보면, 한국전쟁 당시 피란민들로 형성된 이 산동네는 오랫동안 나환자들이 숨어 살았던 외진 마을이어서 사람들의 왕래가 거의 없었다. 통일교 교주 문선명 목사가 하늘로부터 계시를 받았다고 하는 바위가 성소로 지정되어 있어 한동안 국내외 통일교 신자들의 순례행렬이 끊이지 않아 세간으로부터 주목을 받았던 마을이기도 하다.

이 마을은 60년대와 70년대를 지나면서 산 아래 현재 범천동 경남아파트 자리에 있었던 삼화고무공장을 비롯해 부산의 각종 신발공장이 번창하자 순식간에 근로자들의 주거지역으로 탈바꿈하게 된다. 삼화고무가 한창 번성하던 70~80년대의 안창마을 주민 수는 지금보다 3배를 훨씬 넘을 정도로 많았다고 한다.

그리고 일본 유명 배우 '기무라 타쿠야'가 출연한 영화 〈히어로〉의 촬영지로 알려져 세간의 주목을 받기도 하였으며, 안타까운 기억이지만 2004년 이라크 전쟁 당시 피랍되어 살해당한 고(故) 김선일의 고향이기도 한 우여곡절이 많은 산동네다.[4]

2010년 5월 28일 부산대학교 한국민족문화연구소 학술심포지엄에서 안창마을의 공공미술에 관한 내용을 다루었다. 내용을 보면, 공공미술은 건물의 미적 가치를 창출하기 위한 장식(1단계), 공원이나 광장 등 공공장소로 확장(2단계), 도시계획과 함께 가로 시설물로 확장(3단계), 지역민들과 문화 공동체를 형성하는 뉴 장르 공공미술(4단계)이다. 현재는 4단계에 와 있다. 단계에 해당하는 뉴 장르 공공미술은 다시 전문작가 주도로 일시적으로 소집된 공동체, 정주형(定住形) 중심의 자연발생적 협업 공동체와 이 두 가지를 혼합한 형태로 구분된다. 일시적 공동체는 문화체육관광부가 주도한 지난 2006년과 2007년의 '아트인 시티' 등이다. 2007년 부산의 안창마을에서 실행된 '안창고 프로젝트'가 여기에 해당된다고 보고 있다. 종결한다면 전문작가 주도의 공공미술은 주민들의 자발적, 지속적 참여도가 높지 않으므로 시간이 지나 훼손되면 흉물로 바뀌는 큰 단점이 있다는 내용이다.[5] 안창마을의 공공미술이 주민들의 자발성이 없었기에 지속성 없음이 그러하다.

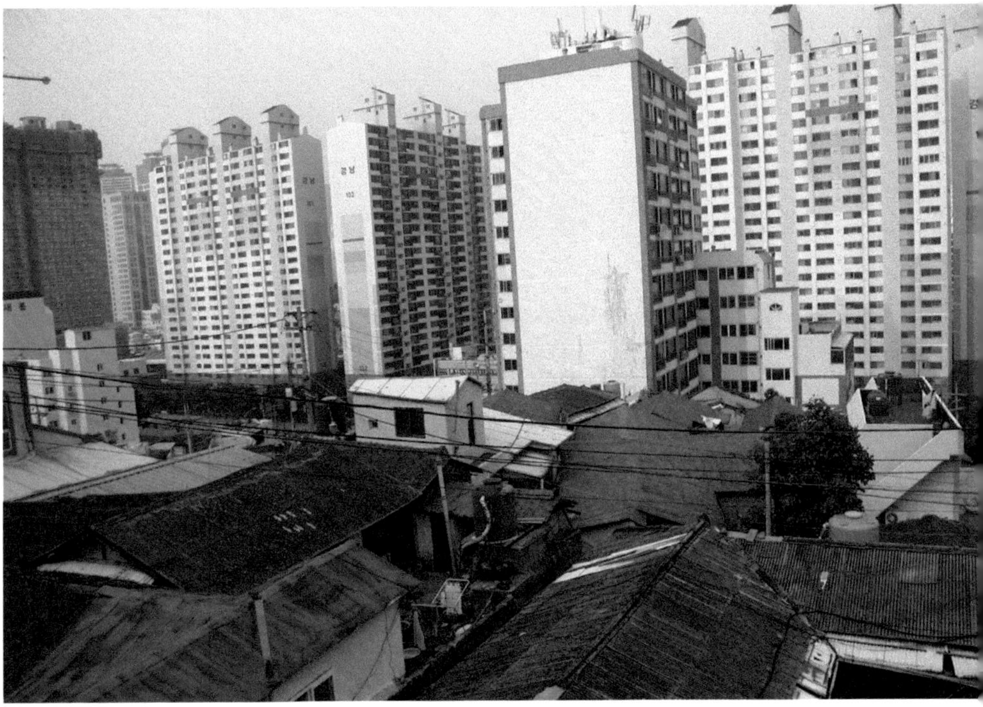

부산시 부산진구 범천동 경남아파트 자리에 옛 60~70년대 산업을 이끌어간 삼화고무공장이 있었다.

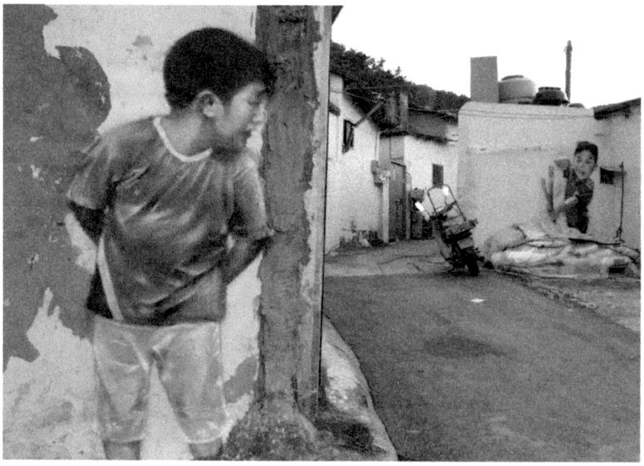

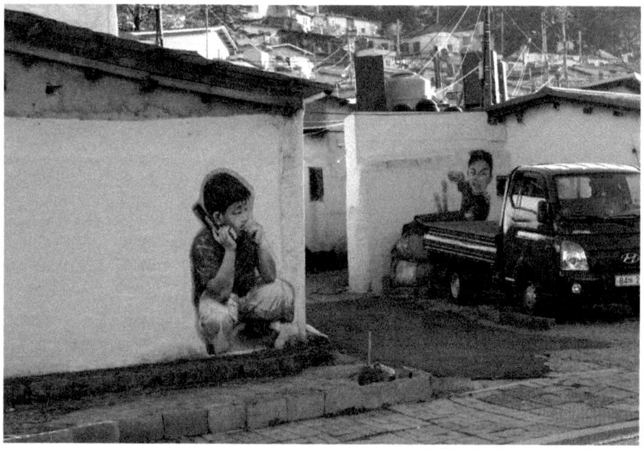

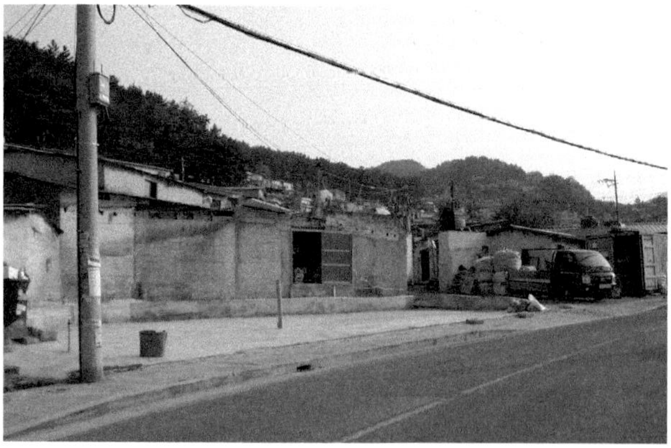

구현주의 '아이들'.
안창마을을 벽화마을로
알려지게 한 그림이다.
시간이 지나 낡아지자(위)
앉아 있는 아이로
보수했다.(가운데) 그러나
장난기 어린 벽화는 벽을
허물면서 사라졌다.
멀리 새총을 겨누고 있는
아이만 트럭과 짐에 가려
있다.(아래)

이곳에 오면 꼭 보고 싶은 벽화가 있다. 사내아이들이 가장 많이 하는 놀이가 총싸움, 새총놀이다. 처음에는 새총을 피해 벽을 기대고 있는 아이와 새총을 겨누고 있는 아이를 그렸다. 새총을 피해 벽에 기댄 아이의 그림이 칠이 벗겨지자 총을 들고 앉아 있는 아이로 바꾸어 보수는 하였지만, 어쨌든 이 아이 덕에 안창고 프로젝트는 많은 성과를 거뒀다고 봐야 한다. 안창마을에 오면 보고 싶은 벽화가 있다는 것이 그 증거다. '오픈스페이스 배'(대표 서상호)를 주축으로 지역 미술가, 동의대 미술학과 학생 등이 주역이었다.

2, 3년이 지나면서 흉물이 되었다는 보도가 나오기 시작했다. 역시 보존의 문제다.

전문가 주도형으로 진행된 공공미술의 문제점이라 할 수 있지만, 공공미술을 통해 가장 덕을 많이 본 사람이 있다면 이곳에 살고 있는 주민이기에 역으로 생각해보면, 지속적으로 관리하고 유지하는 것은 지역민의 몫이기도 하다. 왜냐하면 안창마을은 안창고 프로젝트로 인해 맛있는 오리고기가 많이 판매되었기 때문이다.

2013년, 이 악동들의 장난기를 다시 보기 위해 찾은 안창마을에 총을 든 아이는 없었다. 그려진 벽이 철거되어 아이가 사라진 것이다. 새총으로 위협하는 아이는 쌓아놓은 짐이 일부를 가려 위용도 사라졌다. 마을의 역사를 바탕으로 한 공공미술 재정비사업을 준비 중이라고 하니 2014년이면 다른 모습으로 볼 수 있을 듯하다.

이제 이 마을은 벽화가 아닌 다른 방식으로 활기를 띠기 시작했다. 섬유예술가 김정주의 주도하에 주민들이 염색을 하고 있다. 2012년 부산시 행복마을로 선정되면서 오색빛깔 영롱한 천연염색을 하고 있다. 마을기업으로 도약하고 있다.

장난감 총을 든 아이가 염색하는 어른이 되었나 보다.

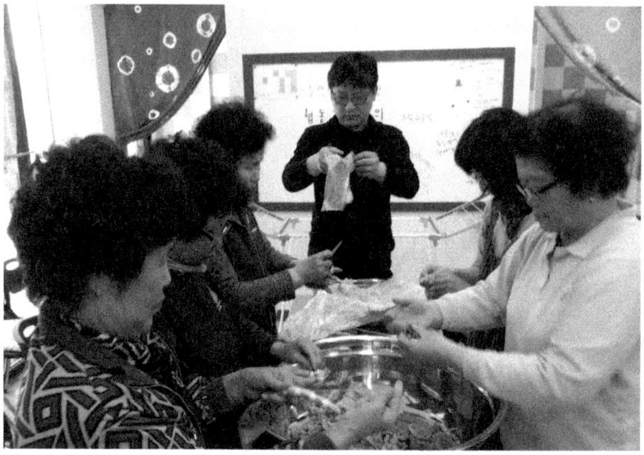

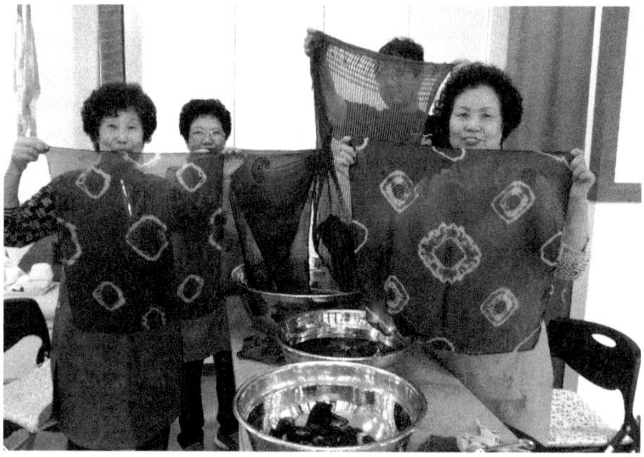

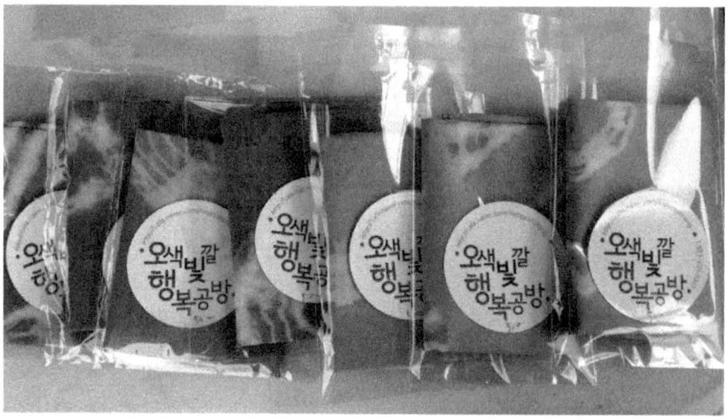

2012년 부산시 행복마을로 선정되어 마을기업 상품으로
섬유예술가 김정주와 함께 염색을 하고 있는 주민들과 상품

남구 문현동 안동네 무덤마을

며칠 전 인터넷 방송으로 영화 〈마더〉를 봤다. 영화관에서 보지 못했던 영화라서가 아니라 부산의 한 달동네가 영화의 촬영지가 되었다는 얘기를 들은지라 더 관심이 갔다.

13~14년 전이다. 부산예술대학교에 강의를 갈 때면 나는 문현동 방향 황령산 아랫자락의 돌산길을 따라 왕래했다. 슬라브로 된 지붕 위 파란 물통이 이색적인 달동네였다. 대학을 다닐 때 판자촌을 그리기 위해 용호동 나병환자 마을을 여러 번 갔던 기억이 난다. 그때는 이곳을 몰랐다. 알았다면 먼 용호동까지 가지 않았을 텐데 하는 생각을 하면서…….

이곳은 행정구역으로는 부산광역시 진구 전포3동 산 65-3번지 일원과 남구 문현동 산23-1번지 일원이다. 진구와 남구의 경계선에 있는 마을이라 할 수 있다. 그래도 진구와 동구의 마을 한가운데 있는 하천의 경계선에 있는 안창마을보다는 괜찮은 동네다. 산등성이의 좌는 남구 문현동, 우는 진구 전포3동이니까. 이곳을 '돌산공원' 또는 '문현 안동네'라 한다. 금융단지가 조성되는 전포동이나 동천에서 보면 큰 바위절벽(산)이 보인다. 바위 아래는 옛 6 · 25 전쟁 시절에 피란민 수용소가 있었던 곳이다. 바위 위에는 남구 현대아파트 방향의 경사진 곳으로 판자촌이 형성되어 있다. 이곳을 문현 안동네라 한다.

처음 벽화를 구경하기 위해 이곳을 찾았다가 깜짝 놀랐다. 불규칙적으로 집을 짓다 보니 집의 빈자리가 골목이 되었다. 이 골목을 따라 구불구불 가다 보면 눈을 의심하게 하는 것이 선명하지는 않지만 보기에 분명 무덤이었다. 대낮임에도 50쯤으로 보이는 중년 사내는

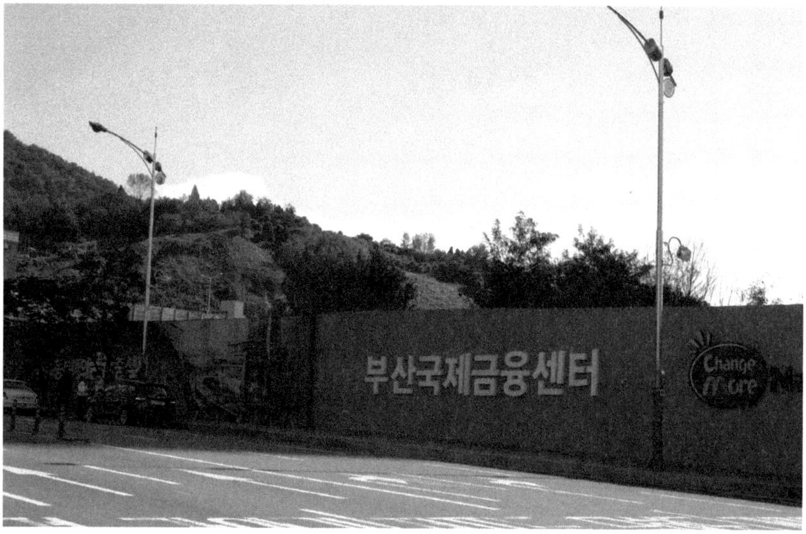

문현동 부산국제금융센터 울타리 뒤로 보이는 언덕이 돌산공원이다.

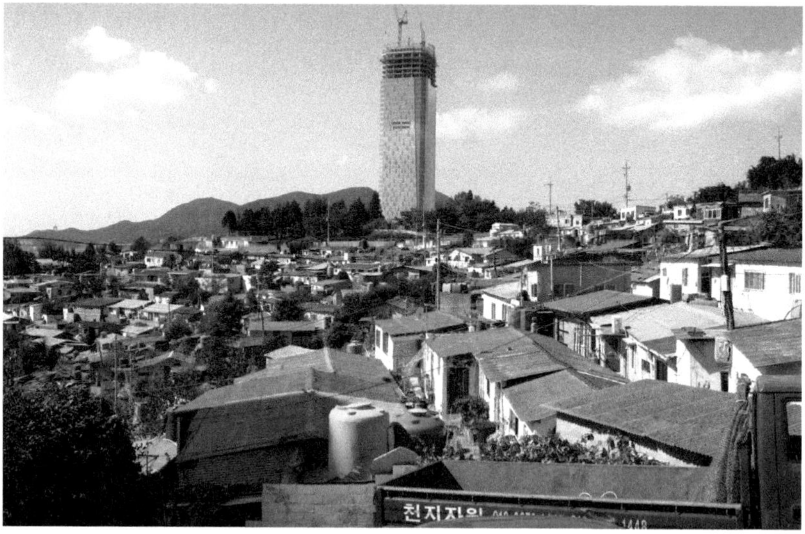

문현 안동네의 슬라브 지붕 위로 문현동 금융단지의 건물이 왠지 위압감을 조성한다.

만취가 되어 있다. 카메라를 들고 벽화에 관심을 보이며 사진을 찍는 나와 정부에 대한 무한한 관심으로, 개와 강아지를 비유하여 나를 따라다니면서 연거푸 일방적 토의를 하다가 무덤 위에서 수면을 취하던 주민이 생각난다.

1986년 아시안게임, 1988년 올림픽 때가 부산은 최고 호경기였다. 그러나 이때 이 무덤 위에 마을이 생기기 시작했다. 외지에서 부산으로 유입한 사람이나 사업 실패로 비라도 피하기 위한 사람들이 임시 방편으로 무덤 위에 판자를 얼기설기 엮어 집을 지은 것이 1980년대 중반부터다. 현재 260여 채가 있다. 무허가 주택인데, 철거가 없을 리 만무하다. 28회나 집을 철거당한 이도 있다고 한다.

이곳은 공동묘지였다. 무덤 80기와 함께 죽은 이와 산 사람이 공간을 공유한다. 난처한 것은 가족과 자손들이 해마다 성묘하러 찾아오는 무덤들이라는 것이다.

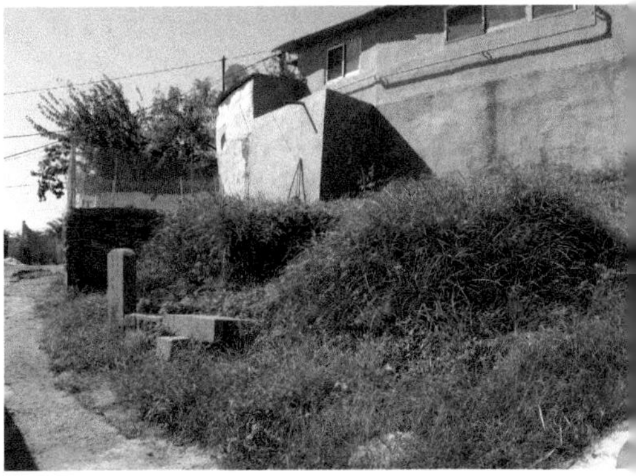

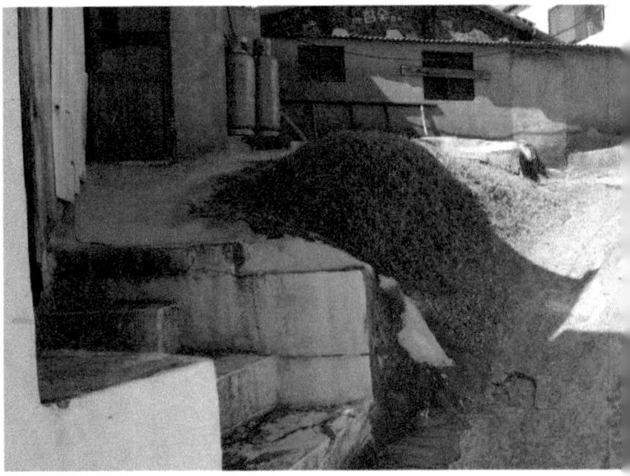

〈부산일보〉 최학림 기자도 '근현대 부산 엿보기'에서 "부산의 '아미동 비석마을'은 한국전쟁 피란민들이 일제 강점기에 형성된 일본인들의 공동묘지를 헐고 비석을 건축자재 삼아 형성한 마을로 현재 이곳에 무덤은 남아 있지 않다. 그러나 문현동 안동네는 묘지가 그대로 남아 있다"[6]라고 생과 사의 공유공간에 관한 씁쓸한 얘기를 했다.

이 마을에 전기가 들어온 것은 1996년, 상수도가 놓인 것은 2002년이라는 사실도 놀랍다. 수도와 전기를 공급하지 않으면 판잣집이 들어서는 것을 막을 수 있다고 여긴 것이다.

이 마을에는 1998년 IMF 경제위기 직후 부산진구의 실업대책반이 공공근로 사업의 일환으로 주도하여 조성한 돌산공원이 있다. 그러나 일회성 사업으로 조성된 공원이다 보니 지속적인 관리가 이루어지지 않은 채 방치되고 폐기물이나 폐자재가 쌓여갔다. 마을 주민들조차 이곳에 쓰레기를 갖다 버리는 등 공원의 모습을 점차 잃어가고 있었다.[7] 그러던 이곳에 벽화가 세상의 관심 속에 마을을 새롭게 그려낸 것이다. 2008년 400만 원의 예산으로 시민, 학생 등 약 300명의 자원봉사자가 모여 시작한 벽화 그리기였다. 47점을 그렸다. '벽화마을'은 2008 대한민국 공공디자인대상 '주거환경부문 최우수상'을 수상하면서 명소로 떠올랐다.

이 마을은 다시 2009년 국토해양부의 '살고 싶은 도시 만들기' 시범사업에 당선돼 '돌산공원 가꾸기 사업'을 진행, 2011년 5월에 완공했다. 신라대학교 예술대학 학생들이 소, 새집 등의 모습을 형상화한 조소작품 10여 점을 공원에 기증하며 예술학도들의 정(情)도 더해졌다. 문현동 안동네는 부산에서 가장 늦게 형성된 산동네였지만 대표적 산동네의 하나로 회자되고 있다. 마을의 큰길 건너편에는 영화 〈친구〉의 배경이 된 꼼장어 가게들이 있다. 벽화마을로 유명해진 2008년, 2009년은 꼼장어와 소주가 잘 팔렸다고 한다.

벽화도 볼 겸 마을 만들기 사업에 관한 제안도 할 겸 해서 2012년 이곳을 찾았을 때, 벽화는 대부분 색이 바래 있었고, 재개발 대상지로 선정되었다고 했다. 주민들은 개발에 기대가 가득한 듯했다.

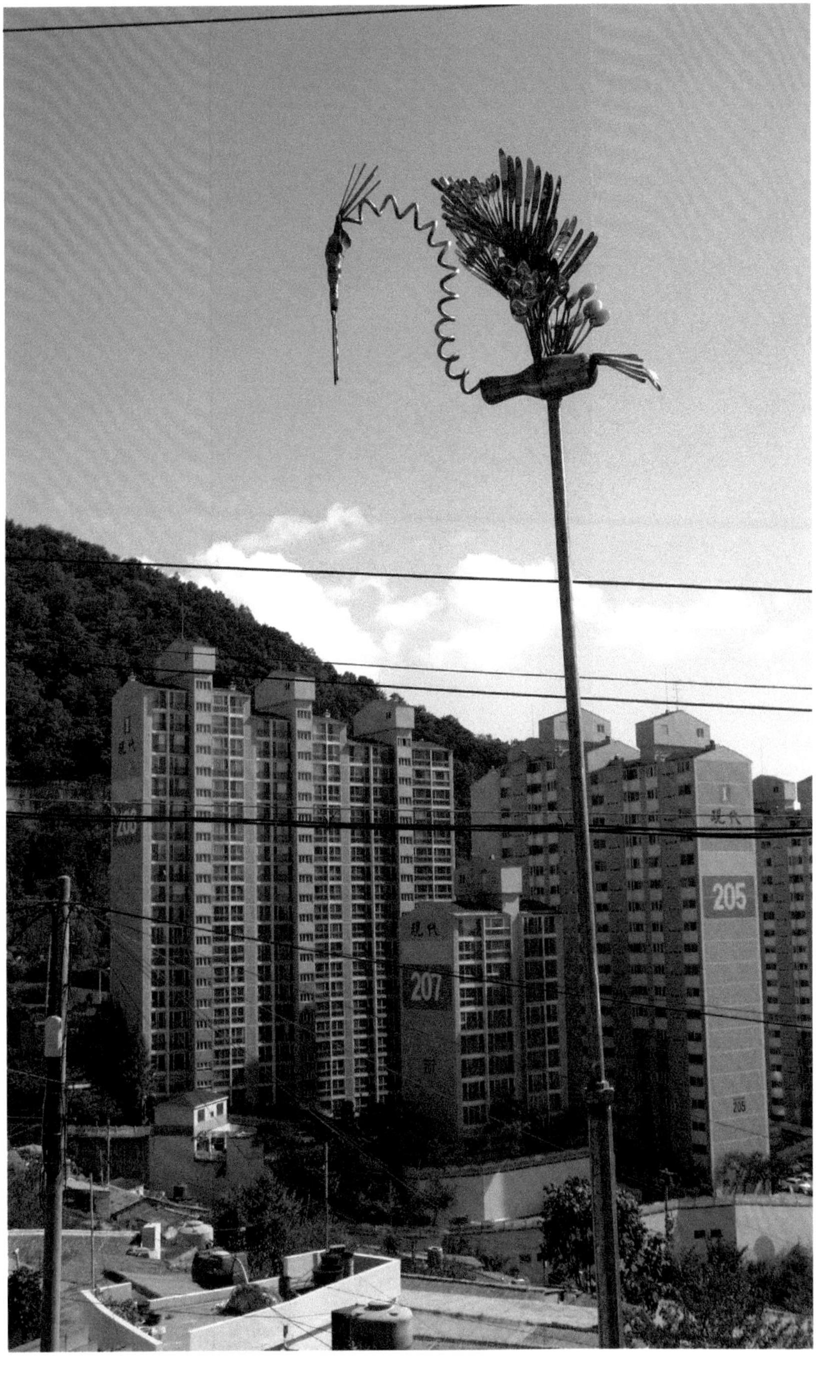
現代
207
205

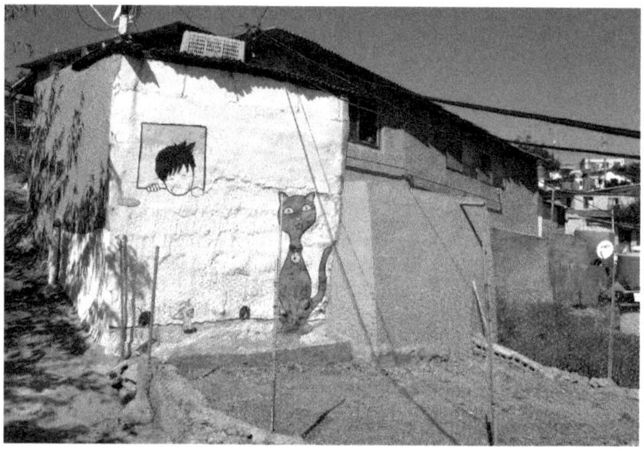

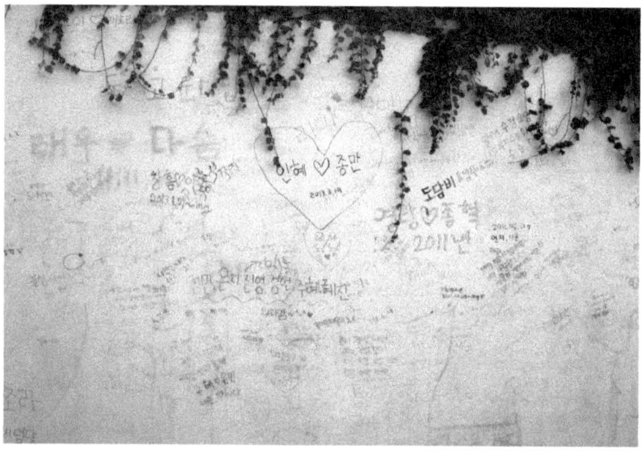

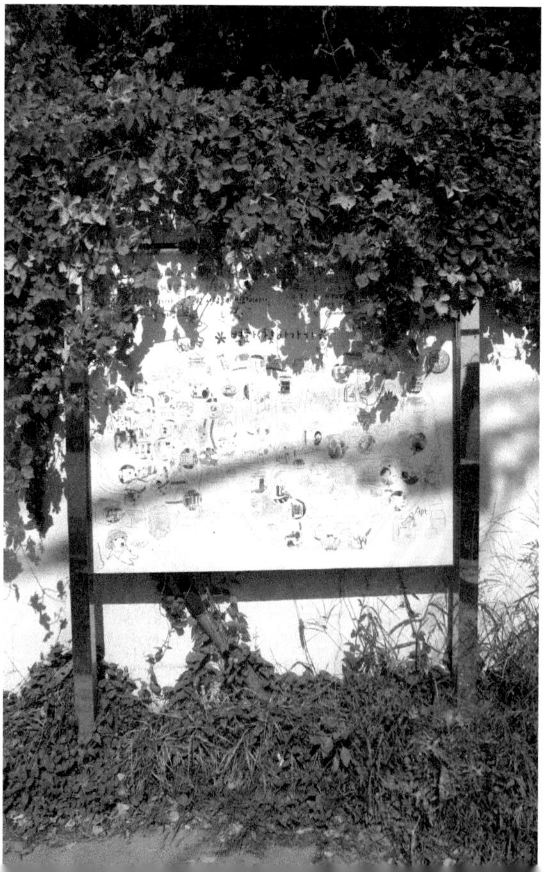

관람객의 낙서와 낡은
안내판이 벽화마을의 유명세와
오래된 세월을 말해준다.

물만골, 물이 많은 골짜기라 붙여진 이름이다. 황령산 두산가락 쪽에서 내려오는 골짜기의 물이 가뭄에도 마르지 않을 정도로 수량이 풍부하다 하여 물만골이라 하였다. 물만골은 6·25 전쟁 무렵부터 주민 거주가 시작하여 1964년 초량동 부두지구 철거민 대량이주로 본격적으로 들어선 마을이다. 1991년은 대대적인 철거반원이 투입되어 부산·울산 지역 학생운동 중심으로 철거 저지운동에 들어가자 약 10여 일에 걸친 대치 끝에 철거작업이 철회된 지역이기도 한다. 주민들은 의기투합하여 1991년 물만골 공동체를 구성하였다. 가구당 매달 10만여 원의 기금을 모아 주변 지역 토지 구매 사업을 진행하여 1999년에는 3,500평의 토지를 공동지분으로 구입한 대표적인 부산의 공동체 지역이다.[8]

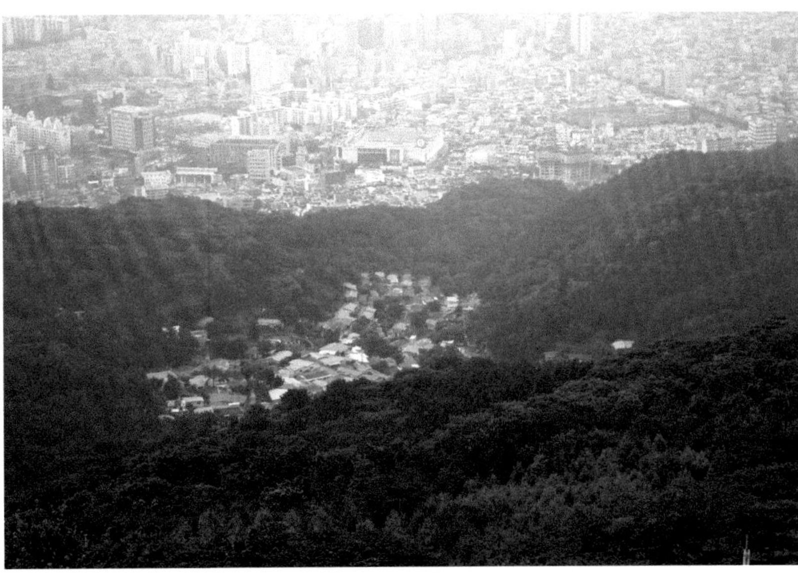

황령산에서 본 물만골 마을. 산으로 둘러싸인 마을이 물만골 마을이다.

이런 연혁으로 보아 물만골은 잘 구성된 공동체, 살기 좋은 마을처럼 보인다. 그러나 말로만 듣던 물만골을 가보니 부산의 오지였다. 여느 지역이든 이런 낙후지역은 노후화된 환경, 시설물들이 있듯, 이곳 역시 그러한 곳이었기 때문이다.

〈1번가의 기적〉이라는 영화를 본 적이 있는 사람들은 이 영화의 배경이 이곳 물만골이라는 것을 알 것이다. 윤제균 감독의 2007년 작으로 임창정, 하지원 주연이다. 낙후지역에 살고 있는 철거민들의 애환을 담고 있는 내용이다. 문제는 영화가 상영된 이후다. 이 마을은 도시 안의 생태공동체를 지향하는 마을로 '주민참여, 주민 자치'라는 공동체의 기본 정신이 강한 마을이다. 무허가촌 철거투쟁 과정에서 주민들이 부지를 공동 매입하면서 생태 공동체로 거듭나 전국적으로 화제가 된 마을이기 때문이다. 영화촬영은 마을의 이름을 보다 널리 알리는 매체로 작용했다. 그러나 정작 그 마을의 공동체는 돌이킬 수 없는 상처를 입었고, 공동체 해체의 결정타가 되었다.

『부산의 산동네』에 따르면, 영화제작자는 물만골에 숙소를 잡고 매일같이 모든 집을 돌아다니며 설득잡업을 했고, 결국 두 달 만에 허가를 얻었다고 한다. 그러나 물만골 주민들은 2006년 영화촬영용 크레인이 등장하면서 알게 되었고, 그 연유를 묻자, 마을 위원장과 상의하여 진행되었다고 한다. 마을 공동체와 상의 없이 진행되었던 것이 문제가 되었고, 동시에 마을 공동체에 불협화음이 생기기 시작했다. 영화촬영에 대한 보상은 3,000만 원과 촬영 시에 사용된 컨테이너 박스 한 개를 마을에 남겨 놓는 조건이었다. 결국 이 보상은 2007년에 마을에 주소지를 둔 각 가정에 10만 원씩 분배되었고, 마을의 기존 공동체는 해체되었다. 이 영화를 찍은 감독의 의도는 산동네 사람들의 기적과 같은 희망을 끄집어내고자 하는 것이었으나 그 영화를 찍은 마을은 그 영화

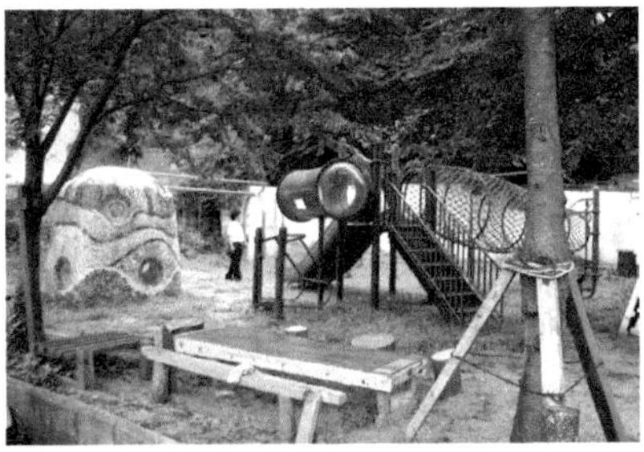

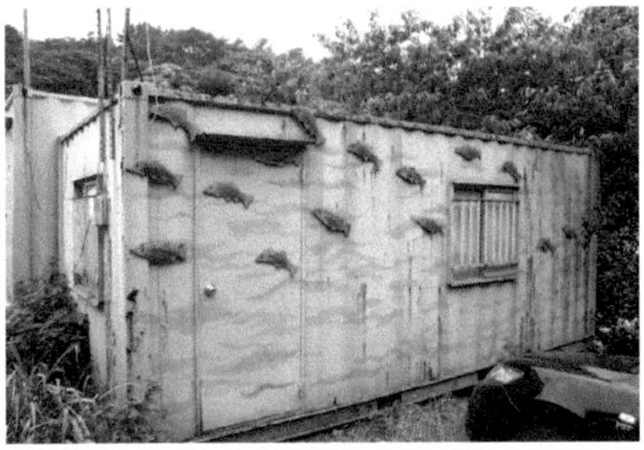

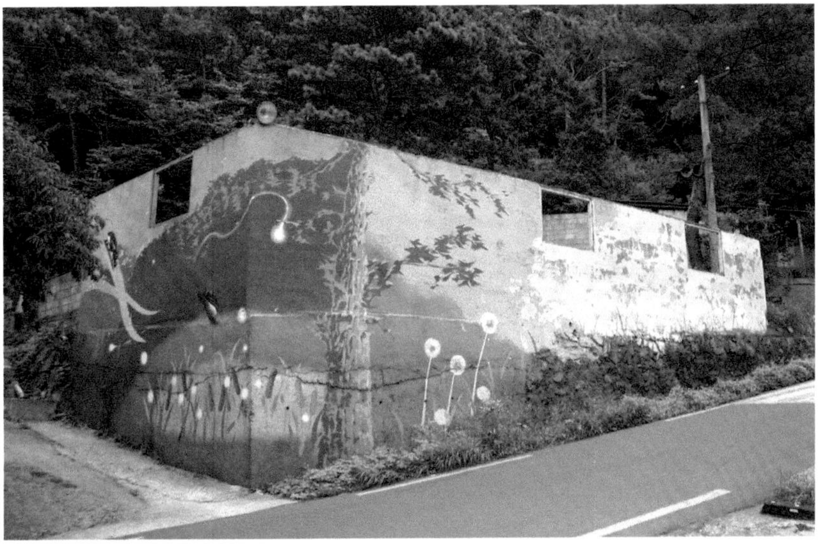

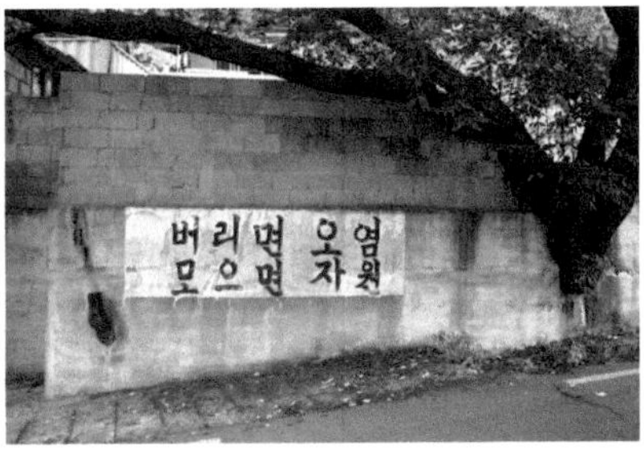

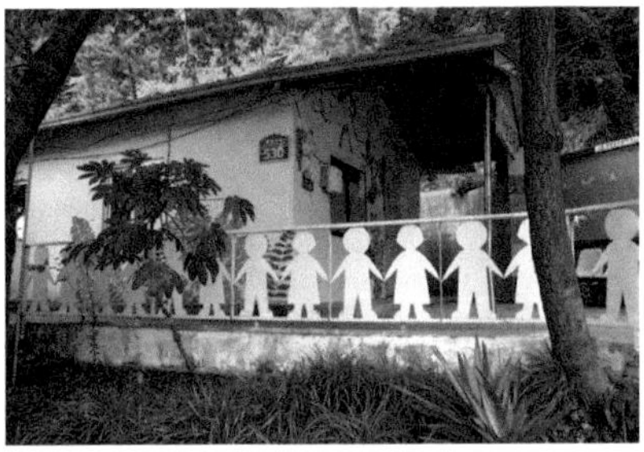

아이들이 없는 놀이터, 지붕 없는 공부방 벽화, 울타리 등의 공공미술이 쓸쓸한 기분이 든다. '버리면 오염, 모으면 자원'이라는 표어가 마치 근대의 공간에 와 있는 듯하다.

로 인해 완전히 공동체가 와해되는 비운이 되었다.[9]

2007년 어수선한 시기에 생활공간을 공공미술로 가꾸는 사업인 'Art in City'가 이곳 물만골에서 진행되었다. 미술을 통한 생활공간 재생은 쉬운 일이 아니었다. 사람들은 의심의 눈초리를 보내며 공공미술사업보다는 노후된 도로나 주택 정비가 이곳에 살고 있는 이에게는 이익이 되리라 믿었다. 작업에 참여한 김영준은 오히려 미술을 활용한 마을 놀이터의 놀이기구, 울타리 만들기, 의료 시설용 컨테이너 벽화 제작, 시멘트 가옥 타일식 벽화 제작, 마을 이정표 등의 설치가 쉬운 일이라고 했다. 주민들의 시각을 바꾸고 공공자금으로 개인 소유물을 수리, 복원하는 일에 사용할 수 없음을 고지시키기가 더 어려웠다는 것이다.

공공미술이 완성된 후 환경정비 차원으로 마을은 새로운 활기를 띠는 것으로 보였다. 놀이터를 만들고 공부방을 재정비하였지만, 영화 〈1번가의 기적〉 상영 이후 아이들에게까지 낙후지역이라 소문난 탓인지 아이들은 부모와 함께 이곳을 떠나고 있었다.

2013년 여름. 물만골 놀이터는 잡초만 무성히 자라고, 바람개비는 탈색된 벽화와 함께 먼 도시를 보며 혼자서 돌아가고 있다.

3 산복도로, 장소특징의 부활

사하구 감천동 문화마을

부산 사하구 감천2동 산복도로 일대는 '한국의 산토리니' 또는 '레고마을'이라 불린다. 이곳은 천마산과 옥녀봉 사이에 자리하여 가파른 산허리에 계단식으로 형성되어 있다. 낮은 집들이 다닥다닥 붙어 있는 모습이 그리스의 산토리니를 닮았고, 형형색색의 파스텔 톤 상자 모양 집들이 층층이 깔려 있는 모습이 마치 레고를 닮았다. 산동네 마을의 공통점은 경사가 급하다는 것이다. 그러다 보니 차가 하늘을 향해 달리는 듯한 착각이 들기도 하다.

6·25 전쟁 당시 피란민들과 태극을 받들며 도를 닦는 신흥종교인 태극도를 믿는 사람들이 마을을 형성하면서 태극도 마을로도 불린다. 지금까지 판잣집에서 슬라브로 바뀐 주택양식의 변경을 빼고 나면 초기의 원형을 그대로 보존하고 있는 지역이다. 경제적으로 어렵지만 이웃 간에 정이 많고 다른 동네에 비해 공동체 의식이 각별한 마을이다. 하지만 이 마을 또한 10년 전부터 젊은이들이 외지로 빠져나가기 시작하면서, 당시 주민이 3만 명에 달할 정도로 큰 마을이 현재는 1만 명 정도로 줄었다. 빈집이 170여 채를 넘고, 노인 비율이 높으며, 동네 분위기는 침체되어갔다.[10]

위기에 처한 산동네를 살리기 위한 문화전략이라고 해야 할까. 부산에서도 상대적으로 문화의 혜택을 받지 못한 이 지역에 마을미술 프로젝트 추진위원회 및 (사)한국미술협회가 공동 주관한 '생활공간

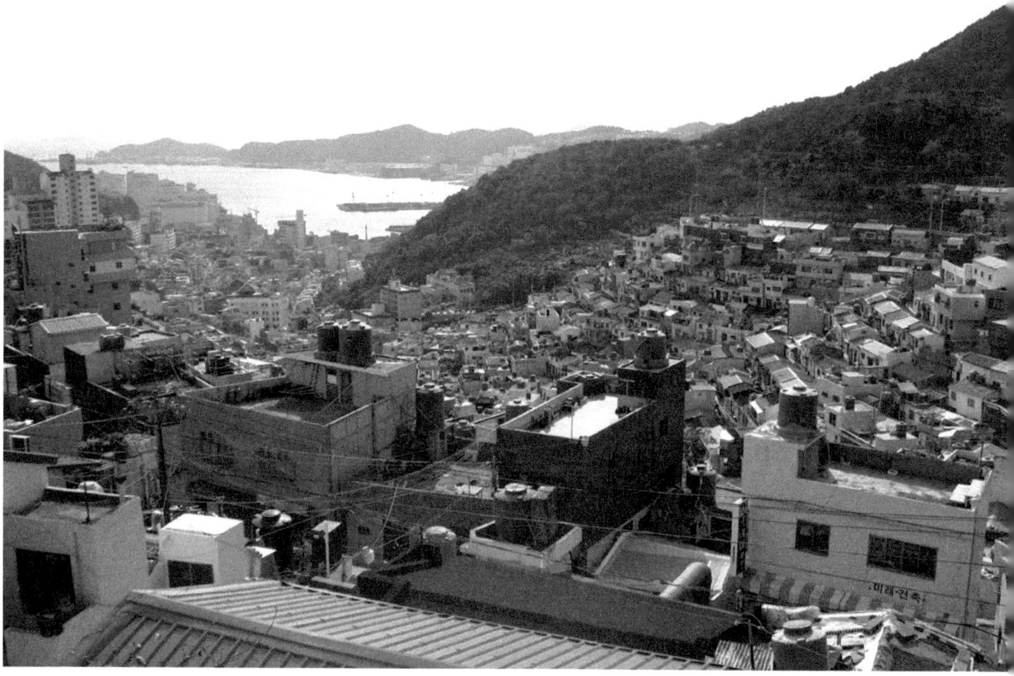

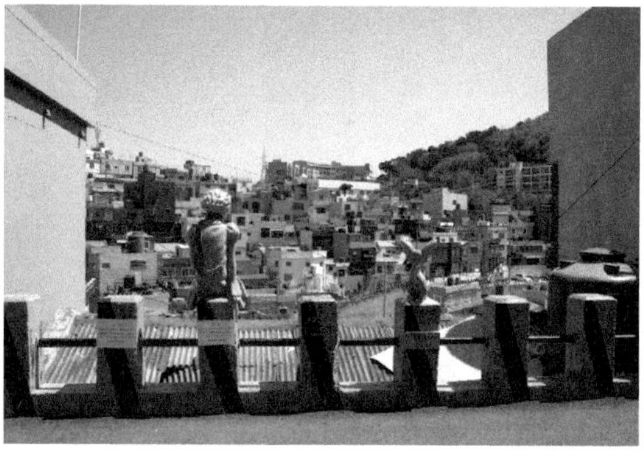

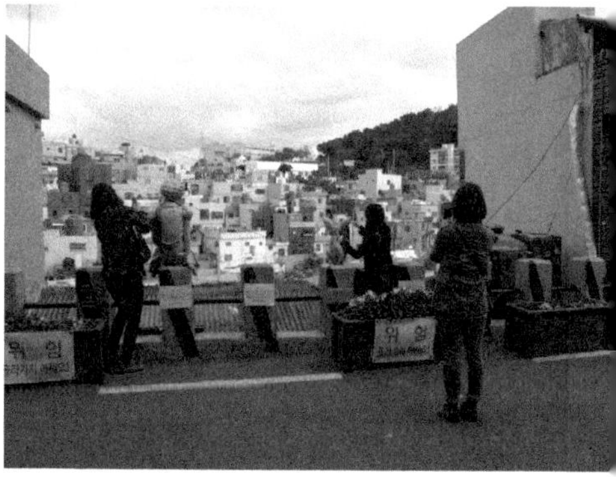

어린왕자도 마을을 내려다보는 마을의 조망은 한국의 산토리니다.

공공미술로 가꾸기 사업-2009 마을미술 프로젝트' 중 '길섶 미술로(路) 꾸미기' 공모사업에 선정되면서부터 문화의 바람이 불기 시작했다. 문화체육관광부 주최 2010 콘텐츠융합형 관광협력사업 공모 당선작(사하구청 주최)-'꿈을 꾸는 부산 맞추픽추', '2012 마을미술프로젝트 공모사업 기쁨 두 배 프로젝트' 공모사업에 연이어 선정되면서 미술작가들에게는 다양한 창작 활동의 기회를 제공하는 한편 지역 주민과 문화 소외계층이 일상 생활공간 속에서 미술을 가깝게 즐길 수 있도록 추진되는 '예술 뉴딜 프로젝트'의 하나가 되었다.

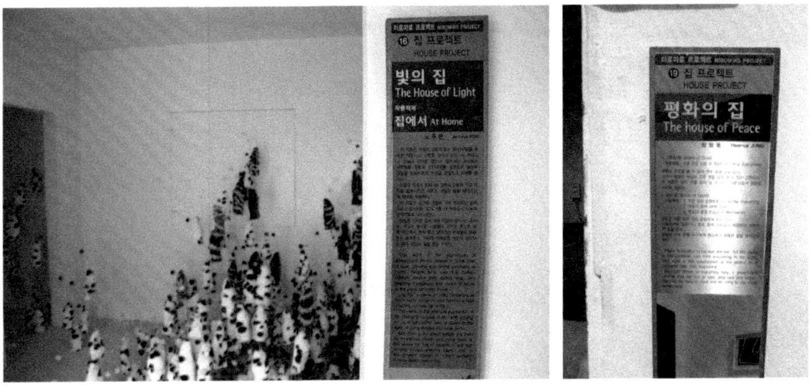

빛의 집, 평화의 집, 어둠의 집 등 빈집을 이용한 빈집 프로젝트를 진행했다.

이 프로젝트들을 통해 계단식 산복도로에 흩어진 빈집을 예술창작실과 북카페와 같은 문화공간으로 바꾸거나 마을 곳곳에 조형물과 예술작품을 설치해 보물을 찾듯 골목길을 즐길 수 있는 공간으로 변신하게 되었다. 감천2동이 산복도로, 달동네에서 '문화마을'로 바뀌게 된 것이다.

현재 이곳은 지난 2012년 한 해 동안 감천문화마을에 9만 8천 384명의 관광객이 다녀갔다. 이는 2011년 2만 5천 명에 비해 무려 4

배 가까이 증가한 수치다. 감천문화마을 주민들은 봉사단, 사업단, 기자단으로 구성된 감천문화마을주민협의회에 참여해 마을 운영에 적극적으로 참여하고 있기 때문에 가능하리라 본다. 봉사단은 당번을 정해 주말마다 관광객 안내, 주차 등을 담당하고, 사업단은 '감내카페'와 같은 사회적 기업을 꾸려나가고 있다. 기자단은 마을신문을 만들어 마을홍보에 적극 나서고 있다. 사하구청 역시 주민들의 일자리 창출을 위해 감내 카페 운영과 먹거리 판매, 특산품 개발에 지원했다. 또 천덕수 옛 우물을 복원하고 생활박물관 1개와 작은 미술관 4개를 조성해 문화마을의 가치를 높였다. 그 결과 2012 아시아도시경관상, 2012 도시브랜드 대상을 받기도 했다.[11]

공공미술과 문화콘텐츠 연계 프로그램으로 감천고개가 문화소외지에서 문화중심지로 거듭난 것은 예술인, 마을 주민, 관할 구청이 손발을 맞춰 함께 같은 방향으로 향하고 있기 때문이다. 여느 곳 할 것이 감천2동 문화마을같이 공공미술을 통한 마을재생은 쉬운 일이 아니다. 이 마을의 문화전략에 중추적인 역할을 담당한 진영섭(아트팩토리 인 다대포 대표)은 사업을 진행하는 과정에서 가장 힘든 것이 주민들의 심한 간섭이었지만, 이제는 주민 대다수가 마을의 변화에 대해 긍정적으로 받아들이고 적극적으로 참여하고 있어 기쁘다고 했다.

김정초등학교 맞은편 감천 문화마을 주 진입로에 도착하면 아트샵이 나온다. 이 샵에서는 문화마을 팸플릿과 주민들이 만든 기념품도 살 수 있다. 그리고 마을의 구석구석 숨겨진 미술품을 보다 보면 스탬프를 찍어주는 곳이 있고, 관광객이 스탬프를 모두 찍어 오면 마을 정상에 있는 '하늘마루'에서 엽서 두 개 혹은 사진 한 장을 뽑아준다. 팸플릿을 사게 되니 마을에 도움을 주어 좋고 마을 구경을 하고 나면 엽서를 가지게 되니 또 한 번 좋다.

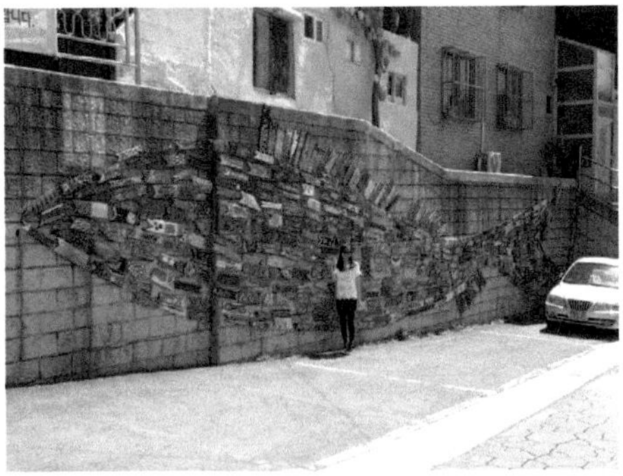

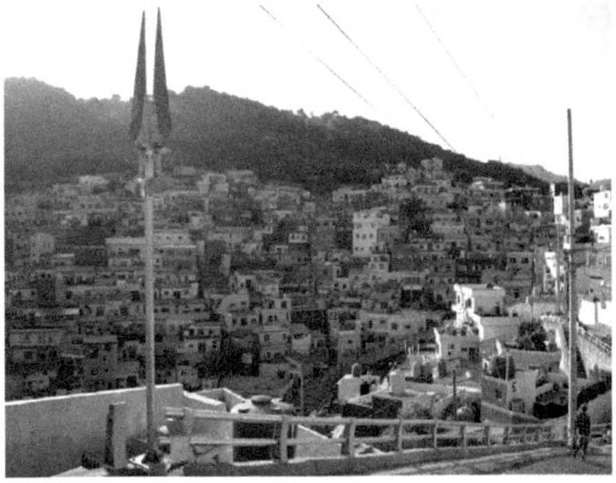

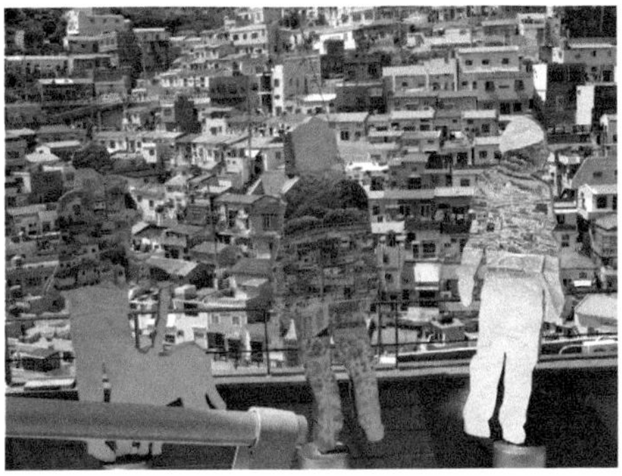

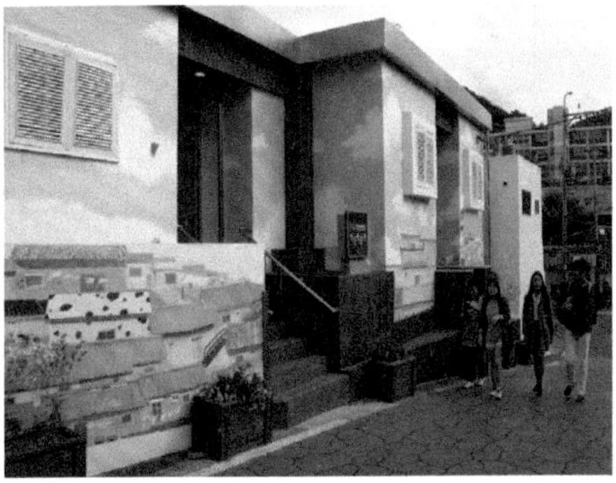

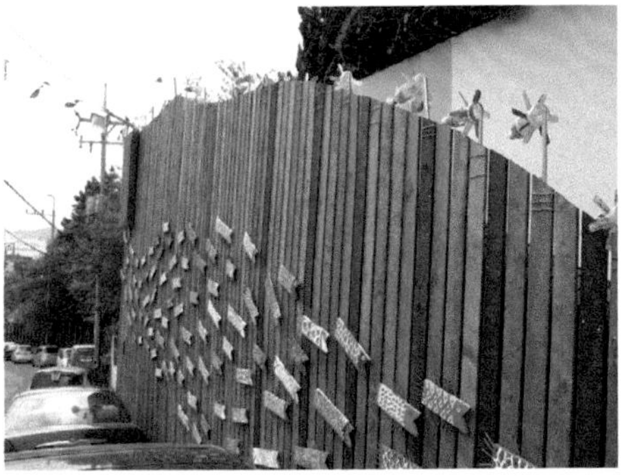

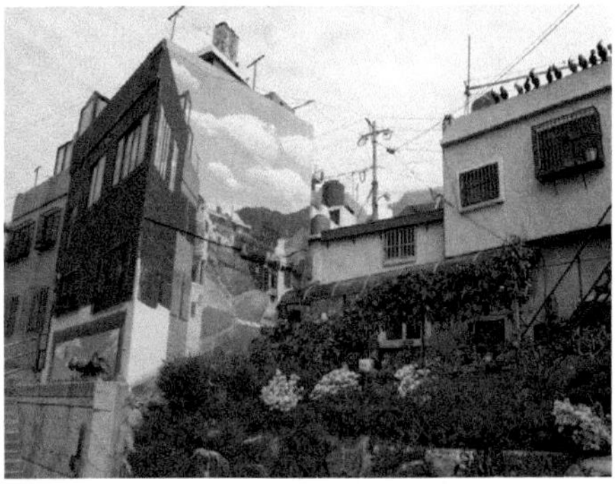

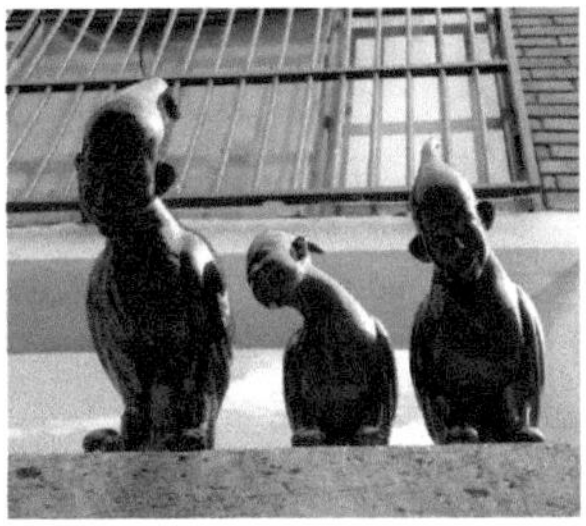

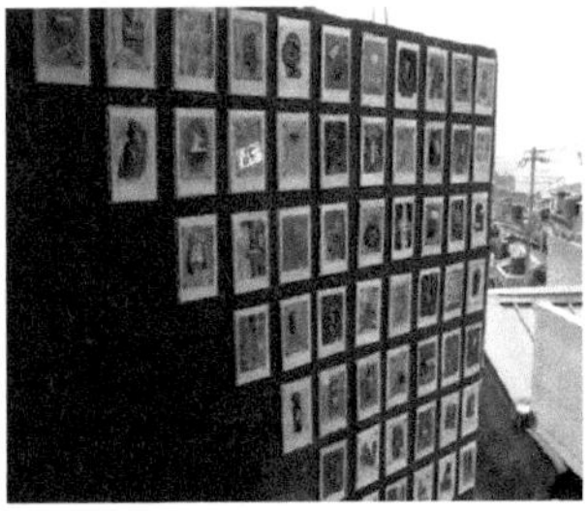

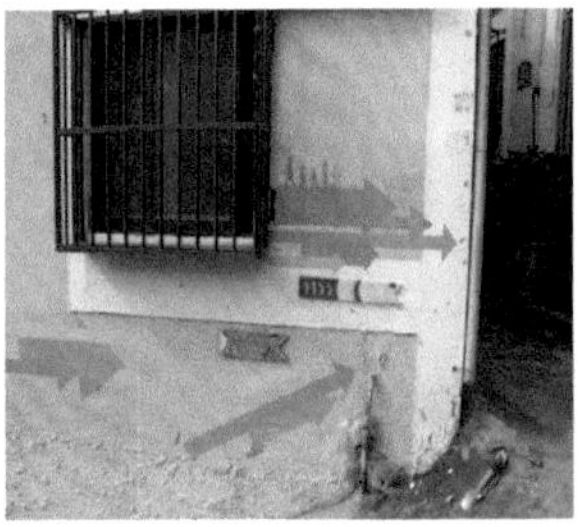

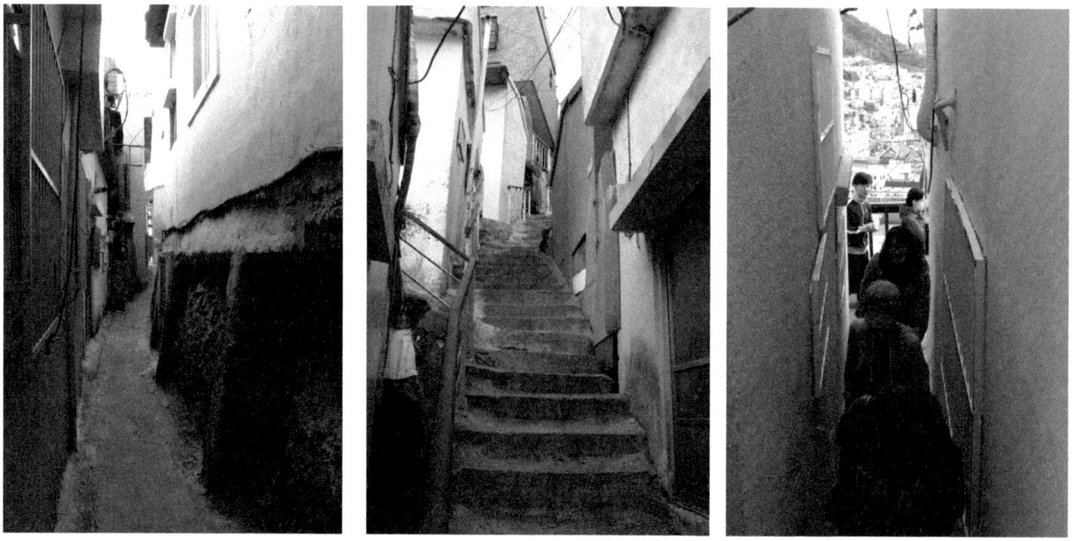

좁은 골목과 계단은 감천동 문화마을의 장소적 특징이다.

지난 2012년 크리스마스에는 1천 200여 명이 감천문화마을에 방문해 일일 최다 기록을 세웠다. 많고 많은 산동네 중에도 이곳이 특히 주목받는 이유는 장소의 특성이다. 이는 1957년 주민들이 자체적으로 도시계획을 추진하면서 세운 두 가지 원칙 '모든 길은 통해야 한다'와 '뒷집의 조망권을 막지 말자'가 근간이 돼 지금의 사통팔달의 길과 계단식 집단주택 양식을 취하게 된 것과도 무관하지 않다. 'U'자형 마을의 지형, 멀리 보이는 다대포 바다의 풍경 등 감천2동이라는 '장소성'이 주는 참신함과 마을주민들의 반응이 호의적이었다는 점이 많은 사람들이 찾아오는 긍정적인 요인으로 보인다.

부산의 명물 중 하나는 산복도로(山腹道路)다. 국어사전엔 '산의 중턱을 깎아 만든 도로'라고 명시되어 있다. 산비탈이나 산허리를 지나는 도로란 뜻인데, 평지가 작고 산이 많은 부산의 지형이 만들어 낸 길이다. 그래서 산복도로는 부산에선 보통명사로 쓰인다. 일제강점기 부산항에서 일하던 노역자와 한국전쟁 때 피란민들이 산중턱과 꼭대기로 몰리면서 형성됐다. 개항 이후 부산의 원형을 간직한 산복도로는 장소성과 역사성을 압축해 드러내는 상징이다. 그래서 부산의 산복도로는 도시민 모두에게 인지되는 곳으로서 장소성을 가진다. 도시에서 장소성을 가진 공간은 그것을 느끼는 사람들 공통의 정체성을 형성시키고 장소에 대한 기억을 만들면서 장소와 관계된 과거와 현재, 사람과 사람을 연결시키는 기능을 한다.

부산시 수정동 산복도로에서 내려다본 모습. 멀리 북항대교와 감만부두가 보인다.

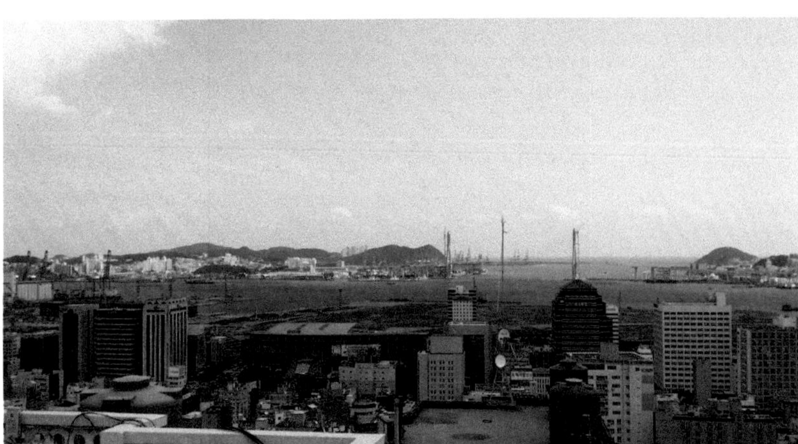

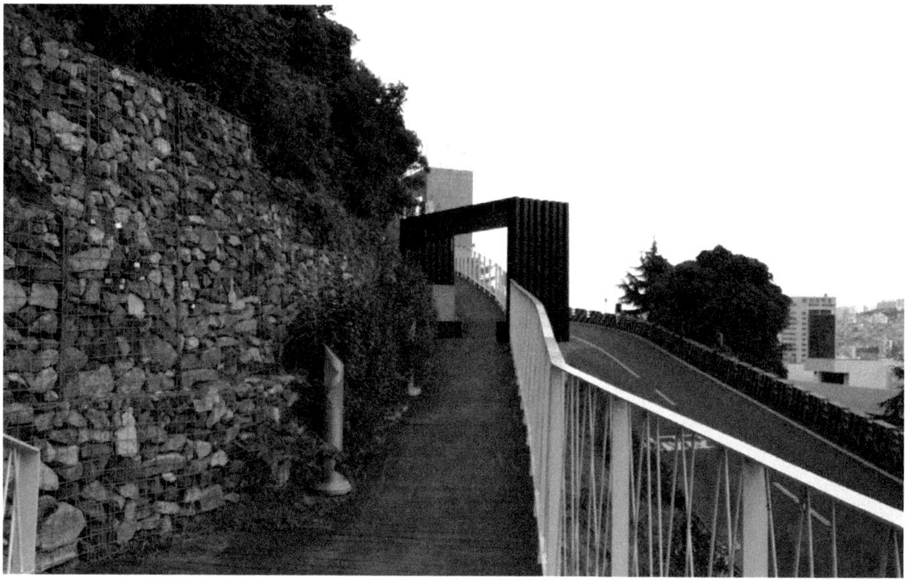

신복도로 전망대. 현 위치에서 본 옛 모습을 영상으로 보여주고 있어
과거와 현재의 부산 모습을 비교하며 풍경을 즐길 수 있다.

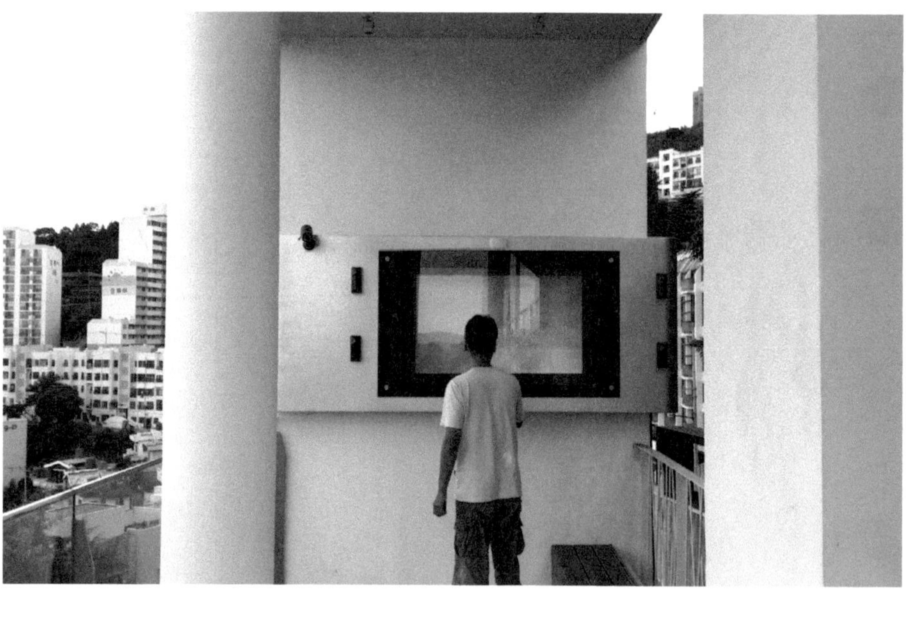

말 그대로 부산의 산동네는 전쟁피란민과 산업화, 도시화에 의해 외지로부터 이주한 가난한 서민들의 일차적 주거 공간의 전형이 된다. 산동네는 평지의 도심지와 달리 하늘의 달을 가장 손쉽게 접할 수 있다고 하여 '달동네'라고 부르기도 하고 더러는 '하늘마을'이라고도 했다. 그리고 '달동네'나 '하늘마을'로 표현되는 이 말 속에는 고향을 떠나 도시 변방에 머물러 있어야 하는 가난한 산동네 사람들의 남다른 애환과 꿈이 서려 있는 것이다.[12]

부산의 산복도로. 이 '달동네', '하늘마을'에서 내려다보는 부산의 풍경은 한마디로 장관이다. 그래서 부산시에서는 최근에 '산복도로 1번지-도시는 골목길이다' 프로젝트가 시작되는 지점에 전망대를 만들어 굽이친 마을과 바다를 내려다보게 만들었다.

'산복도로 1번지'는 부산시의 '2009 문화예술활동 지원사업'에 선정, 서상호(오픈스페이스 배 대표)가 2009년 10월부터 2010년 4월까지, 2억 원의 예산지원으로 추진하였다. 부산 동구 초량동 망양로 산복도로 일대 3.1km 구간에서 만날 수 있는 공공미술 프로젝트다. 서상호는 안창마을의 '안창고 프로젝트', 부산 동구 수정동에 있는 부산종합사회복지관 일대의 '수정동 프로젝트' 등을 진행한 부산 공공미술의 선두주자다.

현재 부산시에서 추진하고 있는 산복도로 르네상스도 이 공공미술의 영향이 아닐까 하는 생각을 할 만큼 연이어 진행했다. 아무튼 나는 2010년 이후 이곳에 관심을 가지고 다시 찾았다. 도중에 차를 타고 몇 번은 지나갔지만, 사실 유심히 보지 않았다.

신문 등 언론에 보도된 프로젝트 중 눈길을 확 끈 것은 구헌주 작가의 그래피티 작업이다. 부산컴퓨터과학고등학교 옥상 2곳 벽면에 맨몸으로 도시 건물 · 벽을 오르거나 뛰어넘는 '야마카시'를 하는 청년의 모습을 역동적으로 담았다. 항구와 산악 지형, 층층 건물과 계단이라는 공간성과 지역성을 한껏 살린 매력적인 인물벽화였다. 그리고 '금수산길'에서 초량6동 주민센터로 내려가는 삼거리 벽면에는 산복도로 주민의 일상 이야기를 담은 심점환 작가의 대형 벽화와 정만영 작가가 부산항의 소리를 녹음해 들려주는 공중전화 박스 '1번지의 소리들', 허수빈 작가의 태양열과 LED를 활용한 라이팅 아트 등이 있다. 그 외에 꽃게 모양의 의자, 버스 정류장의 '사랑해요' 등이 기억난다.

3년이 지난 지금 다시 찾은 산복도로의 공공미술 프로젝트는 사실 눈에 잘 들어오지 않았다. 요즘 공공미술이 워낙 많아서 그럴까? 내 눈에 익숙해서 그럴까? 오래되고 낡고 녹이 슨 작품이 보여서 그럴까? 등등 머릿속에서 많은 생각들이 돌아다닌다. 아마 이 모든 것이 다 답일 것이라고 결론을 내렸다. 주목을 받았던 구현주 작가의 그래피티 작업은 물탱크의 이물질과 섞여 보수가 필요했고, 심점환의 옹벽화는 보존이 잘되었지만, 시간은 초월할 수 없나 보다. 담쟁이 넝쿨이 벽화를 가리기 시작했다. 녹이 핀 조형물 역시 시간에는

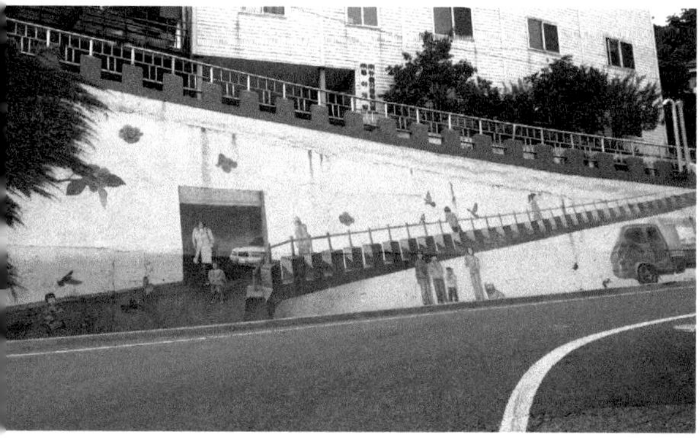

심점환의 대형 벽화 '양지'

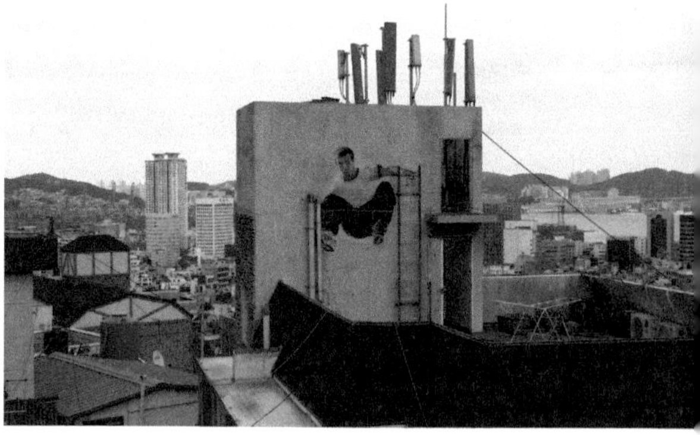

구현주의 그래피티 작업

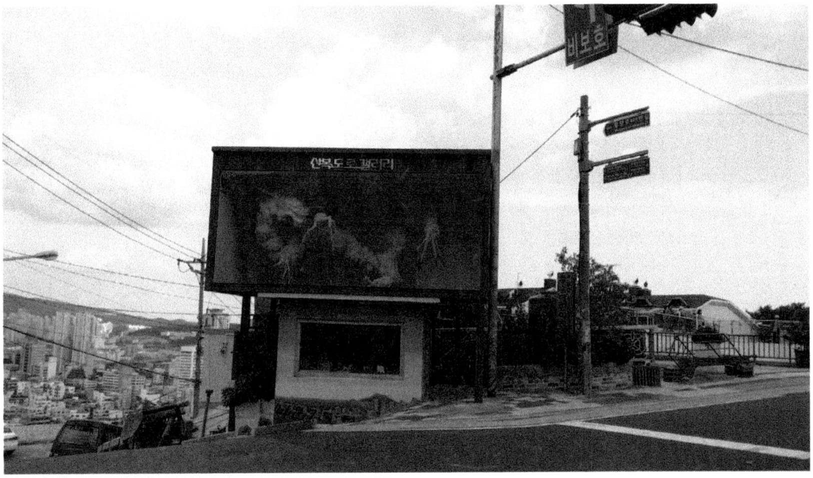

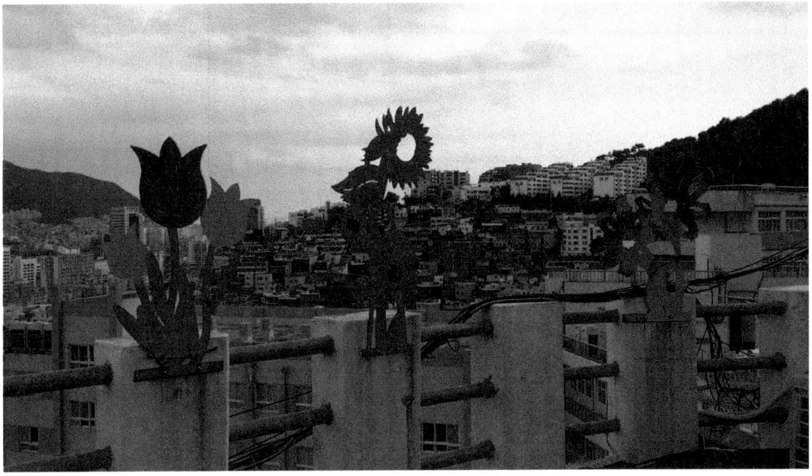

전시 중인 산복도로 갤러리(위)
언제나 시들지 않는 튤립과
해바라기(가운데) 버스 정류소
위에 네 발로 기어다니는
상어(아래) 등의 조형물은
시간을 버티지 못하고 바래거나
녹이 슬고 있다.

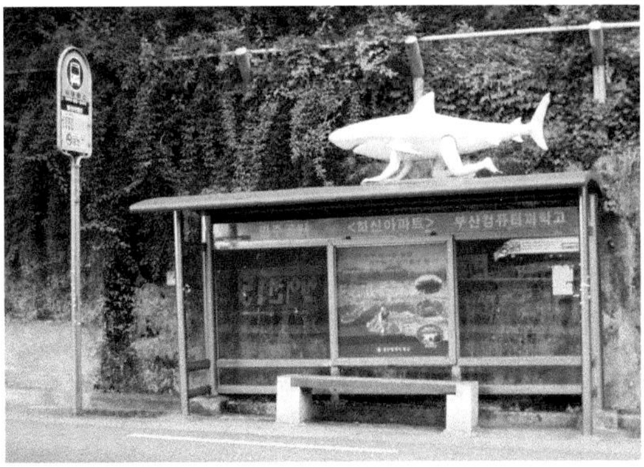

장사가 없는 듯 버티지 못한다.

그래도 여전히 조그만 2층 가건물이 눈에 들어온다. 방범초소 자리를 개조해 만든 작은 미술관이다. 2층에는 전면 유리의 컨테이너가 올려져 있다. "1층 초소에는 동구와 산복도로의 역사와 마을 이야기를 담은 작품을, 2층의 윈도우 갤러리는 부산 작가들의 작품을 전시할 것"이라고 2010년 말한 기억이 난다. 지금도 여전히 산복도로 갤러리에 전시가 되어 있어 오가며, 발아래 풍경과 함께 볼거리를 제공해준다.

산복도로 르네상스와 함께 '산복도로 1번지-도시는 골목길이다'의 공공미술이 다시 활기를 찾았으면 좋겠다.

꽃이 많아 꽃마을?

『부산의 산동네-부산을 읽는 상징적 텍스트』에 "꽃마을은 예전에는 전쟁터나 마찬가지였다. 가난과의 전쟁을 치르며, 마을에서 나는 꽃, 억새, 나무 등 사람 빼고 거의 모든 것들을 가져다 팔았고, 하루하루를 겨우 연명해가며 그렇게 사람들은 살았다. 오죽했으며 꽃이 아름다운 마을이라 하여 꽃마을이 아니고, 꽃 파는 사람들이 많이 산다고 하여서 꽃마을이 되었을까…"[13] 라는 구절이 있다. 꽃마을은 가난과의 싸움에서 이긴 사람들의 삶의 공간이다.

6 · 25 전쟁 때 피란민들이 자리 잡으면서 생계를 위해 꽃을 재배하면서 꽃마을로 불렸다. 부산광역시 서구 서대신 4동 10통, 11통. 대신동 꽃마을의 주소지다. 승학산과 구덕산으로 이어지는 산행입구 지역으로 해발 220m의 고개에 위치하고 있다.

2013년 5월 꽃마을에 살고 있는 친구를 찾았다. 친구는 꽃마을에서 태어나고 자랐으며 이곳에서 손두부집을 운영하고 있는 지역의 토박이 김재만 사장이다. 그의 말에 따르면, "내가 태어나기 이전이라 6 · 25 피란시절은 몰라도 어릴 적부터 이곳은 꽃을 재배하고 판매하는 꽃마을이었다. 주택 몇 집을 제외하면 마을은 온통 꽃밭이었다."고 한다. 한마디로 산 정상 온천지가 꽃밭이었다는 것이다. 생각만 해도 감이 잡히듯이 산꼭대기에 꽃밭이 있다는 것은 아름다움의 전율이 아닐까. 그러나 우리가 상상하기와는 달리 이곳이 비옥한 땅은 아니었다. 그리고 하우스와 같은 재배기술이나 품종 개량은 생각지도 못했다. 꽃의 판매량이 많은 편도 아니어서 하루하루 먹고살기

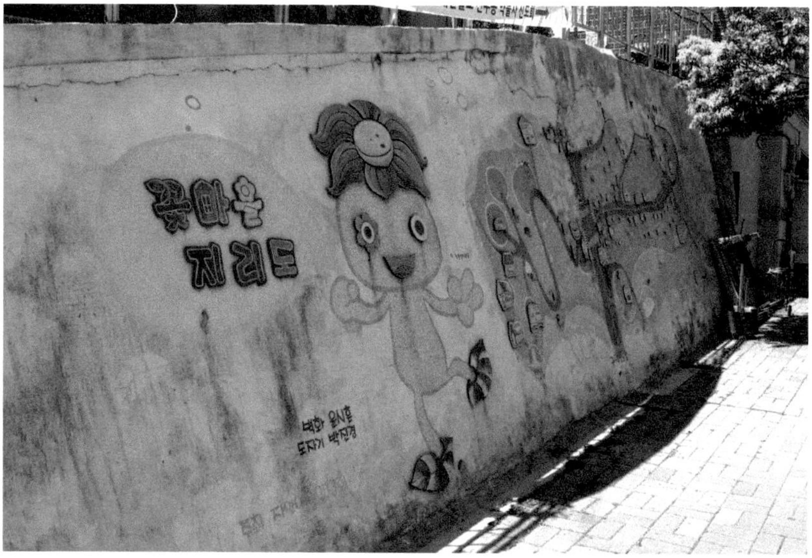

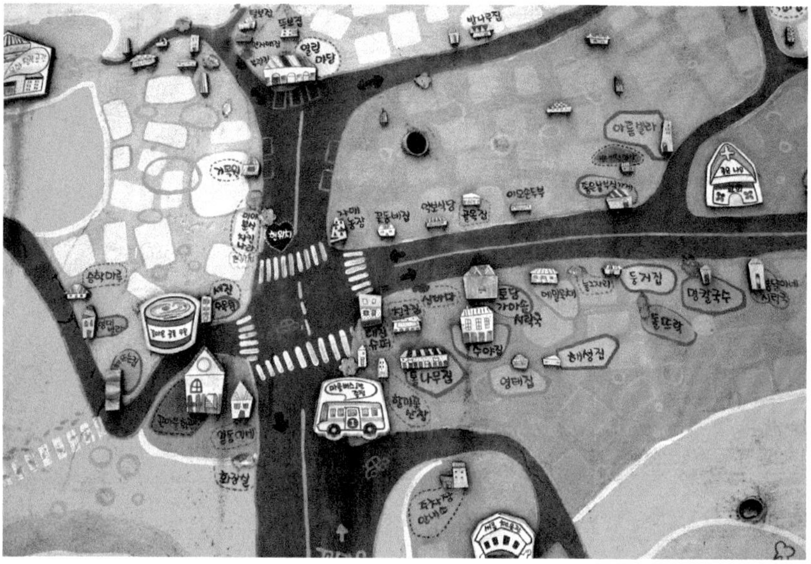

꽃마을 지리도. 마을입구 옹벽에 꽃마을 지도를
벽화와 도자타일로 제작해놓았다.

가 급급한 모양이었다. 반면에 산 아래로 내려다보이는 넓은 평지, 비옥한 땅 김해평야에서 대량으로 꽃들이 생산되기 시작했다. 개량된 화려한 꽃들이 대량 생산되면서 열악한 이곳은 더 이상 수지가 맞지 않아 꽃을 포기하기에 이른다. 즉 꽃마을을 포기한 셈이다. 그러나 운이 좋게도 서서히 웰빙바람과 함께 건강을 생각하는 분위기가 등산을 부추겼고, 사람들이 이곳을 찾기 시작했다. 주변에 위치한 승학산과 구덕산으로 이어지는 산행길 입구에서 등산객을 위한 시락국을 팔기 시작하면서 음식점이 즐비한 현재의 모습을 갖추었다고 한다. 그러면서 김재만 사장은 "올레길, 둘레길… 뭔 길이 이리 많이 생겨, 그런 길 찾아가는 바람에 요즘은 약간의 침체기를 걷고 있다." 고 하면서 못내 아쉬움을 비추기도 했다.

몇 년 전부터 이 마을을 공공미술로 단장하고 있는 작가가 있다. 이름은 성백이다. 이곳의 마을 활동가다.

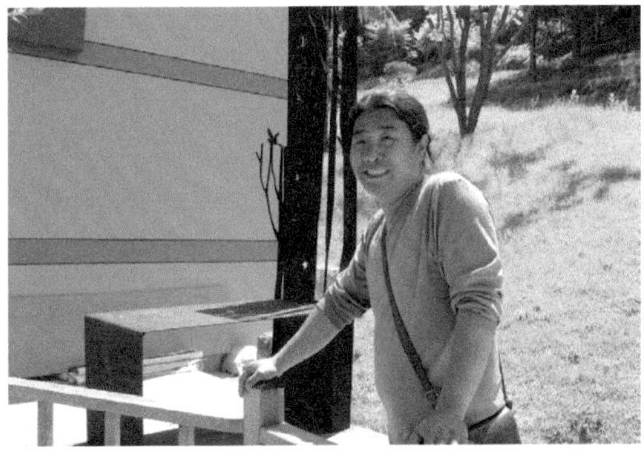

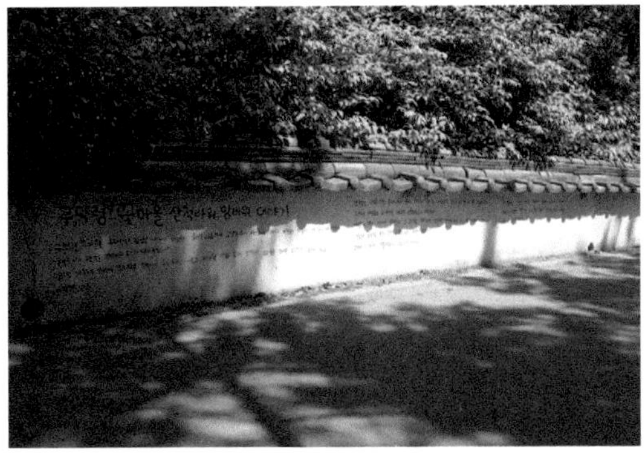

이곳의 마을 활동가 겸 작가 성백.(위) 마을의 옛 이야기를 글과 그림을 제작한 담장(아래)

그는 이곳에 작업장도 있다. 자신의 작업장을 이용하여 다른 많은 나라와 연계하는 레지던시 프로그램을 진행하고 있다. 레지던시 프로그램의 일환 중 하나가 이 마을을 미술로 장식하는 것이다. 보통 7~8개국 작가가 참가한다. 2011년에는 미국과 일본 등 세계 6개국 30여 명의 예술작가가 마을을 도화지 삼아서 그림과 조형물을 비롯한 예술마을로 변화를 시켰다.

매년 프로젝트형으로 진행하기에 일부 벽화나 야외 조각들은 남아 있고 일시적인 설치 작품은 철수한다. 해마다 바뀌는 주제이기에 내용 또한 다양해진다. 사업비가 많지 않은 탓에 규모 있는 작업보다 아기자기한 작업이 많이 보인다.

무엇보다 이 마을이 좋은 것은 다른 산복도로를 따라 다니며 보는 달동네와 다른 분위기를 느끼게 한다. 시골의 작은 마을 같다고 해야 하나.

프로젝트를 진행할 때는 마을의 주민들도 적극적으로 참여하기에 마을의 축제가 된다. 공공미술을 비롯한 무용, 음악, 퍼포먼스, 다큐 영화 상영, 전시 등 다양한 프로그램으로 진행된다. 마을의 축제를 즐기면서 시락국을 먹어보는 즐거운 기회를 가져보기를 권하고 싶다.

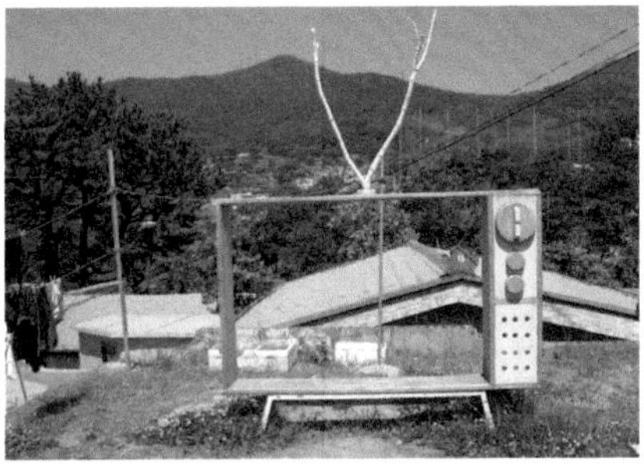

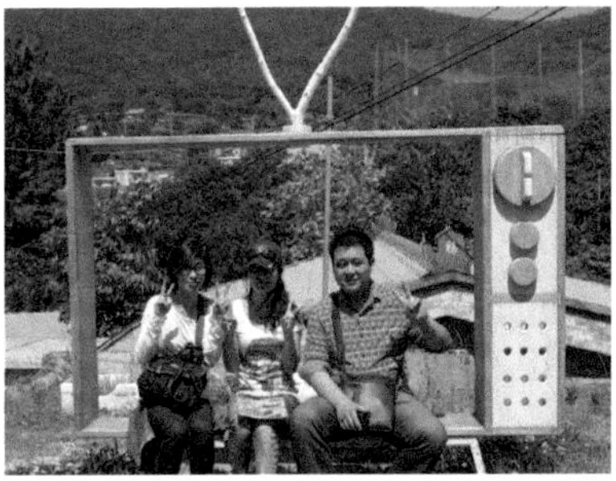

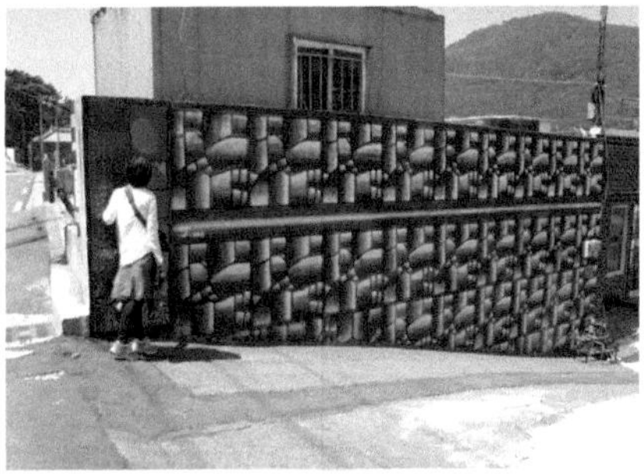

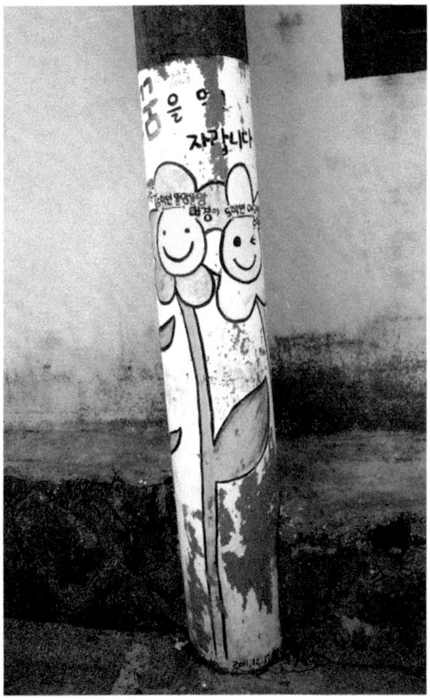
꿈을
자랍니다

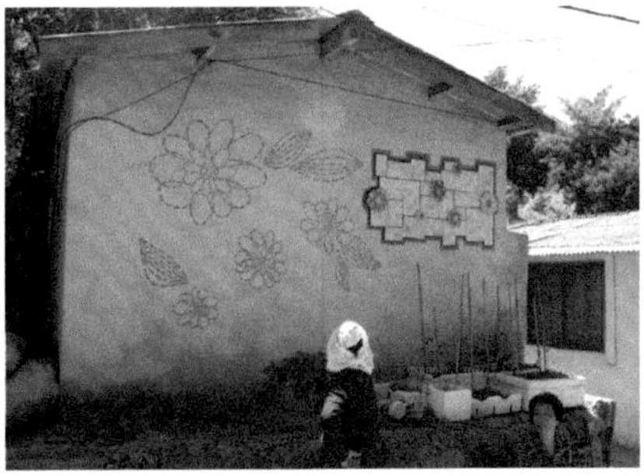

4 기차길옆 행복마을

> 기찻길 옆 오막살이 아기 아기 잘도 잔다 칙 폭 칙칙 폭폭 칙칙폭폭 칙칙폭폭 기차소리 요란해도 아기 아기 잘도 잔다~.

동요 '기찻길 옆 오막살이' 때문일까? 우리의 머릿속 기차길옆 마을은 평화로운 풍경이다. 윤석중 시인은 부산~서울을 완행열차로 오가면서 이 노랫말을 썼다고 한다. 시끄럽고 어수선한 세상에서도 배를 드러내놓고 잘도 자는 어린이들의 모습. 그때가 일제강점기였던 1940년 전후다.

그러나 현재, 부산의 경부선 철도 옆 마을의 실상은 그리 낭만적이지 않다. "열차가 지나가면 요즘도 돌멩이가 날아와. 예전에 슬레이트 지붕일 땐 구멍도 나고 그랬지." 50년 가까이 사상구 주례2동 이 마을에 산 김정자 할머니의 말이다. 기차길옆 마을은 보통 큰길 뒤편과 경부선 선로 사이에 숨어 있다. 차로 이동하는 일이 많은 도시민들 눈에는 보이지 않는다. '산복도로 르네상스'라는 이름으로 마을 재생이 진행 중인 산동네와 달리 주거 복지사업에서도 소외돼 있다.[14] 부산역에서 북구까지 기차길옆 마을은 경부선이 지나는 부산 동구, 부산진구, 사상구, 북구 4개 구에 걸쳐 있다. 경부선 기차길옆 27개 마을에 사는 인구가 3만 5천 명에 달한다. 부산시는 2014년 말부터 500억 예산으로 환경정비 등 마을 만들기에 돌입할 예정이라고 뉴스에 보도되기도 했다.

현재까지 경부선 기차길옆 마을을 공공미술로 행복마을을 진행한 곳이 있다. 부산진구 개금3동, 사상구 주례2동과 괘법동이다. 부산역에서 기차를 타면 개금3동, 주례2동, 괘법동 순으로 지나간다. 그리고 동해선 기차길옆 벽화마을에 연제구 거제1동도 있다. 이들은 공공근로사업으로 진행하거나 도시활력증진사업, 희망디딤돌 사업 등으로 진행되었다.

부산진구 개금3동 희망근로 벽화사업

대부분 고지대에 자리 잡은 벽화마을과는 달리 개금3동 벽화마을은 도로보다 낮은 곳에 자리 잡고 있다. 부산진구 철도청 사원아파트 아래에 위치한 벽화골목이다. 이곳은 철도 주변으로 터를 닦고 살다가 철도청으로부터 대지를 불하받은 주민이 모여 산 것이 마을

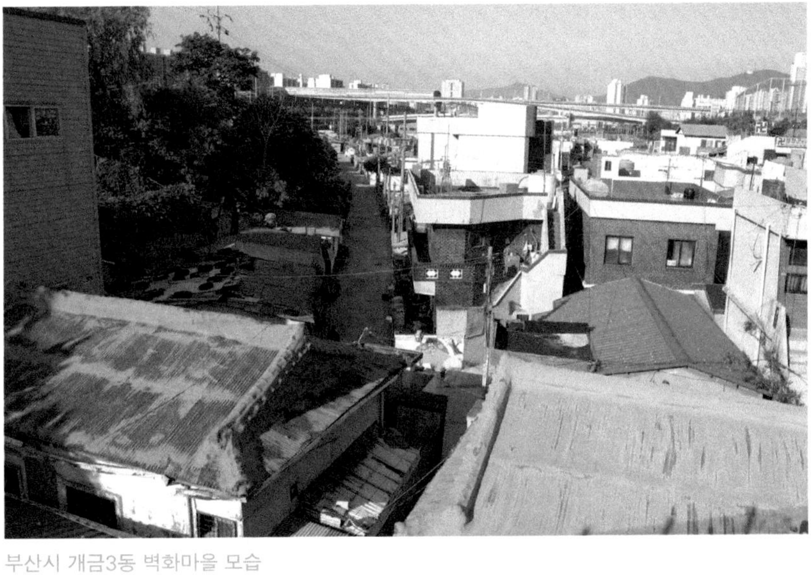

부산시 개금3동 벽화마을 모습

의 시작이라고 한다. 이유는 옆 동네인 당감동에서 이어지는 부산철도차량사업소 바로 옆에 자리를 잡고 있기 때문에 주변 큰 도로에 비해 땅으로 푹 꺼진 곳이라 생활하기에는 불편한 곳이다.

위치는 부산광역시 부산진구 개금 온정로 26번 가길 33 일원이다. 개금3동 13통 지역이다. 200여 가구가 옹기종기 모여 사는 부산진구 개금3동 벽화마을. 도시철도 2호선 개금역 2번 출구에서 왼쪽으로 튼 뒤 개금과 선교를 건너자마자 오른쪽 샛길을 따라 거슬러 올라가면 찾을 수 있다.[15]

몇 번의 문의 끝에 개금3동의 벽화마을을 찾았다. 찾아가기 어려운 곳에 있는 숨은 마을이었다. 마을을 가르는 조금 넓은 길을 따라 양쪽으로 벽화가 그려져 있다. 2010년에 완성한 이 벽화는 얼핏 보아도 전문가의 간단한 아이디어를 바탕으로 희망근로 사업으로 진행되었다는 인상을 준다. 개금(開琴)은 지형이 완만한 경사와 길쭉하게 생긴 그 모습이 줄이 잘 메어진 거문고같이 생겼다 하여 붙여진 이름이다. 그러나 지명의 유래와 달리, 벽화의 주제는 '사계절'이다. 시원한 파도와 곤충 채집하는 아이, 곳곳에 그려진 알록달록한 꽃으로 장식되어 있다. 대부분 벽화나 조형물의 예술성을 논하기 전에 마을의 역사, 주위환경 등을 배경을 우선으로 염두에 두고 시작하기 마련인데, 벽화의 내용에서 지명의 유래나 마을의 역시, 생활환경을 고려한 벽화를 찾을 수는 없었다.

오래된 시멘트 벽면은 아무리 좋은 물감으로 칠을 한다고 해도 오래 보존되지 못한다. 이 마을 역시 일부 탈색이 일어나고 있었다. 개금3동 벽화골목에도 기차길옆 행복마을 만들기를 하겠지. 그때도 벽화를 한다면, 주민과 함께 마을의 역사를 바탕으로 한 마을의 애정과 정주의식이 담겨 있는 벽화가 탄생했으면 좋겠다.

마을 뒤편으로 롯데 캐슬, 성원상떼뷰… 거대해지는 콘크리트 대단위 주택건물들이 보인다. 우리가 지나갈 때의 눈높이에선 절대 보이지 않는, 저지대라 눈에 잘 보이지 않는다는 점이, 어쩌면 기차소리와 함께 이 마을을 옹기종기 살아가게 만드는 원동력인지도 모르겠다.

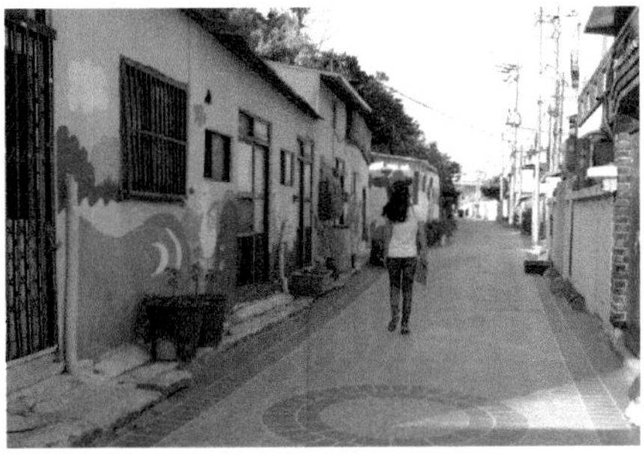

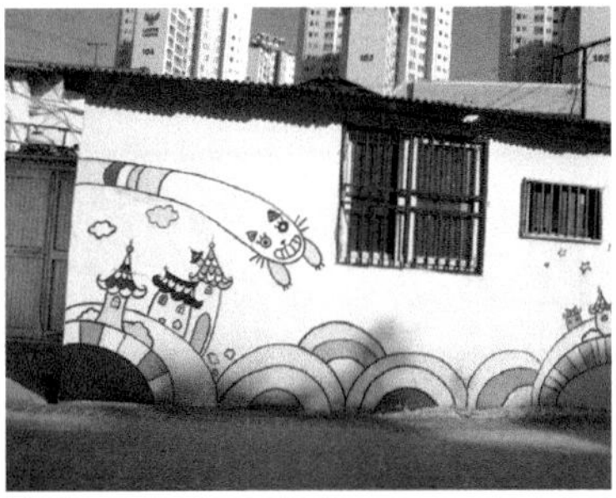

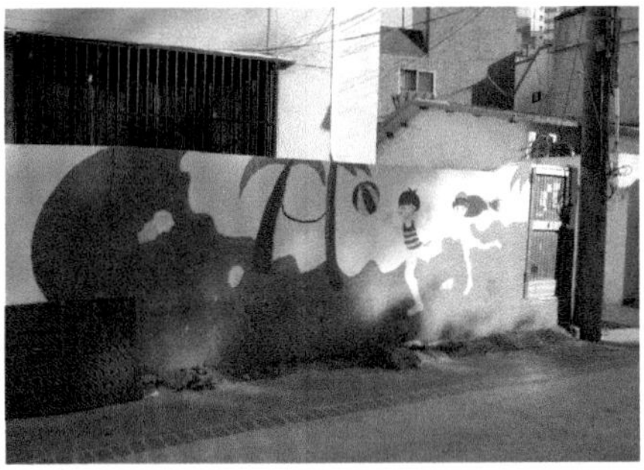

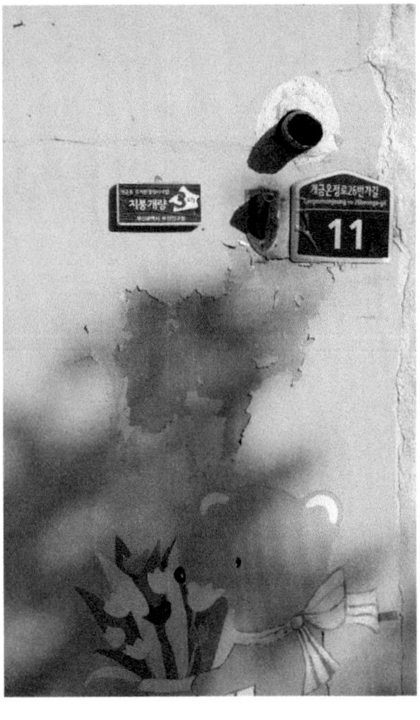

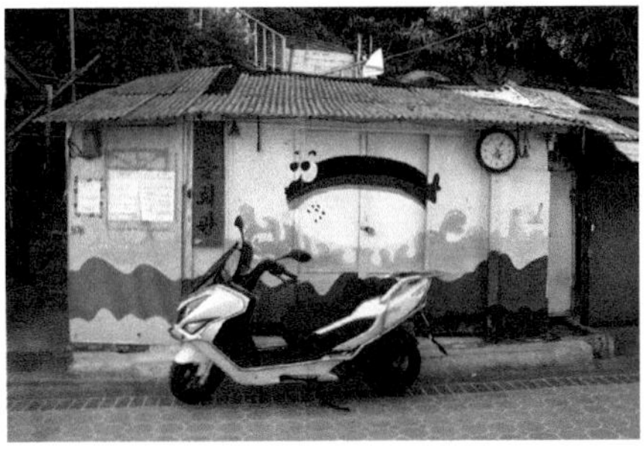

동서대학교의 급경사를 내려오면 가야로와 만나게 되는데 이곳에 지금은 아니지만 옛날에는 부산 최고의 물맛인 냉정샘이 있다. 여기에서 철길, 동서고가 방향으로 가야로를 건너면 주례2동 20통, 21통이다. 이곳이 우리나라에서 처음으로 주민참여형 주거환경 개선사업을 했다는 곳이다.

부산문화관광 홈페이지에는 "전국 최초의 주민참여형 주거환경 개선사업인 희망디딤돌 사업으로 주례2동 209세대에 쾌적한 생활환경 조성과 마을 골목에 벽화, 타일, 노인 쉼터, 사각 정자와 쓰레기 방치지역을 새롭게 정비한 후 희망나눔 꽃동산을 조성한 벽화마을이다."[16]라고 되어 있다. 나는 벽화마을이라는 이름에는 동의하고 싶지 않다. 벽화가 많지 않을뿐더러 골목길 도색에 가깝기 때문이다. 오히려 희망을 꿈꾸는 마을이 어울린다.

희망디딤돌 마을은 2010년 사상구에서 가장 먼저 변화를 주고 싶은 곳이라며 임채호 주사(당시 사상구청 기획감시실)가 나에게 소개한 마을이다. 내가 처음 이곳을 방문했을 때는 기차소리만 요란한 곳, 누구도 찾아오지 않는 곳이었다. 가야로에서 철길 쪽이라고 하면 전세 문의를 하다가도 전화를 끊어버린다고 하는 곳이다. 이곳에 거주하는 주민에게는 미안하지만, 1~2m 폭에 400m 이상이 되는 긴 골목이 나의 발목을 잡았다. 어둡고 칙칙한 골목이지만 너무나 좋았다. 이곳이 흔히 말하는 골목이었다. 당시 〈골목〉이라는 제목으로 김홍희 사진가가 찾아다니면서 할머니, 할아버지와 얘기를 나누고 사진을 찍는 다큐멘터리 TV 프로그램에서도 이곳이 나왔다.

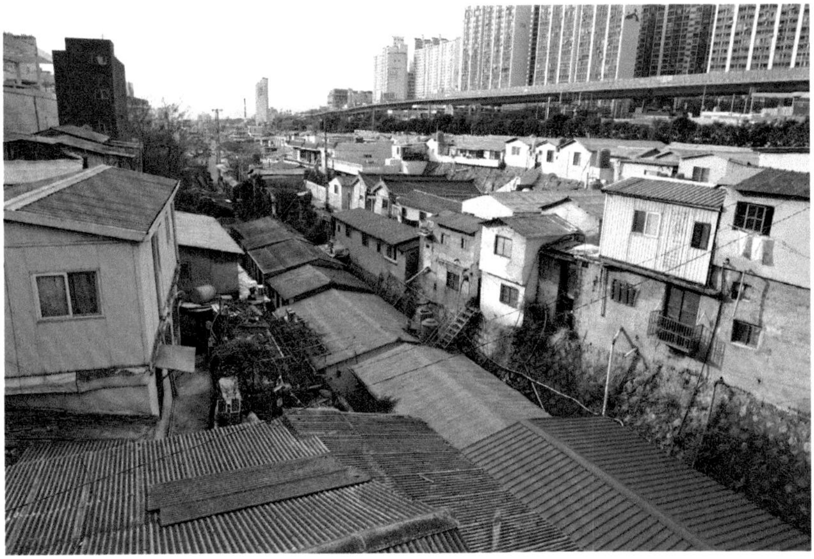

옛 철길과 하천 위에 집을 지은 마을의 모습

2010년 말 사회복지연대 자원봉사활동을 기점으로 주민들에게 정신적, 물질적 변화의 물결이 찾아오기 시작했다. 2011년 3월에는 냉정골 주거환경개선 사업추진단(일명 주주봉)이 구성되었다. 주민들은 봉사단체와 함께 도배와 담장 정비, 어려운 이웃에게는 생계물품을 지원하고 마을 골목에 벽화타일 조성, 노인쉼터인 사각정자 설치, 희망나눔 꽃동산 조성 등으로 마을 분위기를 바꾸어놓았다.

동서대학교와 경남정보대학교의 벽화, 미군부대의 담장 페인팅 등으로 마을의 물리적 정비는 끝이 난 듯하였다. 그해 2011년 7월 당시 김황식 국무총리가 방문하여 희망마을 만들기의 우수사례로 인정하며 지원금을 쾌척하고 갔다.

낙후지역을 한 번이라도 가본 경험이 있는 사람은 알 것이다. 물리적 정비가 최우선으로 진행되어야 한다. 시각의 변화가 마음의 변화를 동요시키기 때문이다. 공공미술이 필요한 이유도 여기에 있다.

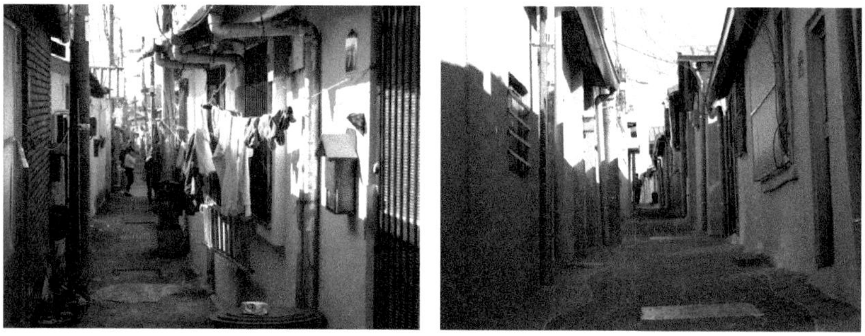

골목길 정비사업 전후 모습

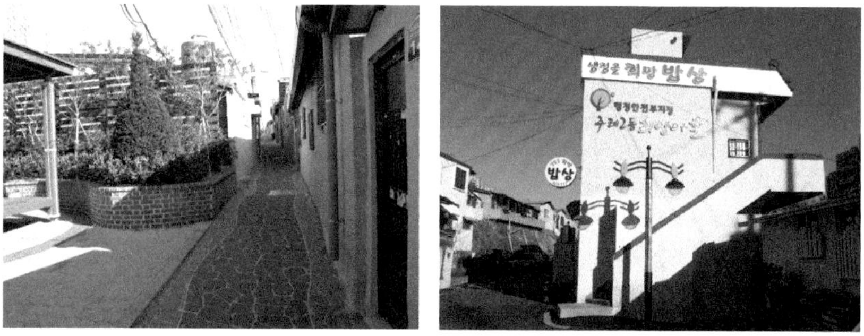

공원조성과 희망밥상

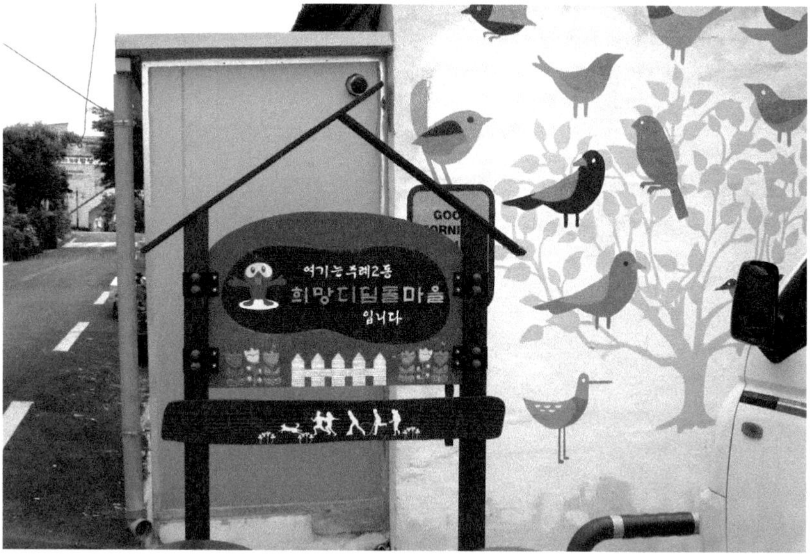

부산시 주례2동 희망디딤돌 마을 안내판

쓰레기가 쌓인 공터에는 화단을 조성하는 등 골목길 정비, 다리 보수 및 노인정과 마을 쉼터가 개축되었다. 주례2동 21통 통장 홍선아를 중심으로 일자리를 창출하고 생활 개선사업도 벌인다는 골자로 '희망밥상'을 차렸다. 이 마을 20여 명으로 구성된 주민봉사단이 밥과 반찬을 파는 식당이다. 주로 60대 여성들인 주민봉사단은 자신들이 가장 잘할 수 있는 밥과 반찬 만드는 일로 소일거리를 얻었다. 식당에 쓰일 채소는 주민봉사단이 텃밭을 가꾸며 운영하는 마을기업이 되었다.

오색찬란한 골목을 거닐고 이곳 희망밥상에서 식사를 하면 어떨까. 가격도 저렴하다.

'기차길옆 행복마을 고샅길 프로젝트'가 사상구 괘법동 1, 2통에 2011년 10월부터 12월까지 진행되었다. 국토해양부 2011년 '도시활력증진지역' 사업으로 사상구와 신라대학교 예술연구소에서 진행한 것이다.

'고샅길'은 골목길의 순수 우리말이다. 이 마을의 골목길 따라 주민들의 생활환경을 개선하고 삶의 활력을 불어넣어주는 예술작품들이 눈과 마음을 유쾌하게 하고 있다.

사상구 괘법동은 구한말 민족 교육기관인 '사립명진학교'가 있던 곳으로 당시 서부산권 교육의 발상지 가운데 한 곳이다. 현재는 국철 경부선(사상역), 부산~김해 경전철(사상역), 부산도시철도 2호선(사상역)과 인접한 광역 교통망의 핵심지라 할 수 있다. 그러나 현재 천여 명의 주민이 살고 있는 괘법동 1, 2통은 경부선 철도와 백양로에 의해 동서로 갇힌 도시 내 섬이 되어 지리적, 문화적으로 소외된 지역으로 남아 있는 곳이다.

신라대학교 예술연구소가 이러한 지역의 특성을 살린 아름다운 마을을 조성하기 위해 22명의 지역작가들과 6명의 예술교육전문가를 포함한 프로젝트팀을 조직하고 2011년 9월 사상구와 공동으로 '고샅길 프로젝트' 기본계획을 수립 및 진행한 사업이다.

고샅길 프로젝트는 주민 설명회와 지속적인 주민들과의 대화, 그리고 꾸준한 지역탐구 리서치 등을 바탕으로 주민들이 필요로 하는 것을 작가와 주민들이 공유하고 이를 작가와 주민들이 함께 또는 따로 조형예술로써 마을을 가꾸고 미화하고 포장한다는 점에서 일종의 도시재생사업이라고 할 수 있다.

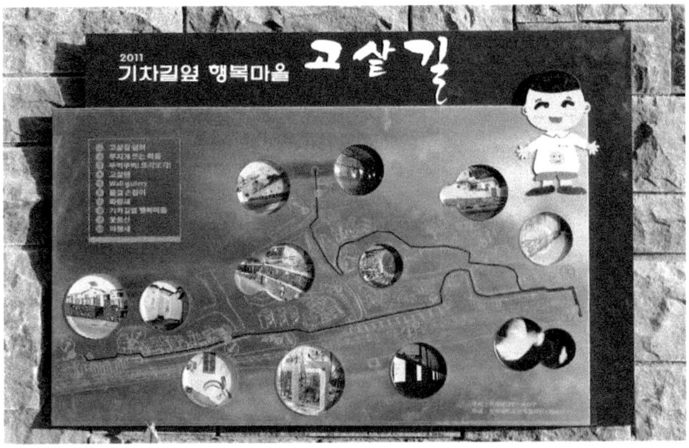

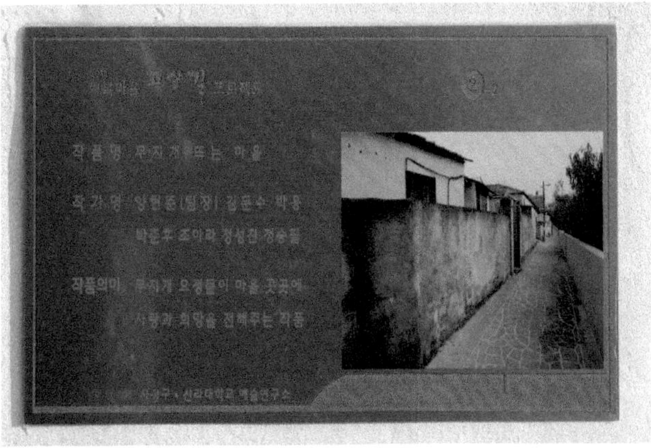

2011 기차길옆 행복미을 고살길 프로젝트 안내판.(위)
프로젝트가 진행된 골목마다 사업 전의 모습을 담은 표석들이 부착되어 있다.(아래)

사업대상지가 저소득층 밀집지역으로, 문화예술교육을 통한 결과물을 이용하여 문화예술 커뮤니티 거리를 조성하였다. 이를 통해 지역 주민들의 자긍심 고취와 노후화된 마을 이미지를 예술마을로 쇄신하여 긍정적 효과, 공공공간과의 교감을 잘 살린 마을예술이 되었다는 평을 받기도 했다.

예컨대, 1통 입구 경사지고 좁은 길에 노인들이 평상을 두고 쉬는 모습을 보고 보행에 편리한, 휴식하기 좋은 데크 및 평상을 만들어놓거나, 2통의 경사가 심한 터널입구 통행로에 지역의 역사성을 살린 괘내마을 물결무늬 손잡이를 만들어 생활의 편의를 주는 조형예술품을 만들었다. 지역 주민, 초등학생을 대상으로 문화예술교육을 하였으며, 지역 학생들이 그린 마을의 풍경을 스크린화하여 기차길옆 방음벽에 부착하였다. 이를 통해 마을의 변모에 감탄하는 지역민들은 "마을에 대한 애착심과 자긍심이 고취되는 등 마을사람들의 생각을 바꾸는 기회가 되었다"고 한다.

기차길옆 낡은 옹벽 및 터널(마을진입로), 골목길 등 지역 환경, 경관 여건을 활용한 특색 있는 벽화 제작과 계단, 공터에 지역의 정체성과 역사성이 이어지는 환경 조형물 설치되어 공공미술을 통한 도시재생의 새로운 모델을 볼 수 있다.

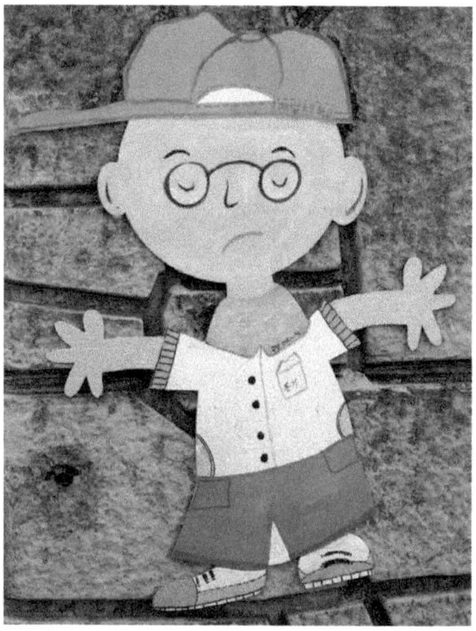

특히 골목을 다니다 보면 부분부분 표지석이 붙어 있다. 이곳에 프로젝트 이전의 사진이 붙어 있다. 공공미술을 통한 도시

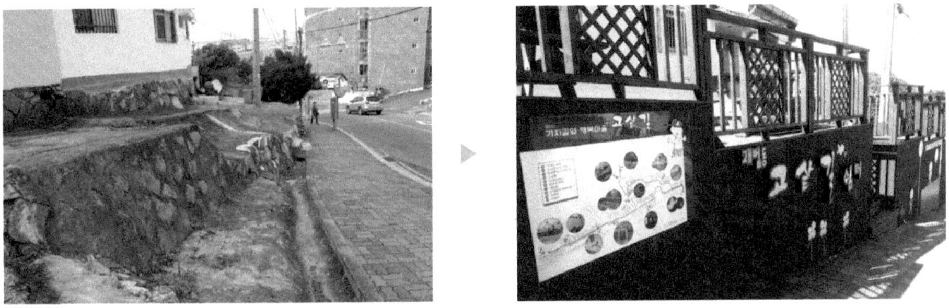

불규칙한 계단에 데크를 설치하여 커뮤니티 공간을 만든 최성환의 '고샅길 쉼터'

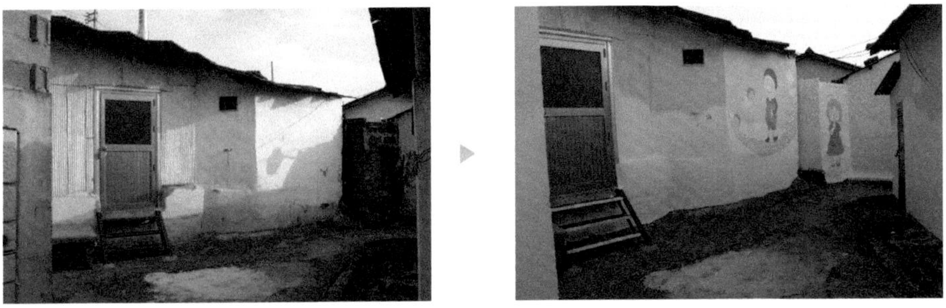

독거 할머니 주택에 무지개 천사를 그린 양현준의 '무지개 마을'

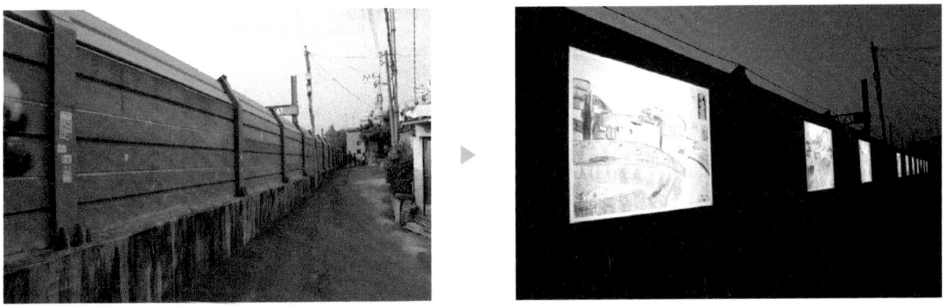

철길 방음벽에 지역 초등학생이 그린 26점의 마을 풍경을 부착하고
밤에는 조명을 넣어 가로등이 되었다. 마을 학생들의 작품 'wall gallery'

재생의 전후 모습을 한눈에 비교할 수 있어 좋다.

이 마을을 다니면 기차가 지나가는 소리를 자주 듣는다. 경부선 사상역 뒤 마을이라 그렇다. 네비게이션으로 찾아간다면 '까치빌라'를 입력하고 가면 된다. 사상역 철길 밑 터널 2곳, 백양로 밑 터널 1곳, 육교 1곳이 마을 진입의 유출입 통로가 유일하다. 좁은 골목길과 굴다리(터널)를 지나가야 하니 꼭 네비게이션 말을 믿고 따라야 한다. 그리고 골목을 따라 길게 연결된 프로젝트라 안내판을 참고로 했으면 좋겠다.

이탈리아 건축학자이자 도시설계의 거장 프랑코 만쿠조(Franco Mancuso)는 "만남, 의견교환, 산책, 휴식이 이루어지는 장소가 광장"이라면서 "광장 없는 도시는 죽은 도시"라고 했다. 우리에겐 광장의 역할을 대신하는 '마당'이 있었다. 하지만 산업화와 개발화의 물결 속에 이웃과의 소통 역할을 맡았던 마당은 하나둘 사라졌다. 이야기꽃이 피었고 웃음꽃이 만발했던, 그 열린 마당을 도시에서 찾아보기 어렵게 됐다. 이런 마당의 역할을 하는 데크가 프로젝트를 통해 만들어졌다. 이 마을의 볼거리 중 하나다. 또한 일제강점기에 만들어진 굴다리(보행자 지하터널)를 꼭 한 번 가보기를 권한다. 대부분은 차로 겸 보행자 터널이다. 이곳에는 '파랑새'라는 이창진 작가의 작품도 있지만, 우리나라에서는 길이 약 90m에 1m 폭의 유일한 보행자 터널이다.

나에게 부산의 가볼 만한 곳을 추천해달라고 한다면 나는 당당하게 약 90m에 1m 폭의 이 보행자 터널을 권한다. 최소한 우리나라에서는 이런 곳이 더 없을 것이다.

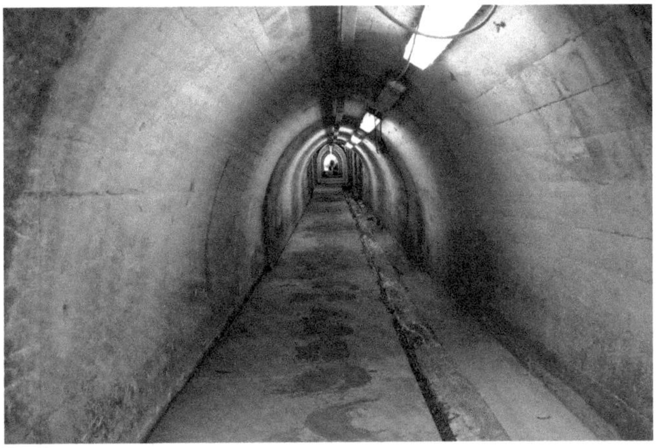

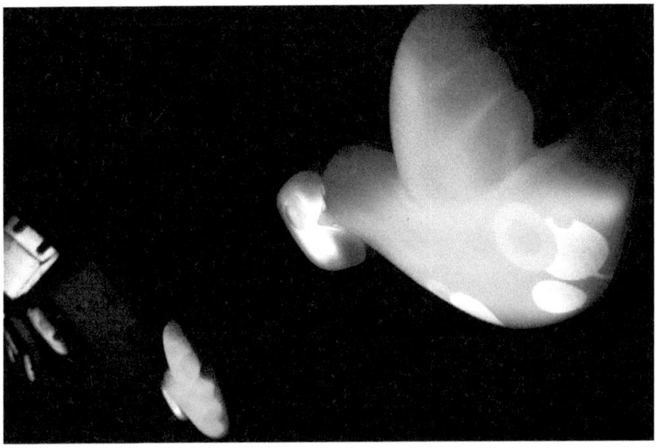

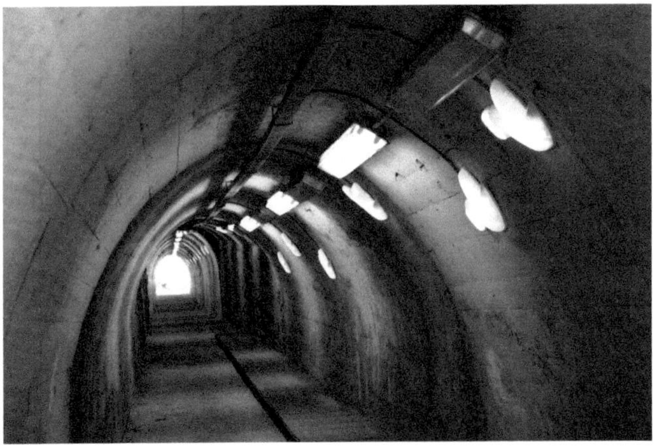

약 1m 폭과 90m 길이의 보행자 터널(위)에 희망을 상징하는 이창진의 '파랑새 조명' 작품(가운데)과 데크 바닥을 정미한 모습(아래)

5 역사를 찾는 마을

북구 금곡동 공창행복마을

금곡(金谷)이라는 지명은 금정산(金井山)의 주봉인 고당봉에서 낙동강변 쪽으로 뻗어내린 첫 골짜기로서 붙여진 것으로 보인다. 금정산의 서쪽 골짜기에 금(金)이 나왔다는 이야기도 있다. 그리고 금곡동 공창마을 뒷산 도덕골 아래 위치한 불메등에서 옛날 쇠를 달구고 남은 쇠똥이 발견되었는데, 가야시대 쇠를 녹이던 야철지(冶鐵址)라서 쇠 금(金) 자를 써서 붙여진 지명이라는 유래도 있다. 이렇게 볼 때 금정산 아래 낙동강 방향 골에 금과 쇠가 많이 나왔으며 이 유래로 금곡이라는 지명이 생겼다는 것이 정설인 것 같다.

1900년대 금곡리에는 공창(公昌), 동원(東院), 화정(花亭), 율리(栗里) 등 네 마을이 있었다. 이 중 공창마을의 등마에는 조선시대 동원진(東院津) 수참(水站)에서 일하던 공천(公賤)들이 살아서 공창(公昌)이란 지명이 생겨났다. 지금도 그 이름이 그대로 전해오고 있다. 이웃인 동원진은 일본인들이 교역을 하면서 드나들었고, 서울로 가는 관리나 일본사절들이 쉬어가는 곳이었는데 이처럼 사람의 왕래가 많아 강변의 주막집은 숙식업소로서 크게 번창하여 술의 수요가 많았다. 술을 만드는 재료인 누룩을 공창마을에서 생산했던 것이다. 공창의 누룩생산은 산성마을의 누룩보다 100여 년 앞섰다고 하는데 누룩을 만들기 위해 구포의 남창에서 밀을 지게에 지거나 소등에 얹어 운반해 왔다고 한다. 이렇게 생산된 누룩은 동원뿐 아니라 김해 쪽으로도 배에 실려 팔려갔다고 한다.[17]

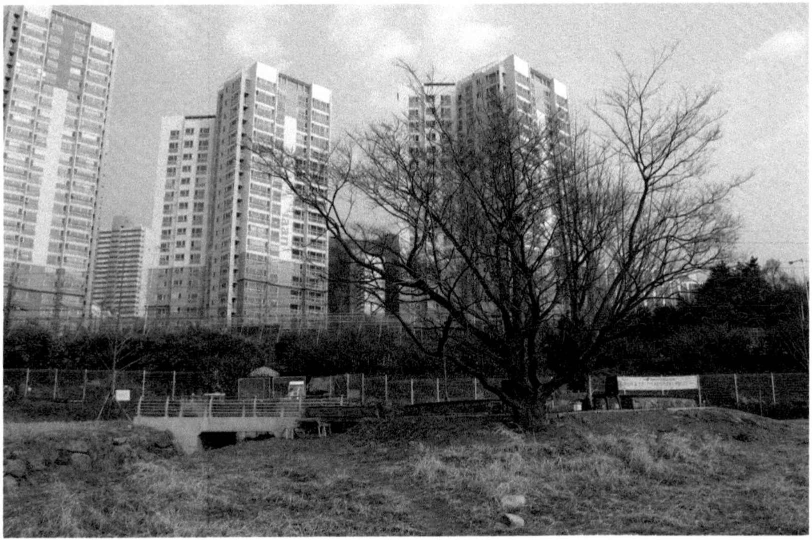

옛 공창마을 주막 지역

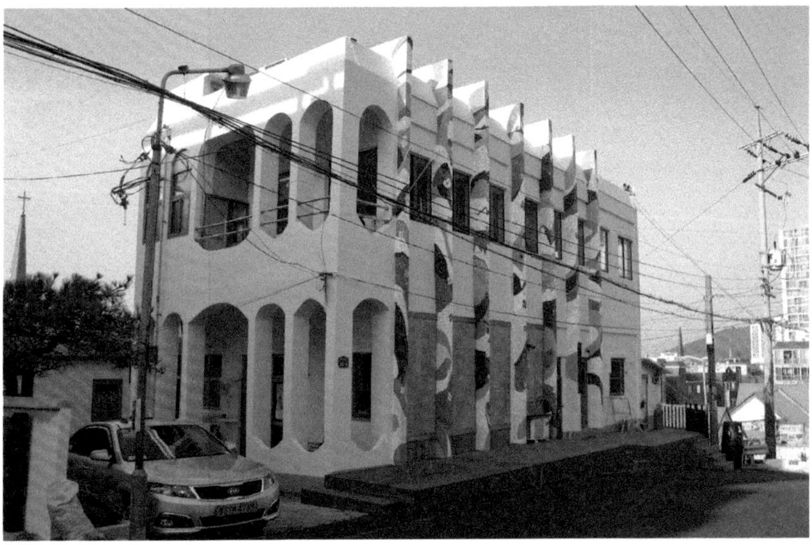

옛날에 이곳에서 막걸리를 담갔다는 공창새마을회관(마을 노인정)

현재의 마을 철길 건너편에 주막이 있다고 하며 그 앞길은 양산과 구포로 이어지는 통로로 많은 사람들이 왕래하던 곳이었다. 마치 김홍도의 '주막' 그림처럼 막걸리 한잔과 국밥으로 쉬어가는 곳이었다. 마을 어르신의 이야기에 따르면, 왕래 인원이 많아 주막이 상당히 큰 편이었고 막걸리가 많이 소비되어 지금의 공창새마을회관(마을 노인정)에서 막걸리를 담겼다가 주막으로 공급했다고 한다.

마을을 다니다 보면 바위와 돌담이 많이 보인다. 예로부터 돌이 많은 마을로 채석하는 석공들이 많이 살았을 뿐만 아니라 이

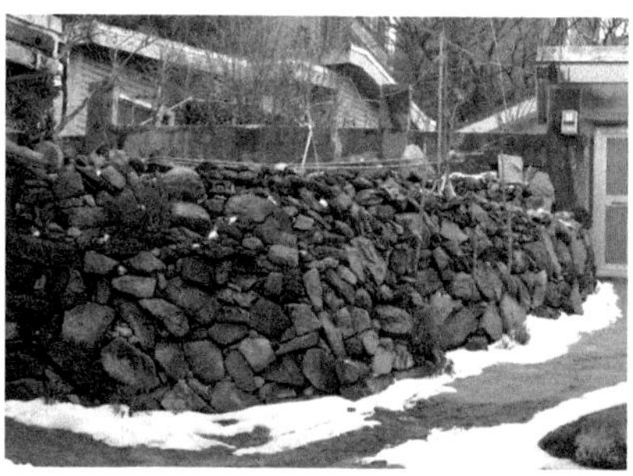

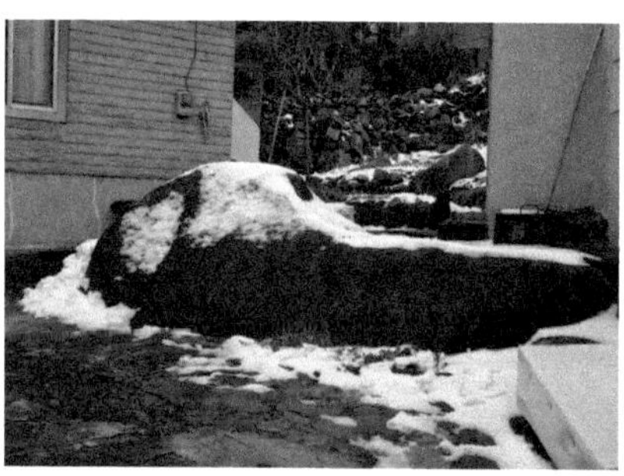

곳에서 채색된 돌이 일제강점기에 철로, 다리를 만드는데 사용되었다고 한다. 마을 아래 낙동강의 나루터에서 운반을 했다고 전한다. 그리고 현재에는 모습을 볼 수 없지만, 금정산의 북쪽 경사지 마을로 골이 깊고 경사가 심해 옛날에는 다랭이논이 많은 농경지 마을이었다고 한다.[18]

이 마을은 부산시 행복마을로 선정되었다. 행복마을 사업의 일환으로 '2012 금곡동 공창행복마을 골목길 문화사업'을 진행했다. 신라대학교 산학협력단 결과보고서에 따르면 공창마을의 지리, 역사, 문화 등을 아울러 마을의 특성 여덟 가지를 선정하여 공창마을 8경으로 정했다고 한다. 그리고 이

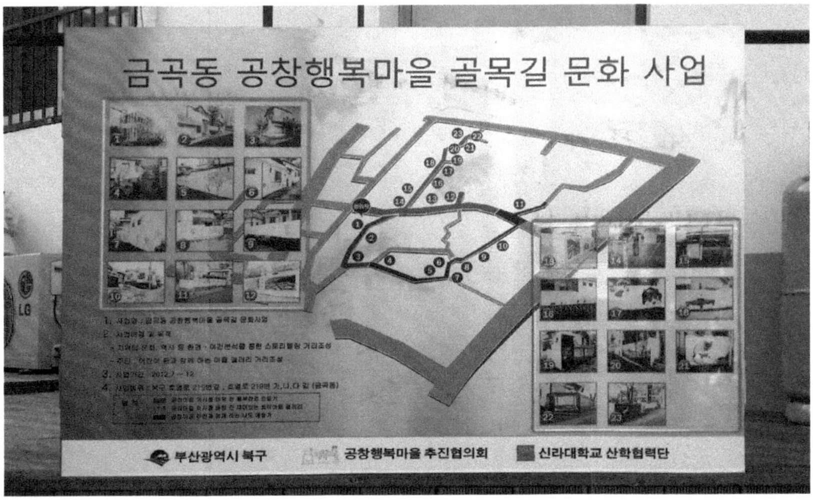
금곡동 공창행복마을 골목길 문화 사업
부산광역시 북구
공창행복마을 추진협의회
신라대학교 산학협력단

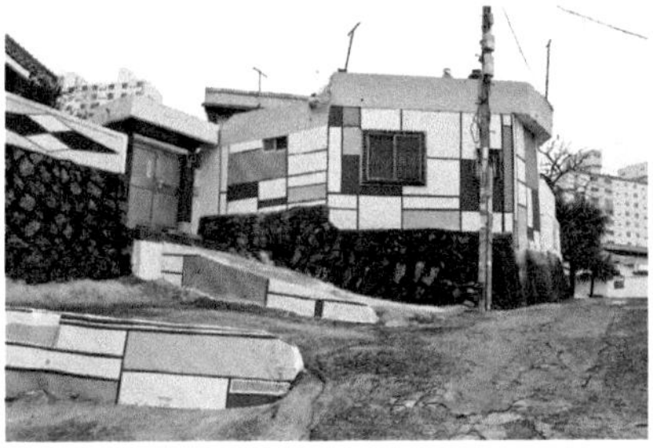

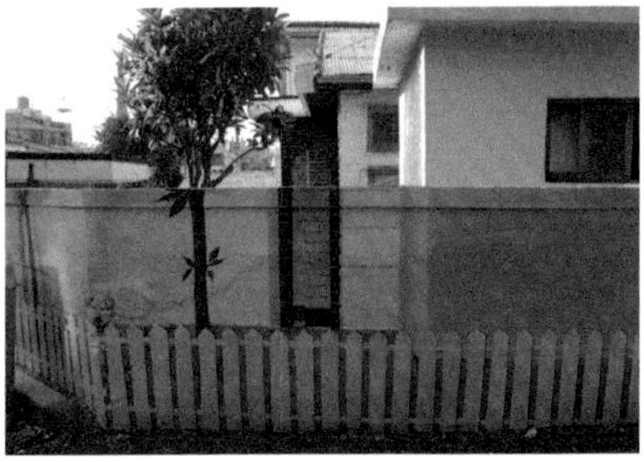

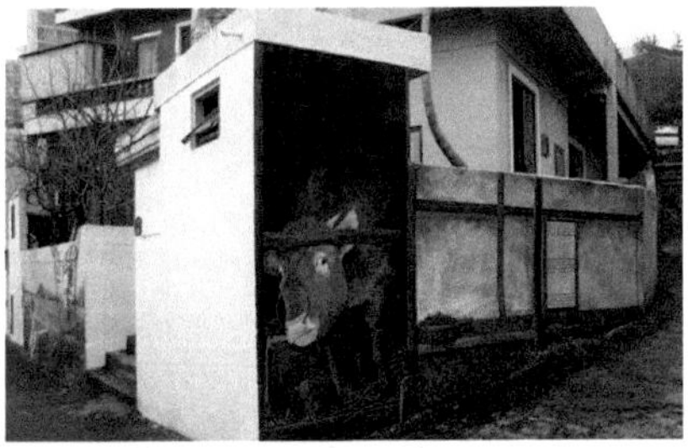

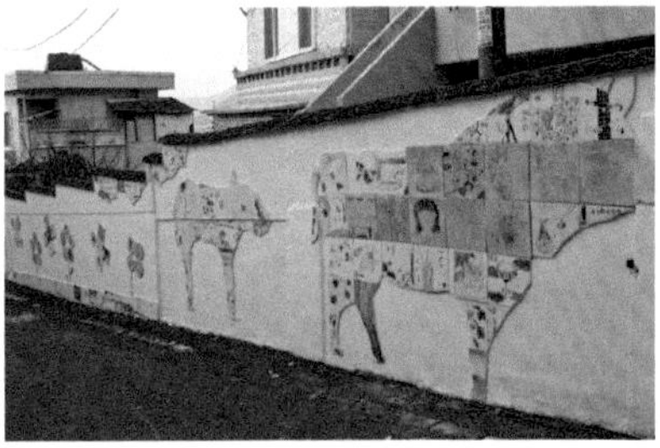

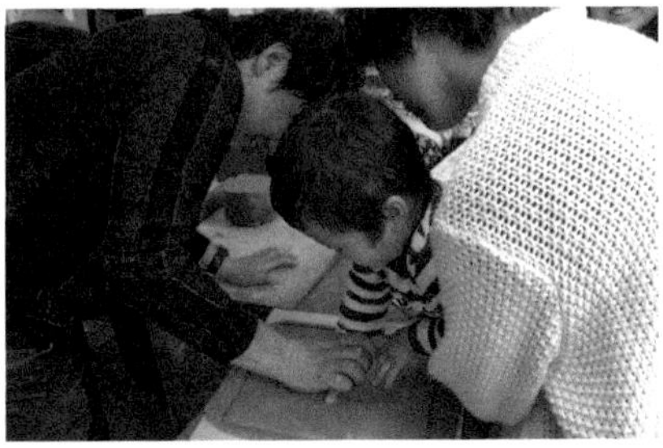

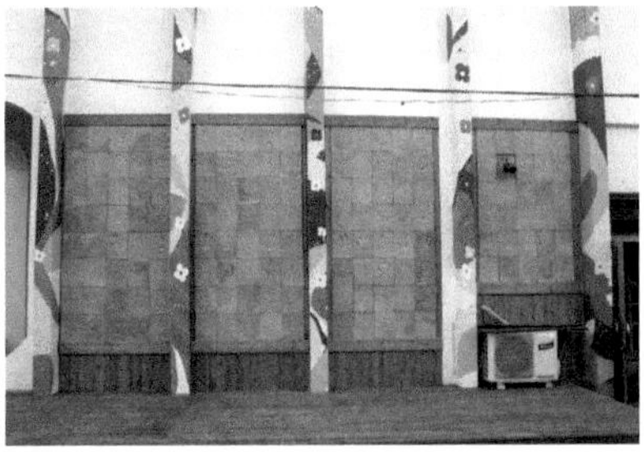

를 바탕으로 마을을 꾸몄다고 하니 사업팀은 마을에 관해 세부적으로 분석한 것으로 보인다. 주민의 참여 · 개입으로서의 공공미술을 떠나서라도 이 마을에 들어서면 재미있게 볼 수 있는 것이 있다. 막걸리를 담갔다고 전하는 공창새마을회관(마을 노인정)을 옆의 유치원과 어울리는 알록달록한 색으로 칠했고 이 마을에 살고 있는 주민과 행복마을 추진위원들의 손도장 160여 개를 마을회관에 부착하였다. 내 손바닥이 여기에 있으니 당연 마을에 애착을 가질 수밖에 없겠다는 믿음이 생긴다.

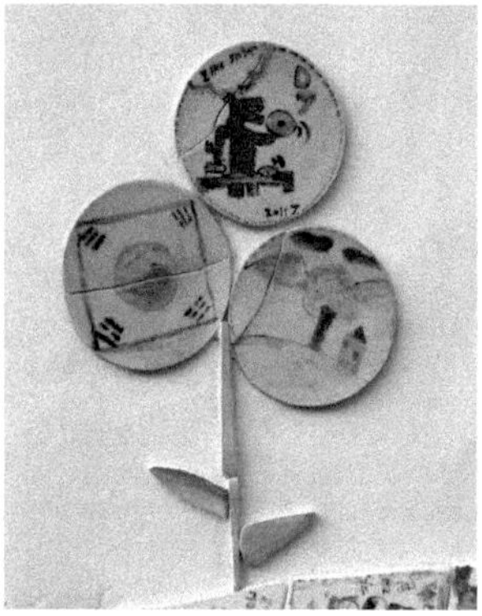

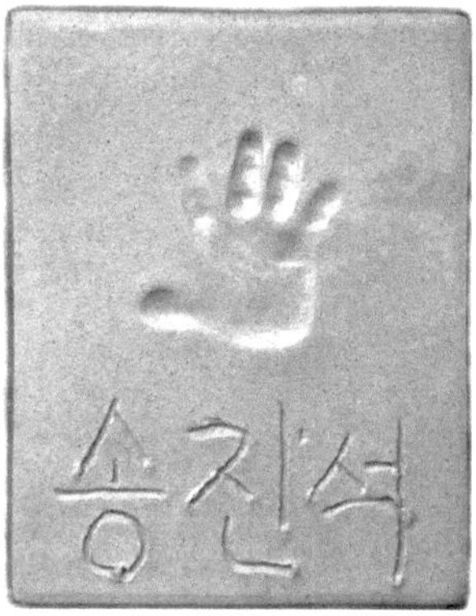

마을에는 금창초등학교가 있다. 이 학교 4~6학년 학생들이 신라대학교 산학협력단이 제공한 타일에 그림을 그렸다. 진행팀은 꽃, 동산의 모습을 이용한 마을의 역사를 반영하여 긴 골목길 갤러리를 조성하고 있다. 내가 현지를 찾은 2012년 겨울에 금창초등학교 학생들은 자신의 타일 그림이 어디에 있는지, 잘 붙어 있는지 확인차 찾아왔다.

아쉬운 점이 있다면, 석양, 공창나루터, 억새밭, 다랭이논, 소바위 등 마을의 8경을 바탕으로 그린 약 30m의 긴 벽과 1960~70년대 마을 모습을 아주 사실적으로 그린 벽화 앞에 항상 주차가 되어 있다는 점이다. 몇 차례 가보았지만 갈 때마다 전체 모습을 본 적이 없다.

주민의 참여도 중요하다. 그러나 마을을 위해 전문가가 제작한 벽화라 할지라도, 이제 이 마을에 살고 있는 지역민들이 가꾸고 유지해야 하는 책임이 부여된다. 설령 주민들이 참여하였어도 관리를 잘하지 않는 모습이 여러 마을에서 발견됨을 감안하다면 더욱더 그러하다.

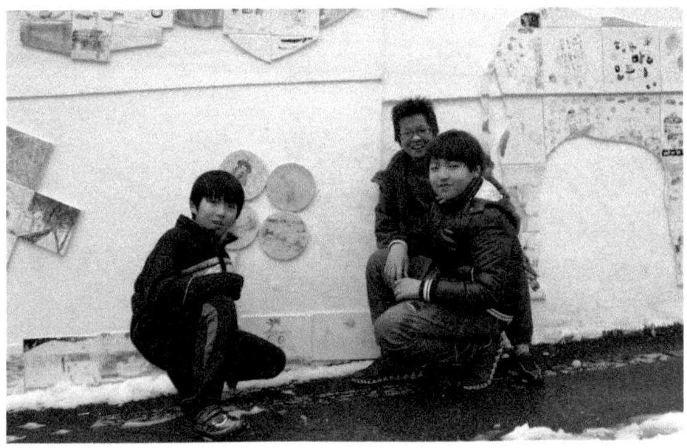

금창초등학교 학생들이 자신의 타일 그림을 확인하고 기념촬영을 하고 있다.

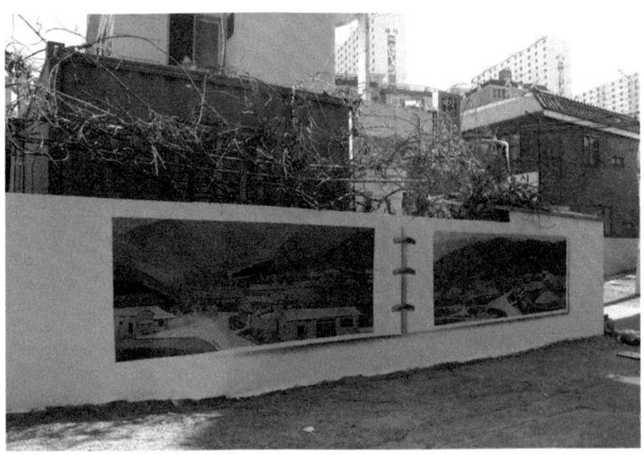

1960년대와 1970년대 공창마을 풍경 벽화

예술은 죽어가는 것, 버려진 것과 잊혀져가는 것을 기억하고 되살리는 일을 한다.[19] 동래구 복산동에 가면 이 문구가 생각난다. 복천박물관 옆으로 이어진 이 마을은 대부분 무허가 주택이다. 깨끗하고 새롭게 단장된 주택을 찾아보기 어렵다. 그러다 보니 주민들의 화합을 유도하기 또한 힘든 마을이다.

1996년 10월 5일 복천동고분군에서 발굴된 각종 유물들을 전시하고 고대 부산지역의 가야 문화 모습을 보여주기 위해 복천박물관이 개관하였다. 복천동 뒤편에 위치한 산으로서 산의 형성이 말의 안장을 닮았다고 해서 붙여진 마안산 정상에 자리 잡았다.

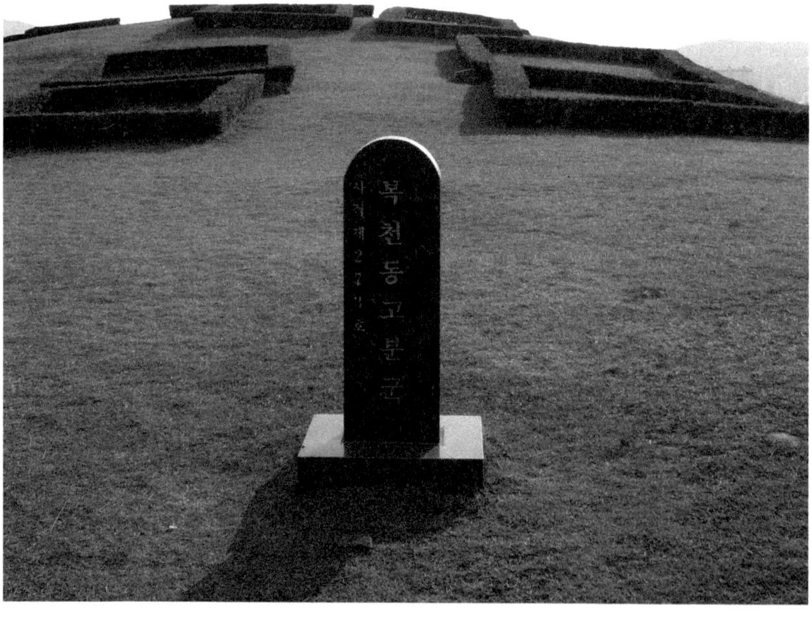

박물관 울타리 옆으로 무허가 주택이 있다. 아래로는 동래가 훤히 내려다보인다. 아래로 보면 시원한 시야가 가슴을 시원하게 열어준다. 그러나 옆으로는 200여 채에 가까운 무허가 산동네 지역이 섭섭한 인상을 준다.

이 동래구 복산동 마을에 2010년에 공공미술이 두 개나 들어왔다. 하나는 2010년 4월에 '건강한 삶'을 주제로 한 벽화사업이다. 국유지 상 무허가 집단 지역을 대상으로 마을 입구와 담벼락에 형형색색의 그림을 그려, 화사하고 깨끗한 마을 환경을 조성하였다. 건강도시 슬로건, 절주, 몸에 좋은 음식, 그린워킹 등을 소재로 하여 그림으로 메시지를 전달하는 근로사업이다. 다른 하나는 옛날 가야문화가 꽃 피었던 부산의 대표적인 자리에 가야시대의 고분군이 발견된 곳의 특징과 가야문화의 현대적 재발견을 2010년 4월 부산문화재단 공모사업(부산문화의 재발견)으로 '아트팩토리 인 다대포(대표 진영섭)'에서 진행하는 공공미술 프로젝트다. 같은 장소에 두 개의 공공미술 프로젝트가 진행되었는데, 공통점은 뭘까?

이곳은 좁고 구불구불한 도로, 가파른 옹벽, 다닥다닥 붙은 재래식 주택을 통해 산복도로의 또 다른 전형적인 풍경을 엿볼 수 있는 곳이다. 두 개의 공공미술 프로젝트는 복천박물관에서 옛 동래성의 한 성터이며 명장동으로 넘어가는 고개인 인생문까지 약 500여m 도로변과 골목을 문화공간화 사업으로 추진했다.

복산동은 일제시대의 복천동(福泉洞)과 칠산동(漆山洞)이 해방 후 조례에 의하여 합쳐지면서 복산동이라 개칭하게 되었다고 한다. 복천동이란 이름은 동래부지 성곽조에 동래읍성 안에는 우물이 여섯 개나 된다 하였고 '복이 넘쳐흐르는 샘'들이 많았다 하여 붙여져 전해 내려오고 있다. 또 가야시대 문화를 알 수 있는 복천동 고분군이

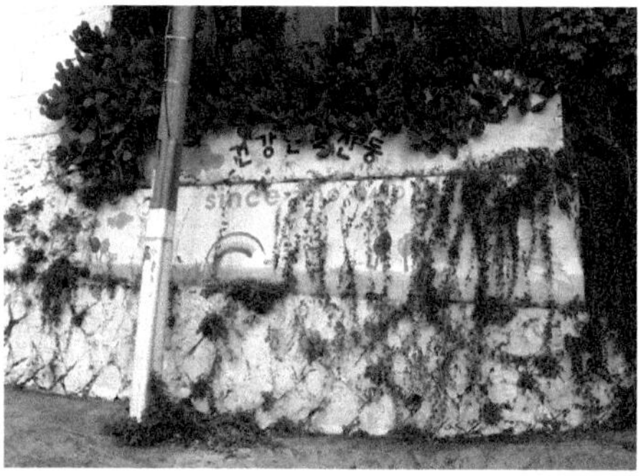

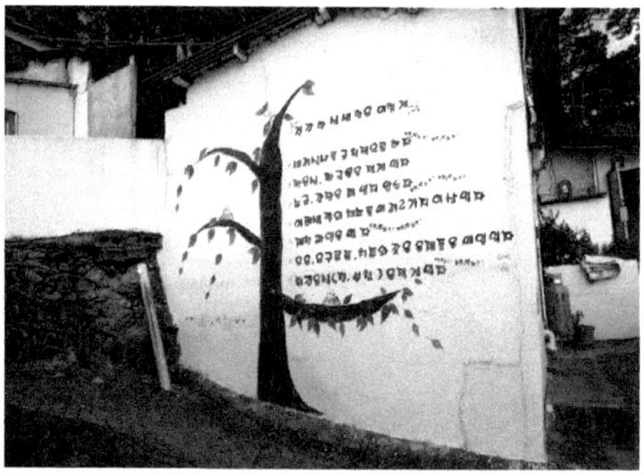

건강도시를 슬로건으로 한 벽화

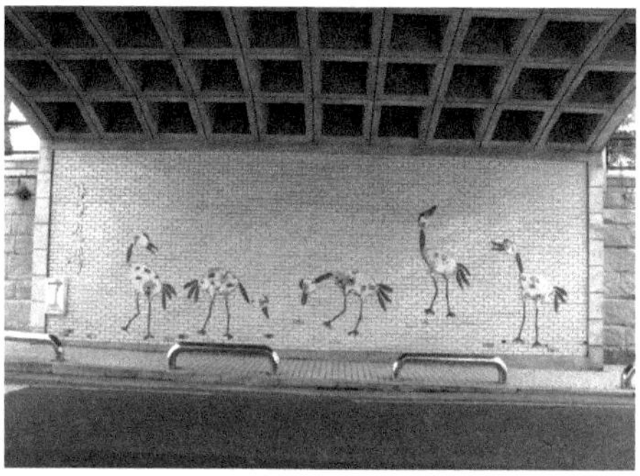

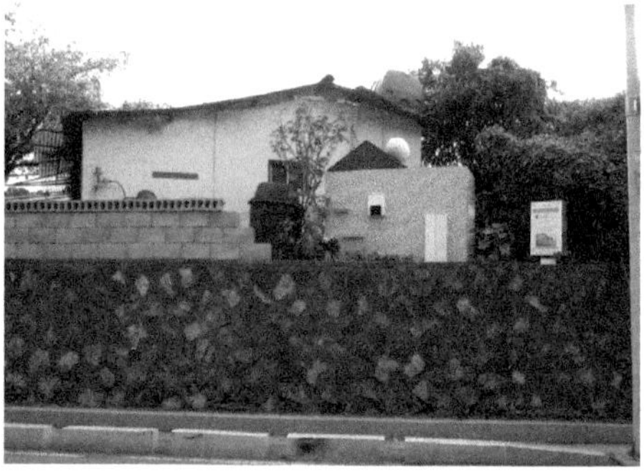

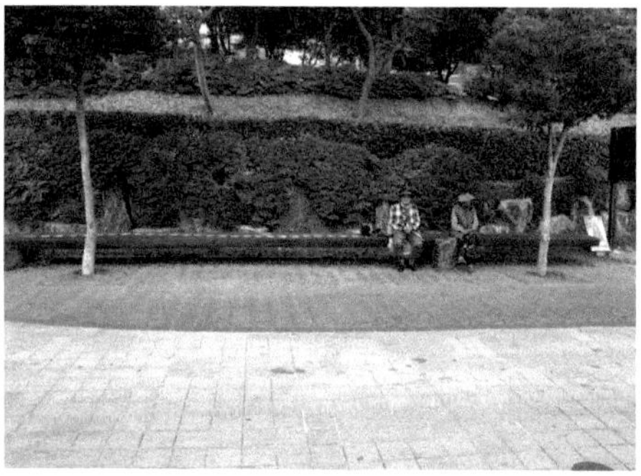

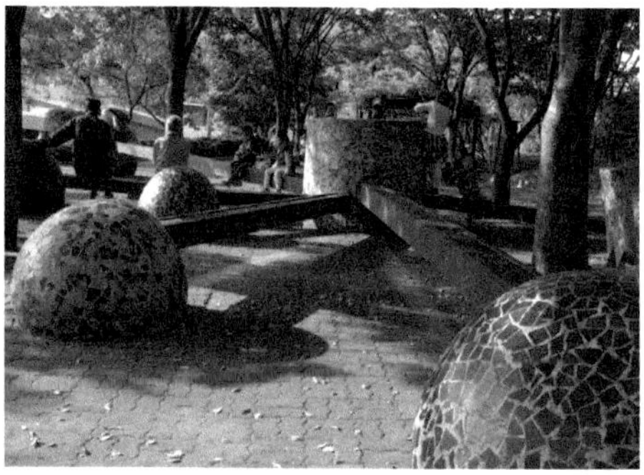

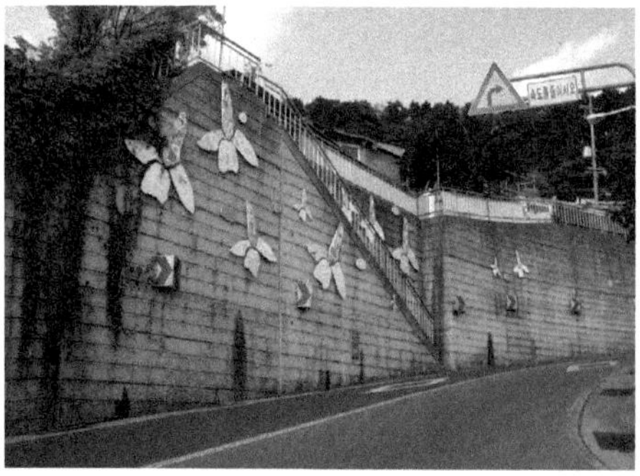

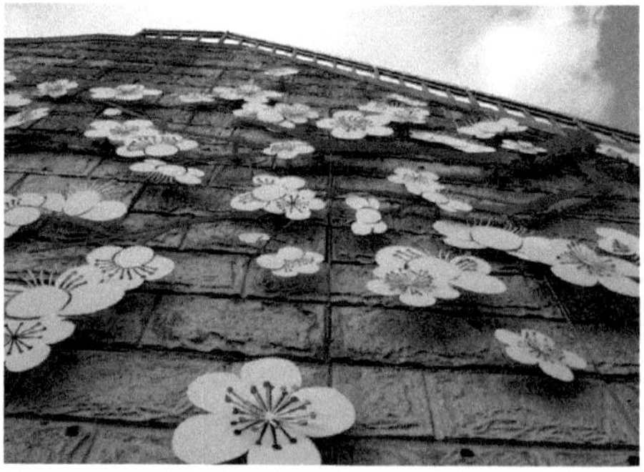

2010 공공미술 프로젝트-부산 문화의 재발견
동래에서 가야 재발견하기 설치 작품들

있다. 칠산동은 옛날 동래의 거칠산국과 관련, 동래읍성 뒷산을 칠산이라 부른 데서 연유한 것으로 본다. 이 일대가 동래에서 가야 문화를 재발견하기 위한 공공미술의 대상지가 된 이유라 할 수 있다. 그러나 건강도시 슬로건 벽화는 뭘까? 사진과 같이 동래성, 복천박물관, 고분군, 마을, 인생문으로 이어지는 지역, 지역의 유형과 모습으로 보면 건강도시 슬로건 벽화는공공미술에서 한번쯤은 생각해볼 거리를 제공해주는 곳이다.

관공서 주관의 진행과 공모사업으로 진행된 전문가 집단의 추진과의 비균제라 할까. 내가 보기에 이런 공공재를 위한 프로젝트는 문화, 역사 및 지리적 특성을 살리기 위해서 전문가에게 위임하는 방식이 좋을 듯하다.

「2010 공공미술 프로젝트-부산문화의 재발견 동래에서 가야 재발견하기」 프로젝트에서 진행한 인생문 가까이에 기마민족이었던 가야를 상징하는 말을 표현한 문병탁의 '복천동 수호신', 복천박물관 내부 쉼터에는 가야의 대표적인 유물인 칠두령에서 이미지를 가져온 벤치 기능을 겸한 김상호의 '칠두령'이라는 주제의 놀이터, 복천박물관에서 고분으로 건너가는 구름다리 아래 벽면에는 청화자기로 학 다섯 마리가 놀고 있는 모습의 김영미 작 '학소대' 등의 작품들이 눈에 띈다. 대부분 설치작업은 영구성을 가짐과 동시에 인근의 벽화마을에 비해 작품성이 수준급이다. '아트팩토리 인 다대포'의 입주작가들로 구성된 작가군이 진행하는 프로젝트라 공공미술의 질이 남다른 느낌을 준다.

이 사업을 주도한 진영섭 대표는 한 언론과 인터뷰를 하면서 "시민 참여를 이끌어내기 위해 노력했지만 주민의 참여가 저조했던 것이 못내 아쉬웠다. 마을 사람들이 자신들만의 생활공간에 외부인의 침입을 쉽게 허락하지 않은 측면도 있겠지만 사업자 측이 주민참여를 유도하기 위해 설득하고 이해를 구했어야 하는데 사업기간이 다소 짧았다"고 했다. 이런 프로젝트를 진행하다 보면 낙후지역일수록 개인의 입장에서 공과 사의 구분이 분명함을 볼 수 있다. 사의 입장이 강해 조금이나마 개인적인 손해는 보려 하지 않는다. 특히 이 지역은 문화재보호구역에 접해 있어 재개발이나 재건축도 하기 어렵다 보니 주민들의 상실감도 큰 곳이라 진 대표의 인터뷰가 이해된다.

삶은 소외되지 않고 기억될 수 있어야 대대로 사는 곳이 된다. 그러나 지나친 관심은 삶을 피곤하게 한다. 공공미술을 통해 적절한 관심을 유도할 수는 있으나 주위로부터 소외되지 않으며 대대로 이어지는 지속성에 관한 고민이 필요하다.

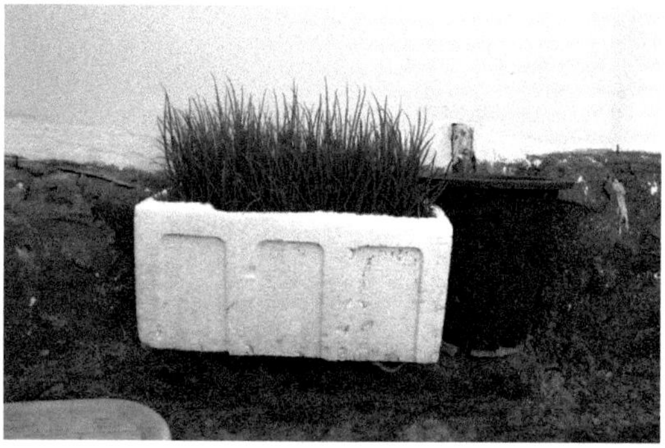

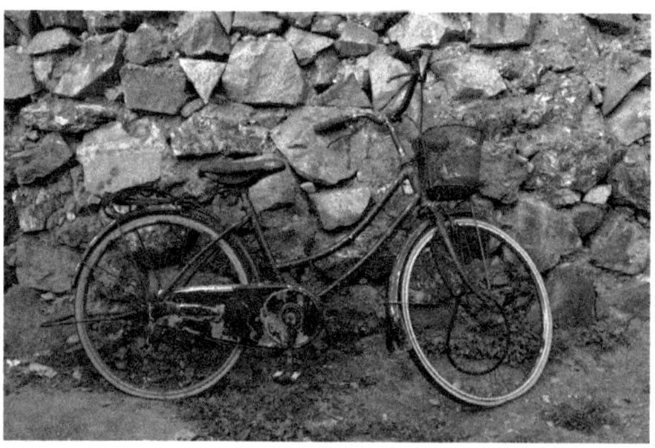

내가 이 자리에
있음으로 아름답다.

2013년 9월 27일부터 10월 18일까지 옛 부산진역사에서 '책을 그리다' 전시가 있었다. 책을 읽지 않는 현대인, 책을 읽는다고 해도 전자책(E-Book)으로 읽는 현대인을 위해 출판도서 읽기를 권장하는 사회적기업 아코아(대표 김종흠)에 의해 기획된 전시였다. 이 전시를 보니 옛 생각이 난다.

나는 미대생이었다. 미대는 등록금도 비싸지만, 책값도 칼라도판이라 비쌌다. 술 생각이 나면 비싸게 주고 산 미술서적 몇 권을 들고 보수동 책방골목을 찾는다. 물론 구입한 금액에 비하면 아주 저렴하게 팔았으며 책을 판 돈은 용두산 공원 아래 광복동에서 고갈비와 막걸리 값으로 지불되었다. 지금은 보수동 헌 책방골목도 옛날처럼 사람들이 몰려오지 않으며 책방의 수도 작아진 것 같다. 그 즐비한 광복동 고갈비 골목도 한두 집만 영업하고 있는 것을 보니 옛날 같지 않다.

책마을이라고 한다면 영국 웨일스 지방에 있는 헌책방 마을 '헤이온와이(Hay-on-wye)'가 아닐까. 처음 헌책방을 연 사람은 리차드 부스(Richard Booth)다. 그는 1938년생으로 이곳 헤이온와이에서 태어났다. 옥스퍼드 대학을 졸업한 그는 젊은이들이 자신처럼 작은 홈타운을 떠나는 것을 안타깝게 생각하여 작은 마을을 어떻게 살릴까 궁리하다 헌책방을 열게 되었다고 한다. 미국에 가서 망한 서점들이나 문을 닫는 도서관의 책들을 컨테이너로 실어 날라 1970년대에 이미 북타운으로 전 세계에 이름을 떨쳤다. 2005년 본인의 서점을 팔고 독일로 갔다고 한다. 그리고 확실치는 않지만 아프리카 말리에서 이런 아름다운 마을을 만들었다고 한다.[20] 그러나 무엇보다도 리차드 부스라는 한 사람이 세계의 모든 사람들이 찾게 만드는 최고의 책방 마을을 만들었다는 점을 기억해야 한다.

부산에도 헤이온와이만큼은 유명하지 않지만 만만치 않은 헌책방 골목이 있다. 부산광역시 중구 책방골목길 13 거리에 있는 보수동 헌책방 골목이다. 보수동 책방골목은 6 · 25 한국전쟁 때문에 부산으로 피란을 온 많은 사람들이 국제시장 일원에 정착한다. 부산소재 학교는 물론 피란 온 학교까지 구덕산 자락 보수동 뒷산 등에서 노천교실, 천막교실을 운영하면서 수업을 했던 탓에 보수동 골목길은 수많

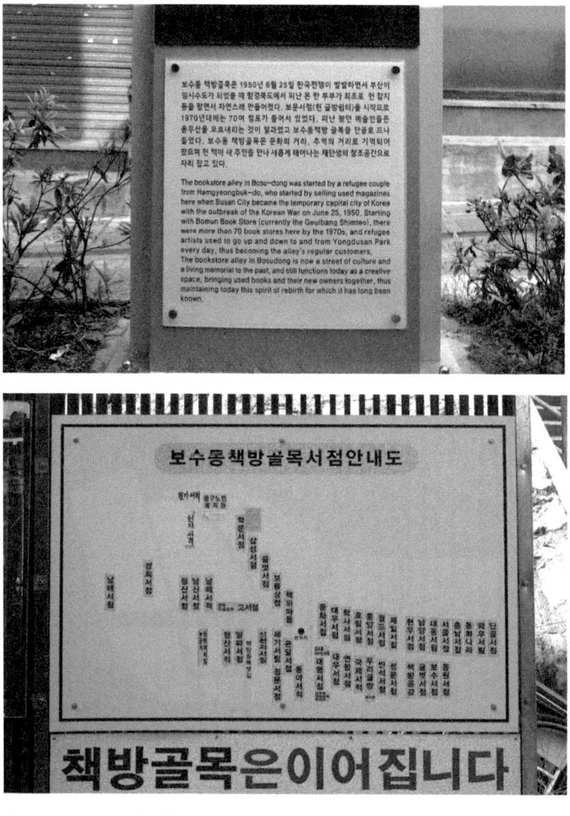

부산시 보수동 책방골목 안내도

은 학생들의 통학로로 붐비게 되었다. 당시에는 수많은 학생들과 지식인들이 공부하고 싶어도 책을 구하기가 매우 어려웠기 때문에, 헌책에 대한 수요가 매우 늘어나던 시기였다.

이때 이북에서 피란 온 보문서점의 손정린 부부가 보수동 사거리 입구(현재 글방쉼터) 골목 안 목조 건물 처마 밑에서 박스를 깔고 미군부대에서 나온 헌 잡지, 만화, 고물상으로부터 수집한 각종 헌책 등으로 노점을 시작한 것이 지금의 보수동 책방골목이 되었다. 점차 다른 피란민들이 가세하여 하나둘 노점과 가건물이 늘어나 책방골목이 형성되었다.

대학시절 이후 약 20여 년이 지난 2013년 5월에 다시 찾았다. 국가에서나 부산시 차원에서도 이곳의 옛 모습을 다시 찾기 위해 부단한 노력을 기울이고 있다는 인상을 받는다. 우선 깔끔한 바닥정비에 유명한 책이름과 작가가 새겨진 브론즈타일, 야간과 매월 첫째, 셋째 주 일요일 책방들의 휴무일에만 볼 수 있는 셔터 위 그래피티가 있다. 박물관, 북카페 등이 만들어져 있어 여유를 가지고 골목을 둘러볼 수 있다. 또 계단을 따라 마을로 올라가는 길 옆에는 동

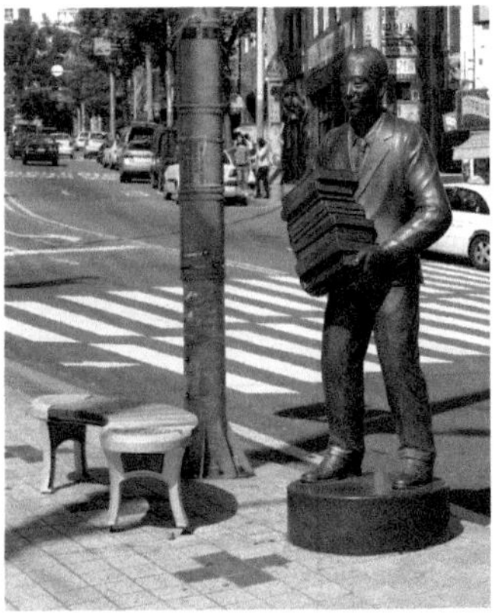

보수동사거리에 설치된
책방골목 기념 조형물

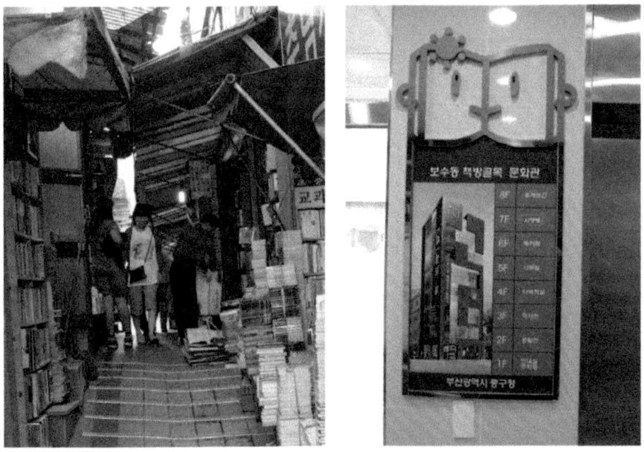

보수동 책방골목과 책방골목 문화관

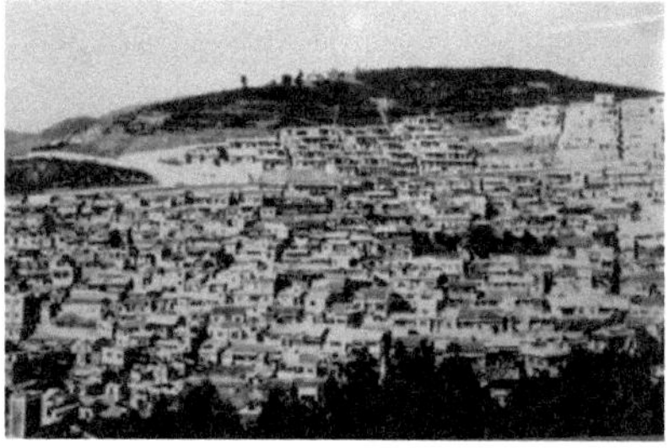

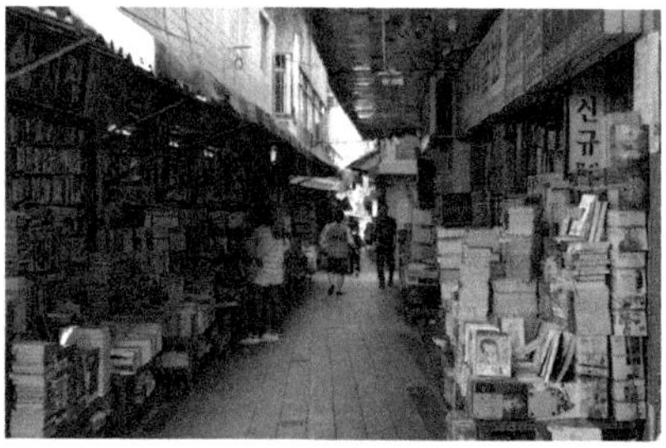

보수동 옛 모습과 현재 책방골목

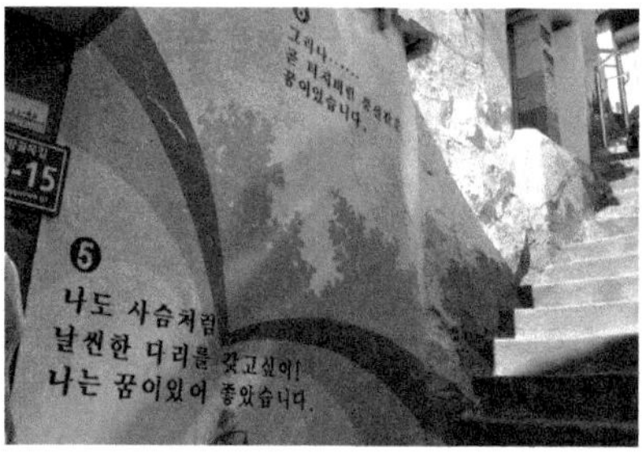

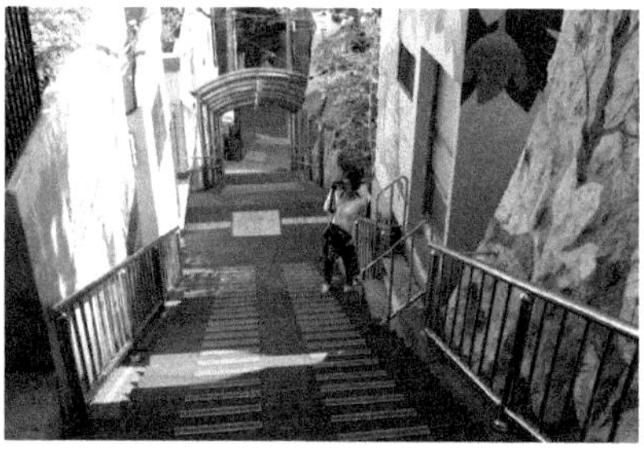

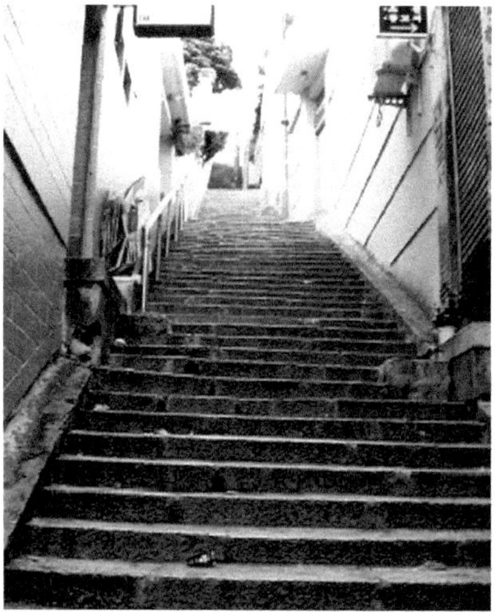

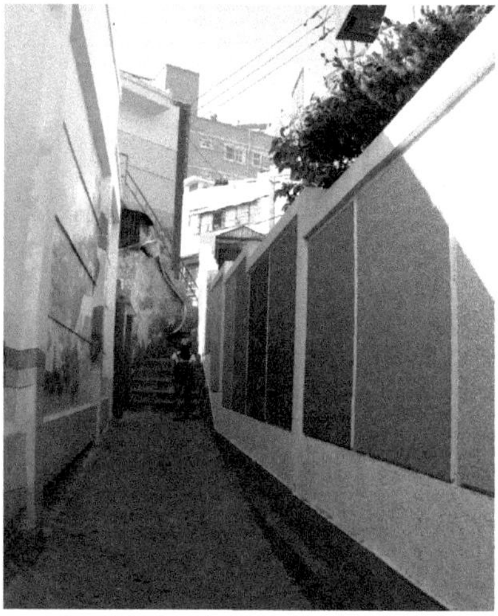

옛 계단과 현재 정비된 모습, 그리고 동화벽화

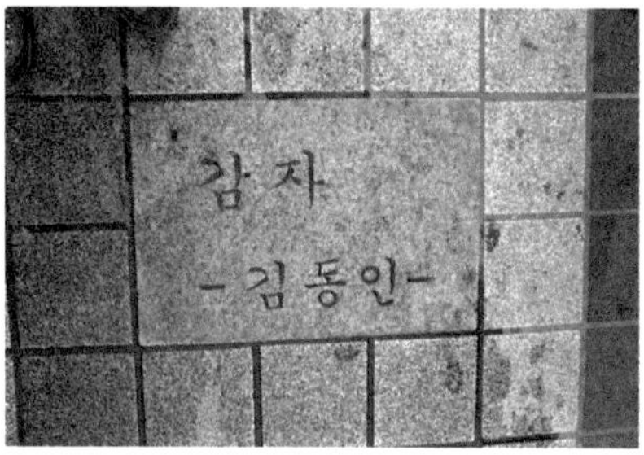

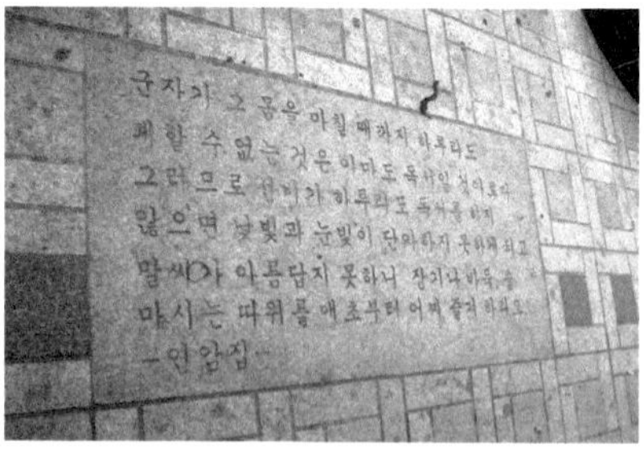

책명과 좋은 문구로 바닥을 정비한 책방골목

화형식으로 벽화가 제작되어 있다. 재미있는 것은 벽화마다 번호가 매겨져 있는 점이다. 카멜레온의 여행이란 주제로 총 여덟 개로 나누어진 벽화를 비롯하여 고향을 떠난 카멜레온이 삶의 힘든 여정을 통해 성숙해져 고향의 품으로 돌아온다는 스토리가 함께 벽화마을을 지키고 있다.

헤이온와이에 비길 수 없지만, 책을 만드는 파주 출판단지와 달리 보수동 책방골목은 친근한 인상을 준다. 근처 남포동, 자갈치가 인접한 이곳은 연인들이 책을 보면서 데이트를 즐기기에 좋은 곳이다. 책과 벽화로 만들어진 우리나라의 대표적인 책방마을을 들러보자. 독서량이 줄어들고 있다는 요즘에.

| 주 |

1 카페 '전통주 만들기' http://cafe.daum.net/Homebrewing

2 카페 '전통주 만들기' http://cafe.daum.net/Homebrewing

3 사)문화예술인적자원개발센터, 「2012 창조문화프로그램 결과자료집-문화마을, 우리가 함께 만드는 지역이야기」, 부산광역시, 2012, p.53.

4 부산발전연구원 부산학센터, 「부산의 산동네-부산을 읽는 상징적 텍스트」, GoodDesign연구소, 2008, pp.29-30, 90 참고.

5 미술이 죽어야 공공미술이 산다, 〈부산일보〉, 2010. 5. 27 참고.

6 「최학림의 근현대 부산 엿보기-문현동 안동네」, 〈부산일보〉, 2012. 12. 18.

7 국토연구원 도시재생자원사업단, 「한국의 녹색도시 · 마을만들기」, 국토연구원, 2010, p.188.

8 부산발연전연구원 · 부산학센터, 『부산의 산동네-부산을 읽는 상징적 텍스트』, GoodDesign연구소, 2008, pp.54-55 참고.

9 부산발연전연구원 · 부산학센터, 『부산의 산동네-부산을 읽는 상징적 텍스트』, GoodDesign연구소, 2008, pp.174-180 참고.

10 국토연구원 도시재생자원사업단, 「한국의 녹색도시 · 마을만들기」, 국토연구원, 2010, p.182와 임회숙, 『길 위에서 부산을 보다』, 산지니, 2012, pp.124-129 참고.

11 「도시 재생 사업 최고 모범 사례 감천문화마을 '관광객 10만 시대'」, 〈부산일보〉, 2013. 1. 9.

12 부산발전연구원 · 부산학센터, 『부산의 산동네-부산을 읽는 상징적 텍스트』, GoodDesign연구소, 2008, p.16.

13 부산발전연구원 · 부산학센터, 『부산의 산동네-부산을 읽는 상징적 텍스트』, GoodDesign연구소, 2008, p.73.

14 「기차길옆 마을, 희망이 달린다-도심 속 빈곤의 섬, 세상 밖으로」, 〈부산일보〉, 2012, 9, 10.

15 「부산학개론⑧ 눈여겨보지 않으면 보이지 않는 개금3동 벽화마을」, 부산시 공식블로그, http://blog.busan.go.kr 참고.

16 부산문화관광, http://tour.busan.go.kr

17 http://library.bsbukgu.go.kr

18 구본호, 「2012 금곡동 공창행목마을 골목길 문화사업 공창」, 신라대학교 산학협력단, 2013, pp.9-11.

19 박삼철, 『왜 공공미술인가』, 학고재, 2006, p.242.

20 http://siwaoasis04.blog.me/140198487563

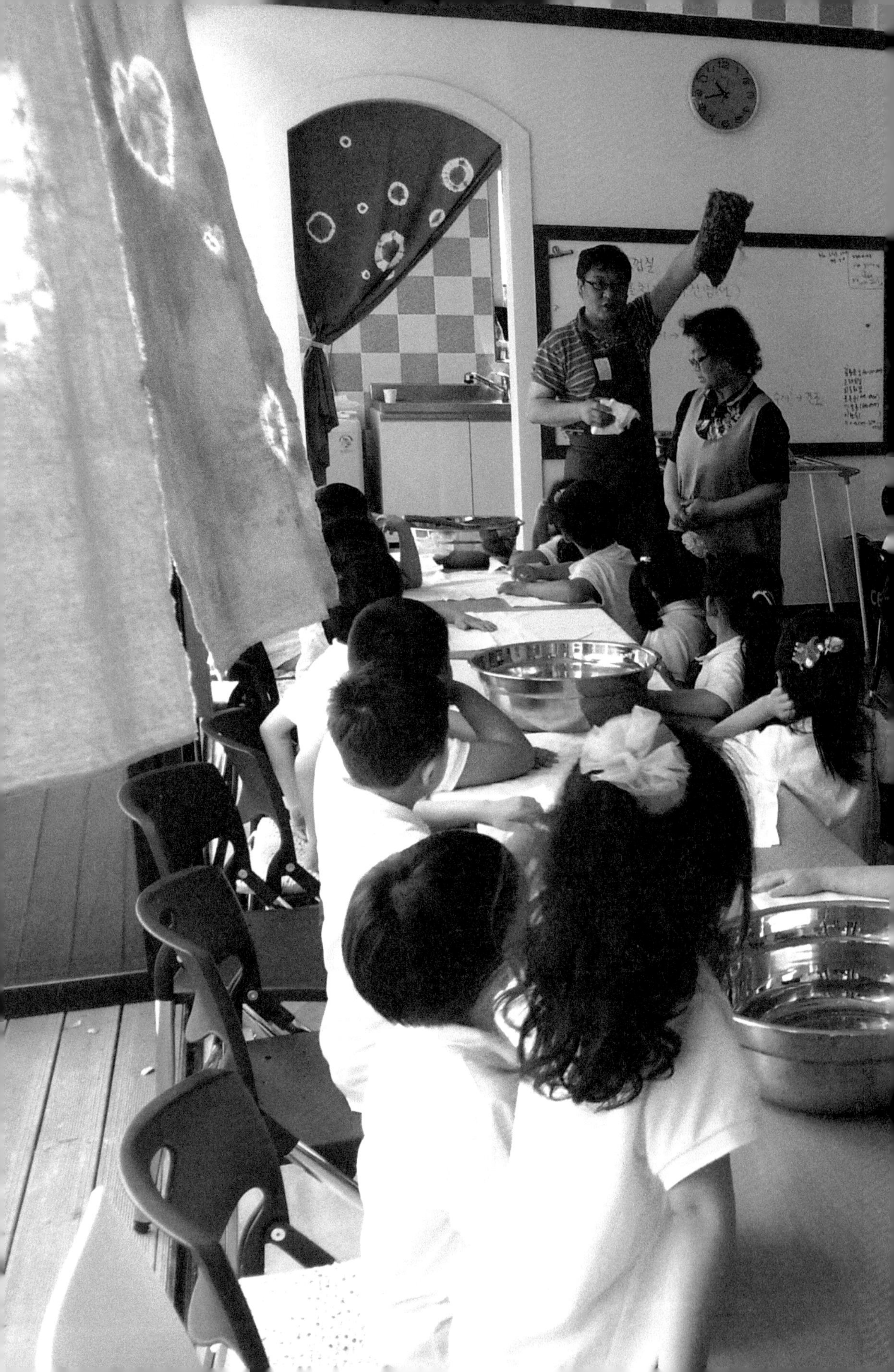

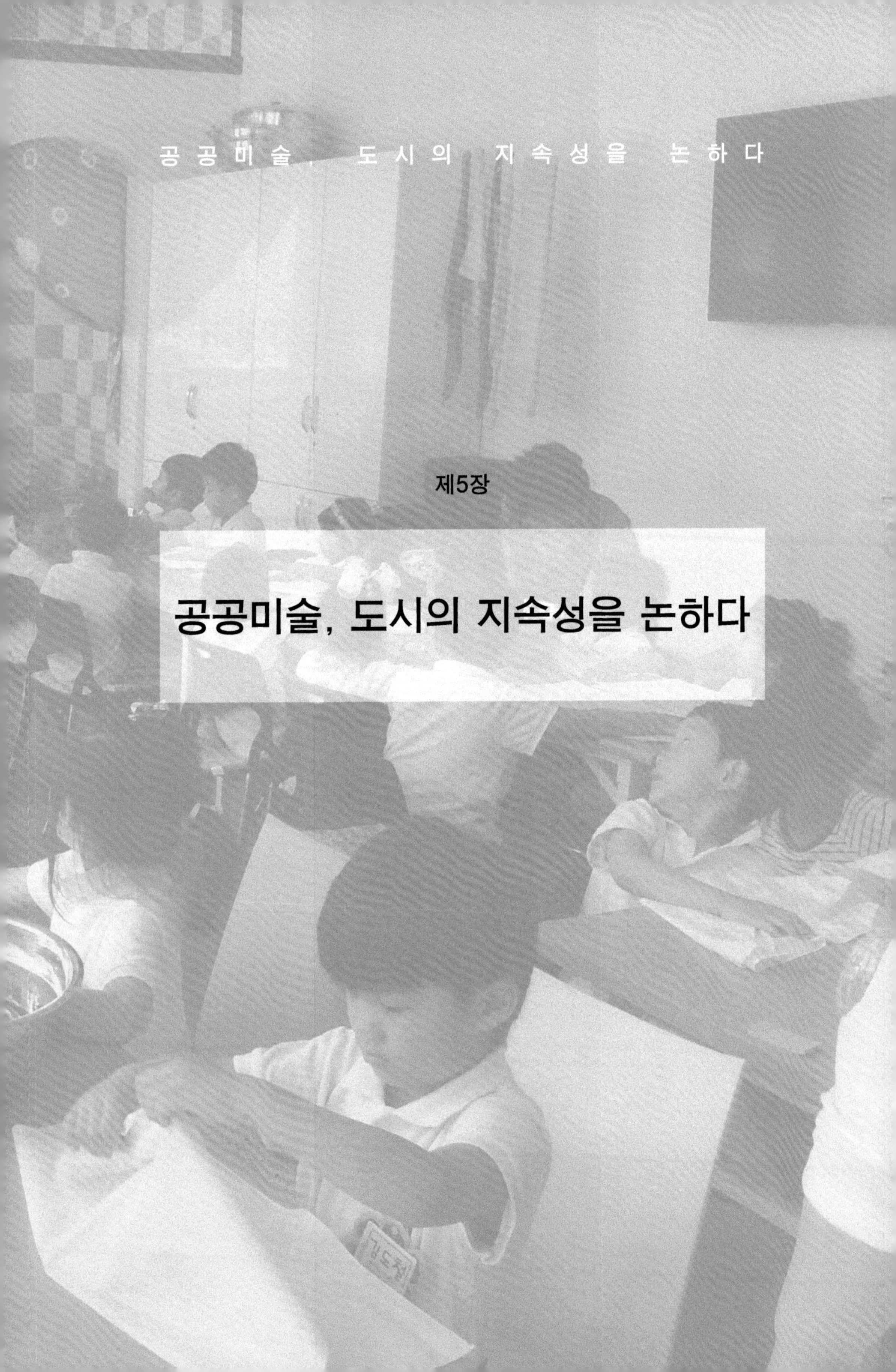

제5장

공공미술, 도시의 지속성을 논하다

1 공적 공간으로서의 권리

사적 공간과 공적 공간

앞장에서 공공성 개념을 정의하였다. 이 개념의 정의에 있어 중요하게 고려해야 하는 것은 사적(私的)인 것이 문제이다. 왜냐하면 공과 사는 서로 규정하고 제한하는 대립관계에 있기 때문이다.

공을 생각할 때 사를 전제하고, 사를 생각할 때 공을 전제하는 것이 우리의 사고 속에서는 당연한 일이다. 따라서 일반적으로 공공성을 개념화할 때, 사적인 것과 공적인 것을 구별할 수 있는 기준을 제시하거나 사적인 것과 구별되는 공적인 것의 특성들을 나열하는 방식을 취하고 있다는 것이 그 이유이다.

듀이는 어떤 행위가 다른 행위자들에게 미치는 결과라는 관점에서 '공공적인 것'의 특징을 규명했다. 그는 두 종류의 행위 결과를 구분하고 있는데, 하나는 행위자 간의 교류에 직접적으로 연루된 사람들에게만 영향을 미치는 행위결과이며, 다른 하나는 직접적으로 연관된 사람들을 넘어서는 결과를 낳는 행위결과다. "사적인 것과 공적인 것의 구분은 어떤 행위의 결과가 미치는 정도와 범위가 그 행위를 고무 또는 억제하는 통제를 필요로 할 정도에 이르는지 여부에 따라 이루어져야 한다."[1]고 했다. 그렇다면 '사적인 것'과 '공공적인 것'의 정의는 형이상학적 분석으로서 이해되어야 한다는 것이 분명하다.

공간은 물리적 차원뿐만 아니라 심리적 · 사회적 · 정치적 차원에 대한 요구를 수용하기 때문이다.

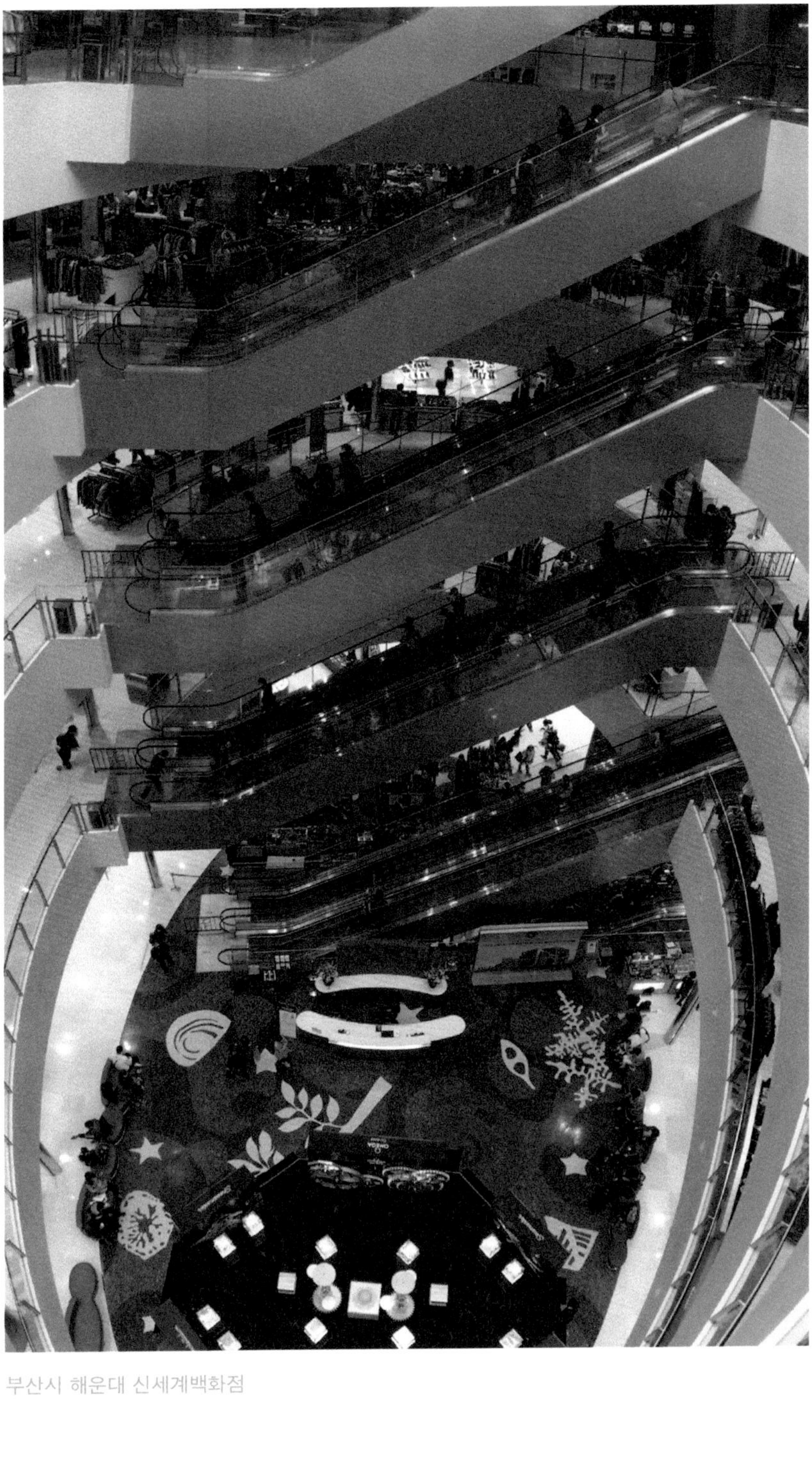

부산시 해운대 신세계백화점

현대 사회는 과거에 존재하지 않던 다양한 공공장소가 형성되고 있다. 소유권이 확실한 실내 · 외 사적 공공공간이 그러한 예이다. 어떠한 공간이든 그 공간의 이용 여부는 결국 개인이 정하는 것이다. 예로는 아시아에서 가장 크다는 부산 해운대 신세계백화점 센텀지점이나 일본 후쿠오카의 마리노아시티 등 대중이 이용할 수는 있으나 순수한 의미에서의 '공공'만을 위한 공간이 아닌 '공공공간'이다.

이용자 측면에서 본다면 공공공간이란 '공적 공간 및 사적 공간 중 일반인들에게 개방되어 있는 실내 · 외 공간을 모두 말한다.'라고 정의할 수 있겠다. 공간에는 공적 공간과 사적 공간으로 크게 분류된다. 양측 모두 개방/폐쇄의 공간을 가진다. 개방된 공간을 공공공간이라 할 수 있다.

| 공간의 도식화 |[2]

<table>
<tr><td></td><td colspan="6">공간(Space)</td></tr>
<tr><td>소유권</td><td colspan="3">공적 공간(Public Own Space)</td><td colspan="3">사적 공간(Private Own Space)</td></tr>
<tr><td>개방성</td><td>폐쇄
(Closed to the Public)</td><td colspan="2">개방
(Open to the Public)</td><td colspan="2">개방
(Open to the Public)</td><td>폐쇄
(Closed to the Public)</td></tr>
<tr><td>위치</td><td></td><td>실내
(Indoor)</td><td>실외
(Outdoor)</td><td>실외
(Outdoor)</td><td>실내
(Indoor)</td><td></td></tr>
<tr><td>이용자 측면</td><td></td><td colspan="4">공공공간(Public Space)</td><td></td></tr>
</table>

공간은 개방과 폐쇄를 이어주는 영역이 있다. 그래서 공간에는 준공적 공간과 준사적 공간이 있다.[3] 준공적 공간은 우리들이 공동사회나 거리를 형성하는 도시적 기반으로서 공적인 도로, 공원 등과 개인이 속하는 건물 사이의 공간을 의미할 뿐만 아니라, 내부에서도 복도, 계단, 홀과 같이 단위를 연결하는 부분을 포함한다. 사적인 공간에서 안방은 사적 공간이지만 거실은 준사적 공간이며, 개인 주택의 마당, 개인 상가의 입구 주차금지용 볼라드가 설치된 곳 또한 준사적 공간이다. 공간이 형성되는 장소, 그리고 공간 간의 연결은 특히 주거지개발에 있어서 매우 중요하다.

아파트 단지는 주거의 집합체이다. 그럼에도 불구하고 외부공간, 공공공간에 대한 인식은 부족하다. 한마디로 공공공간의 비약이다. 이는 도시기반시설에 대한 공공 투자 없이 사적 투자에 의존한 개발방식의 결과다. 사유공간에 대한 관심은 갈수록 높아지고 있지만 공공에 대한 관심은 상대적으로 소홀했다. 그리고 이제 이 아파트는 유명 학원가에 둘러싸여 있고 같은 신분끼리만 사귀고 교제하며 사회적 네트워크를 형성하고, 같은 헬스클럽과 문화센터를 다니며 교양을 쌓는 그들만의 성채가 되어버렸다. 공간의 신분적 차별화다.[4]

공공공간과 준공공공간이 많이 존재할 경우 도시민들은 사회구성원으로 사회에 속해 있다는 느낌과 다양한 사회구성원들을 만나고 이들과 여러 가지 활동들을 할 수 있는 공간이다. 이러한 공간이 잘 어울려야 주거지들의 안정성과 편리성 등이 조성될 수 있다는 것은 누구나 알고 있을 것이다.

공적 공간의 활성화가 필요한 시기이다.

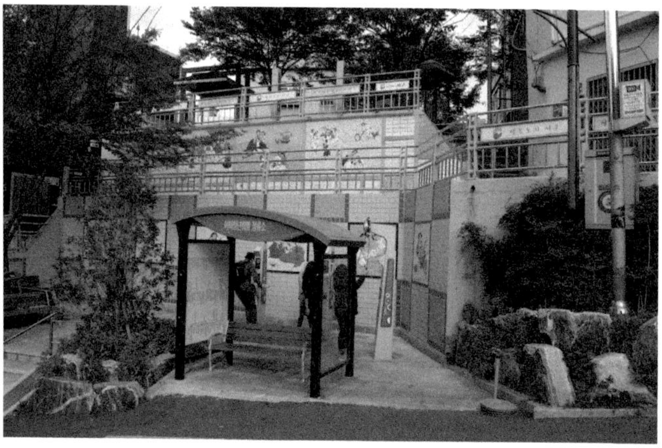

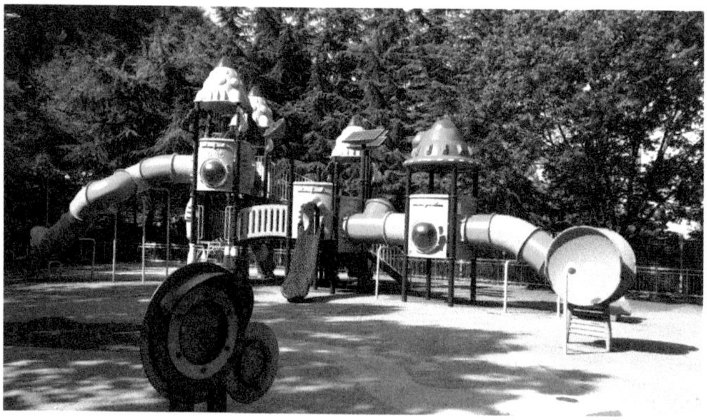

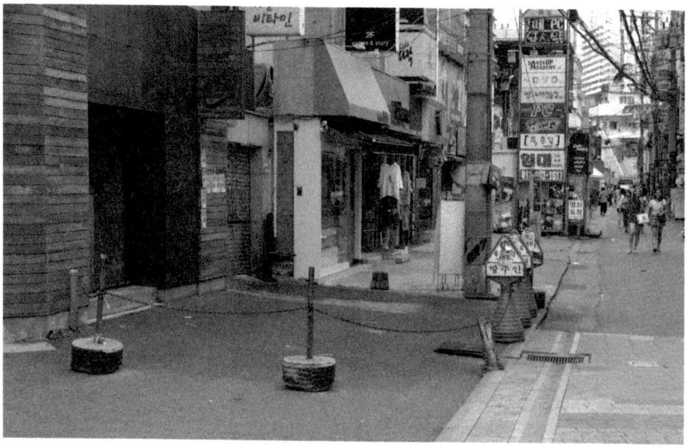

사회구성으로 함께 공유해야 할 공공공간들

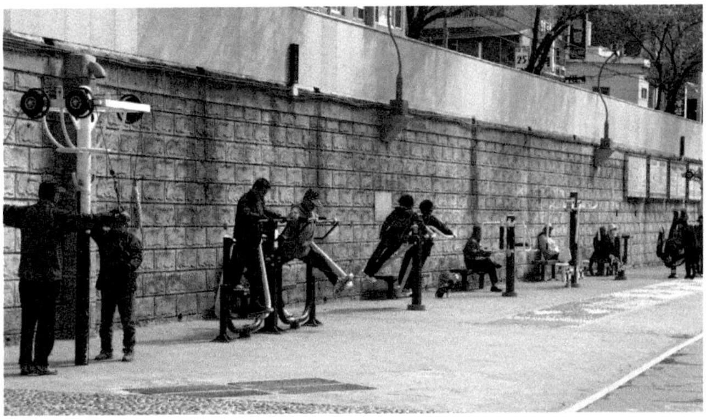

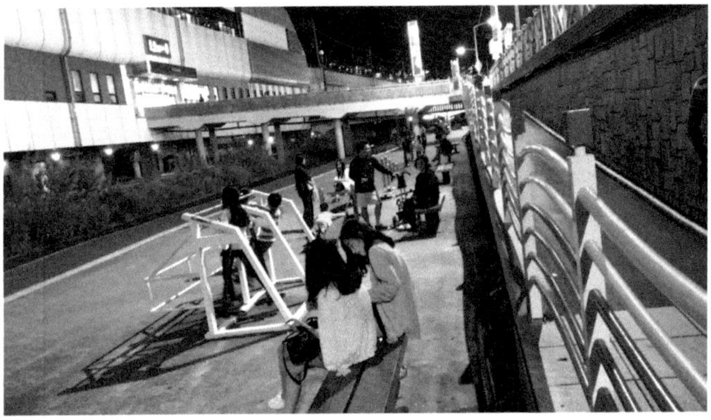

온천천의 공공공간에서 운동을 하는 등 공간을 활용하고 있는 시민

에드워드 글레이저(Edward Glaeser)는 『도시의 승리』에서 미국의 많은 후기 산업도시의 쇠퇴를 얘기하면서 "빌바오 구겐하임 박물관 인근에 살았던 세입자들은 박물관으로 인해 임대료가 크게 올랐기 때문에 적어도 그들이 현대적 예술품과 건축 양식에 조예가 거의 없었다면 피해를 입은 것이 틀림없다."고 했다.[5]

통영 동피랑이 벽화로 유명한 관광지가 되었다. 거가대교가 연결된 후 평소보다 더 많은 사람들이 찾는다. 언덕 위에 위치한 마을은 판자촌에 가까운 집들이 있고, 아래에는 수산물 시장이 있다. 마을의 뒤쪽은 고층 아파트가 자리하고 있다. 장소적 특징과 공공미술 관람차 찾는 사람들에 비해 이 마을에 살고 있는 사람들은 이렇게 많은 관광객이 오니 행복할까? 귀찮을까?

내가 보기에 마을 주민들은 박물관의 안내원과 같다. 자판기의 커피 한 잔도 팔지 않는다. 관람객은 박물관의 구석구석을 구경하고 기념품가게를 들르듯이 아래 수산시장에서 아픈 다리와 허기를 풀고는 케이블카로 떠난다. 글레이저의 말에 따르면 구겐하임 박물관 인근 주민들은 결코 행복하지 않을 것이다.

필자가 프로젝트를 진행할 때 일이다.

2011년 가을 부산광역시 사상구 괘법동 행복마을에 '고샅길 프로젝트'를 진행했다. 쉼터 설치 예정지 앞 주택의 집주인은 2차선 소방도로 맞은편 빌라에 거주하고 있으며, 이곳은 임대로 거주하는 할머니 몇 분과 유치원생 아이 둘을 두고 있는 젊은 부부가 살고 있다. 대문 입구가 불안하고 불규칙전인 계단에 할머니들은 평상을 펴고 앉아 도란도란 얘기를 나누고, 아이들은 계단이 마치 장난치며 노는 놀이터였다. 누가 봐도 불안한 계단이다. 그리고 이 마을은 주민들이 모여 쉴 만한 공간도 없다. 그래서 프로젝트에서 생각한 것이 쉼터였다. 좋은 말로 지역민을 위한 커뮤니티 공간이었다. 데크를 수평으로 불규칙 계단을 단장하면 약 60여 평이 나왔다. 동네 주민들이 모여 간단한 반상회가 가능하리 만큼 괜찮은 크기의 공간이 되는 셈이다.

주민설명회를 거쳐 조감도를 보여주며 주민과 집주인의 동의로 진행했다. 문제는 철골을 설치하면서부터다. '데크에 지붕을 설치하라', '세금낭비다.' 등의 제기를 받은 것은 약과다. 무엇보다 주인의 이유 없는 불만이라 할까. 어떻게 해달라는 요구도 없었다. 요구사항 없

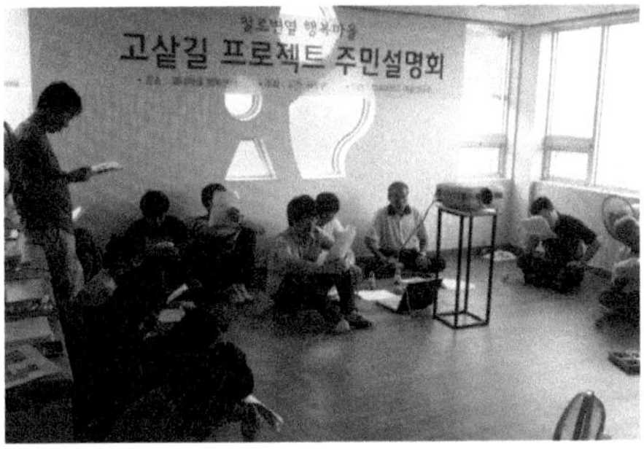

주민설명회 장면

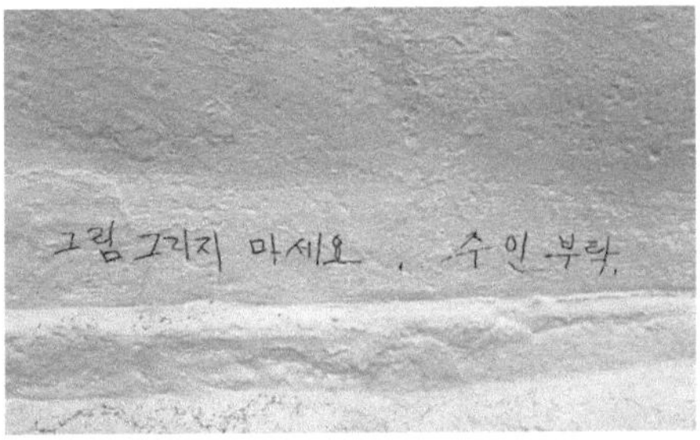

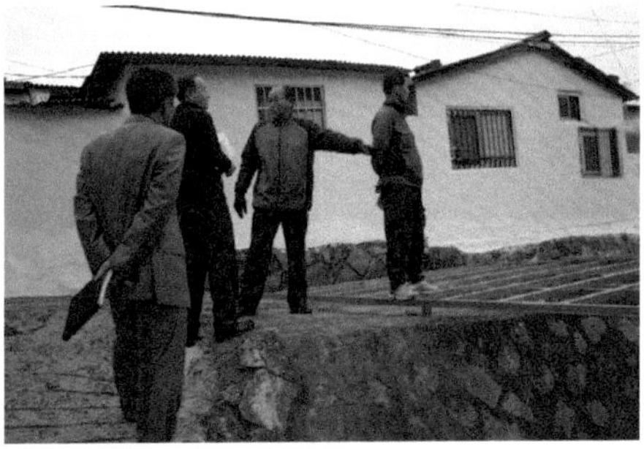
현장에서 이의를 제기하는 지역민들

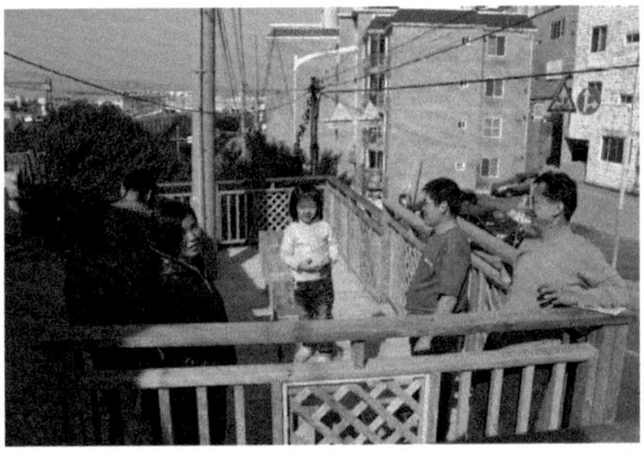
지금은 커뮤니티 공간으로 활용되고 있다.

이 몇 차례 구청으로 민원을 넣었다. 요구사항이 없었기에 충족 조건을 채울 수가 없었다. 나는 기획자로 최종 결론을 내렸다. “철수, 최대한 원상태로 복구해라.” 작품을 담당한 최성환 작가와 행정팀에 지시를 내렸다. 그리고 구청에 통지했다. 쉼터 계획지의 옆집과 구청의 만류와 함께, 그제야 합의점을 찾았다. 이유는 사람들이 여기에 모이는 것 자체가 싫은 것이었다. 소음이 싫고, 쓰레기 투기가 싫고, 미래의 잠재적 범죄가 싫다는 것이었다. 구청장과 담당 공무원, 작가, 행정팀의 노고 끝에 당초의 계획과 달리 테크를 계단식으로 만들었고 밤에도 노인, 아이들의 야간통행을 위해 태양열 조명을 설치하여 마무리했다.

여기에서 나는 하나를 간과하고 있었다. 주민들의 사적 공간과 공적 공간에 관한 인식이었다. 골목길이 불규칙적인 계단일지라도, 지역민이 함께 공유하지만, 내 집 앞은 사적 공간이라고 믿는다는 것이다. 준공적 공간도 사적 공간으로 인식하고 있다. 그리고 이곳은 누구의 간섭도 받고 싶지 않은 사적 공간이라는 것이다.

부산의 산복도로 르네상스 마을 만들기 계획가로 활동한 동의대 신병윤 교수는 이렇게 말한다.

“주민들은 주어지는 관리 권한을 싫어한다. 주민들에게 있어서 공적 공간은 항상 구청이 유지 관리하는 대상이었다. 주민들은 주체적으로 공적 공간에 접근하고 사용하는 데에 익숙하지 않았다. 주민들은 늘 스스로 자신들을 공적 공간의 수혜 대상으로 위축시키며 살아왔다. 주민들은 구청에서 공적 공간의 제공뿐만이 아니라 유지 관리까지 모든 것을 요구한다. 자신들에게 주어질 수 있는 최소한의 자율적 권한도 주민들은 귀찮아한다. 그만큼 주민들은 이기적인 속성을 가지고 있다. 심지어 자신의 집 앞에서 자주 쉴 수 있는 편의를 포기하면서까지 외부 보행자들이 자신의 집 앞에 휴식을 위해 머무는 것에 대하여 거부감을 갖고 있는 것이다."

그리고 그는 "이들 주민들이 이러한 군집을 위한 의자 등의 설치에 반대하는 이유는 소음 발생 우려, 익명의 불특정 다수와의 접촉기회 확대, 잠재적 범죄의 발생가능성 등과 같이 자신의 사적인 주거에 대하여 프라이버시를 침해받을 가능성 때문이다."[6]라고 말한다.

마르크스가 지적한 것처럼 공공공간과 사적 공간의 분리라는 이분법은 사회적, 공간적 소외를 유발하게 된다. 사적인 간섭 또는 개인주의 경향은 공적 영역의 비공간화를 초래한다. 공공공간의 정치, 경제, 사회, 문화적 역할과 기능의 감소를 의미한다. 사적 공간의 계속적인 확장과 담장화의 진전으로 인해 근대 도시의 공간에서 공공공간이 잔여 공간으로 남게 된 측면도 여기에 있다.

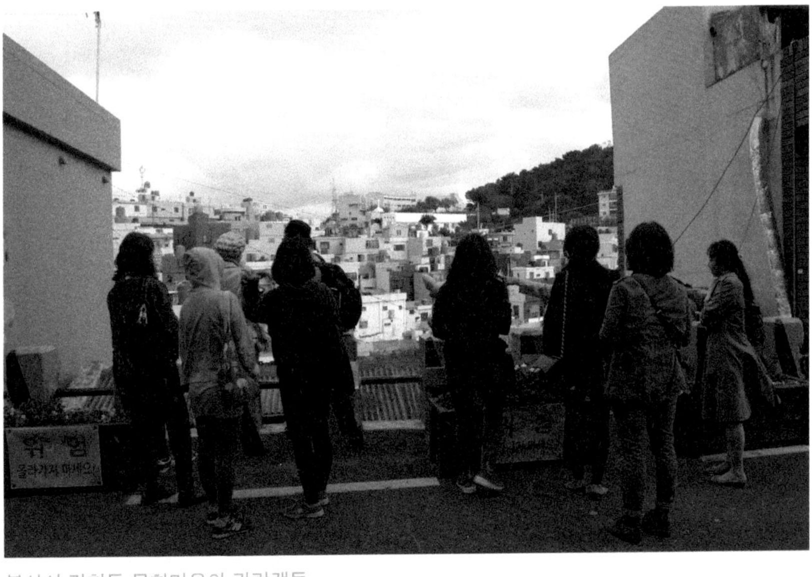

부산시 감천동 문화마을의 관람객들

최근 감천동 문화마을에도 종종 이런 문제에 관한 보도가 나온다. 관람객이 지나치게 사적 공간으로 진입하는 것도 문제가 되지만, 공적 공간, 또는 사적 공간에 대한 관람객과 주민들의 이해도의 폭이기도 하다.

주민들이 자신의 주거지를 공적 공간으로부터 단절시켜 보호하고 동시에 공적 공간에 대해서도 사적인 간섭을 거부하는 것은 그만큼 우리사회에 개인주의가 강하고 범죄에 대한 공포감이 강하다는 것을 의미하리라.

2 도시의 지속성과 가능성

과정의 미학

공공미술을 진행하는 예술가 혹은 기획자는 공공의 적이 아니다.

공공미술은 이후 관리의 문제로 '공공미술을 더 이상 진행하지 말아야 한다.' 혹은 '도시의 흉물이 된다.' 등의 이야기를 많이 듣는다. 그래서 기존 옹벽의 벽화가 낡아가고 있으니 복원의 예산문제, 관리문제 등으로 아예 담쟁이 넝쿨을 심어 벽화를 가려버리자는 얘기도 있다.

마을에 미술이 왜 필요했는가? 미술을 통해 마을이 어떻게 바뀌어 갔는지를 생각해봐야 한다.

공공미술은 마을 만들기에서 과정의 미학이다.

공공미술을 진행하는 예술가는 마을을 바꾸는 마을의 리더이며 전문가다. 미술이 만드는 기억은 사람들을 보듬어내고 삶을 동반하는 이웃으로 만들어 함께 사는 둥지를 튼실하게 꾸민다. 과정이 중요하기 때문에 공공미술은 사용자들이 자발적으로 참여하고 함께 만들어가는 시간의 미학, 과정의 미학에 생명이 달려 있으며, 과정 없는 미술은 곧 죽은 것임을 우리는 깨닫게 된다.

간혹 정부의 기관에서 진행하는 공공예술사업에서 공모로 진행하면서 주민참여형 진행을 요구하는 공모가 있다. 그러나 공모에서 기획단계부터 주민참여는 불가능한 실정이다. 주민 참여를 위해 공동체 구성 등 해야 할 일이 너무 많다. 공모에 선정되면 다행이지만 공모 결과가 좋지 않을 경우 도루묵이 된다. 주민들에게는 신임까지도 사라진다. 선정된다고 해도 사소한 일부터 결과까지 기획자가 책임을 져야 한다. 그래서 대부분 기획자는 먼저 초안을 잡고 선정되면 주민들과 협의를 과정을 선택한다. 이때 역시 제안서와 유사한 사업이 진행되어야 하기에 진행과정에서 일어나는 변수를 점칠 수 없다. 공공미술은 잘해도 본전이다.

크지만 작은 것을 원하겠는가, 작지만 큰 것을 원하겠는가?

정부기관 주도형 단발식 공공예술사업은 기간 내 진행하는 과정들은 크게 보이지만 종료 후 작아지거나 사라지는 행사가 비일비재하다. 그러나 지역의 문화, 예술, 생태를 고려한 주민참여형 프로젝트는 시작은 미비하나 지속가능한 행사다. 시간이 필요하다. 그래서 진행과정에 따른 결과를 독촉하지 말아야 한다.

또 다른 하나는 모든 공공예술이 주민참여형으로 진행되지 않는다는 점이다. 전술의 예처럼, 공모사업은 어려운 여건이 있다. 그럼에도 불구하고 우리는 수잔 레이시가 뉴 장르 공공미술을 제시한 이후 모든 공공예술은 주민참여형으로 진행되어야 한다는 강박관념을 가지고 있다.

공공미술은 지속가능한 마을 만들기의 과정이지 결과가 아니다. 이 역시 공모-선정-진행-보고서 제출 방식의 단발성 공공예술사업이 아니라 충분한 시간과 함께 진행되었으면 한다.

'공공미술+장소'에 대한 주민참여 생활문화 시스템 구축이 필요하다. 공공의 미술이라는 이름으로 아름답게 꾸미려는 성급한 판단이 문화를 빌미로 주장은 하지만 가장 비문화적인 행위이다. 천천히 지속적이고 가능성 있는 진행을 위해 공동체 참여와 비참여자들의 알음알이 네트워크를 만들어야 하며 마을의 관심도를 유발, 존속하

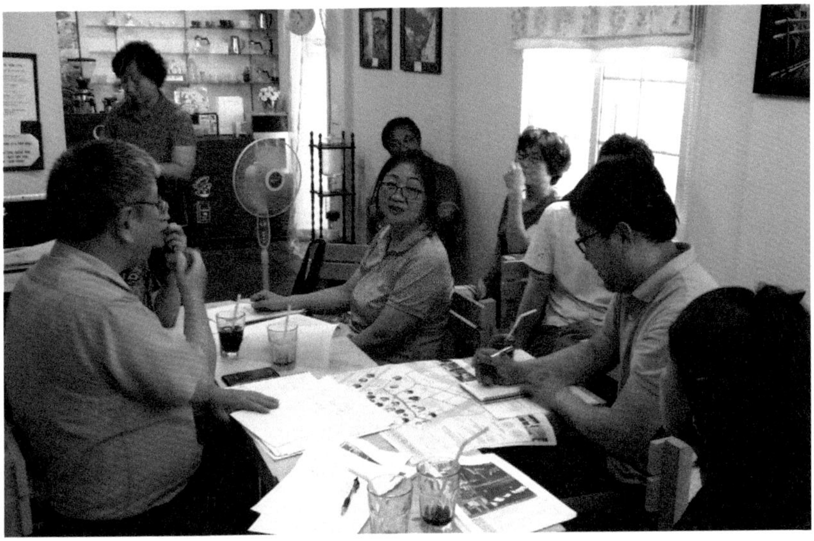

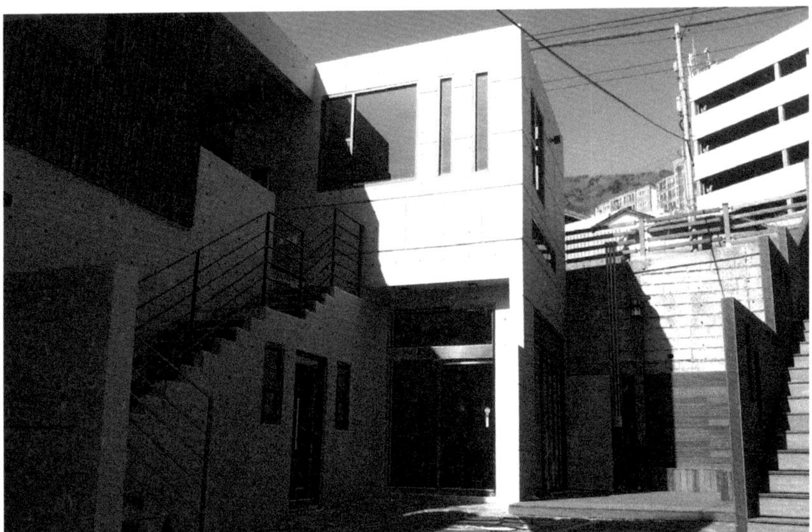

서구 닥밭골 마을의 문화계획을 위해 북카페에서 지역민과
회의를 하고 있는 행복마을만들기 진행팀과 닥밭골 마을 문화나눔터

는 그물망을 만들어야 한다. 죽은 것 같은 덩어리로서의 조형물이 아니라 사람들의 직접적인 체험과 소통을 통해 자리매김하는 것이다.

벽화를 그리면 지역민이 붓을 들고 벽에 페인트를 칠하는 것만이, 음악에서는 지역민이 장구나 바이올린을 들고 두드리는 등 연주를 하는 것만이 참여가 아님을 정부기관에 근무하는 사람, 마을 만들기 등의 전문가들은 알아주었으면 한다. 부산 서동의 재래시장에서 전문가들이 연주하는 것을 시장상인들이 들어주는 것도 참여이며, 곡을 선택해주는 것도 참여이다. 벽화 등 시각예술에서는, 마을의 역사를 기획자에게 이야기해주는 것도 참여이며, 이렇게 그려달라고 요구하는 것도 참여이다. 하물며 세금 낭비한다며, 쓸 때 없는 짓을 한다며, 욕을 하는 것도 참여다.

중요한 것은 사람들의 관심으로부터 멀어진 채 그저 오랫동안 방치된 미술이 아니라, 설령 단기간에 사업이 끝나더라도 대중과 지역민의 관심을 이끌어내는, 우리가 살고 있는 사회 내에 다양한 이슈들의 공감을 불러일으키려는 시도 또는 참여, 개입이 더 중요하다.

아무튼 내가 하고 싶은 말은, 현재의 공공예술은 참여 · 개입을 통해 변해가는 과정에 있다는 것이다. 마을에 예술이 들어간 지는 오래되지 않았다. 특히 참여를 통한 마을 만들기는 더더욱 그러하다. 미술이 마을에 들어갔기 때문에 마을기업, 협동조합 등 자생적 활로를 찾을 수 있는 여건과 기회를 만들지 않았는가.

분명 시간이 지나면 지역민의 참여를 통한 질 높은 공공미술, 주변 환경의 다채로운 움직임에 반응하는 새로운 공공미술이 나올 것이다. 인터넷이나 모바일 미디어 등을 통해 사람들 간의 공동기억과 경험을 공유, 소통시키는 공공미술, 공동의 사회적 이슈를 촉발시키는 새로운 공동체를 만들어가는 공공미술/예술의 역사를 쓰는 기회가 올 것이다.

공공미술은 이 시대의 조류다. 언제까지 지속될지 모른다. 마을 만들기에서 지속가능한 것은 공공미술이 아니다. 주민의 참여다. 공공미술은 그 과정과 참여에 감동하지 작품의 결과를 보고 감동하지 않는다.

해운대에 물 좋은 나이트가 있다는 광고를 하는 트럭이 지나간다. 물이 좋다? 궁금해진다.

나이트클럽. 춤을 추는 곳? 부킹하는 곳? 젊은 층과 노년층이 나뉘는 곳?

나이트클럽에 한 번쯤 가본 적이 있는 사람은 몸을 흔들며 스트레스를 푸는 곳 중의 하나라고 생각할 것이다. 테이블마다 삼삼오오 모여 술을 마시고 있다가 음악이 나오면 우르르 무대로 밀려나가 음악에 맞춰 연예인처럼 춤을 추는 사람, 박자를 무시하는 몸치 할 것 없이 모두 제정신이 아닌 듯하다.

무대 위에는 음악으로 몸을 리드하는 악사, 분위기를 동조하는 무용수들이 있다.

우리는 내 돈을 주고 내 몸을 흔들며 신나게 논다. 그러고는 클럽 문을 나오면서 하는 말이 "스트레스 잘 풀었다"고 한다. 반면 나는 이런 생각을 한다. 내가 춤을 추고 있을 때 등 뒤에서 춤추는 백댄서도 스트레스가 풀릴까? 커피숍, 햄버거 집, 음식점 등에서 아르바이트를 해보면 알 듯, 이곳에서 내 돈을 주고 먹는 햄버거는 맛있다, 없다의 평가와 함께 신나게 먹을 수 있으나, 시급을 받고 하는 아르바이트는 주인이나 손님의 눈총을 봐야 하니 피곤하다. 즉 내 돈을 내고 들어간 나이트클럽의 춤판은 행복하나 돈을 받고 춤을 추는 백댄서는 피곤하다.

마을기업 전문가 정덕용과 같이 식사를 하는데, 그가 계란 후라이를 가리키면서 이런 말을 한 적이 있다. "계란이 안에서 깨고 나오면

병아리가 되고, 밖에서 깨어주면 이렇게 후라이가 된다." 자의, 타의의 관계이다.

요즘 우리나라는 지속가능한 도시, 지속가능한 시골, 지속가능한 어촌 등등 '지속가능한'에 관한 다양한 형태와 다양한 모델들이 제안되고 있다.

지속가능성이란 무엇인가? 그리고 어떤 것이 지속불가능하단 말인가?

팀 홀(Tim Hall)은 "지속불가능성은 환경수용력이 한계에 도달하거나 그 한계를 넘어섬으로써 미래 어떤 시점에서 발전이 손상되거나 위협받게 되는 것을 의미한다. 지속불가능성의 예로는 재생 불가능한 자원이 고갈될 때까지 감소되거나 독성 물질을 흡수하거나 희석시키려면 환경에 복구할 수 없을 정도로 심각한 손상을 줄 정도로 배출하는 것 등이 있다. 반면에 지속가능성의 개념은 최근 수많은 개발 패러다임의 중심에 자리를 잡았다. 지속가능 발전의 개념은 환경의 과잉 부담을 향한 멈출 수 없는 행진이 아니라 이론상으로는 환경의 한계를 넘지 않고 무한히 환경의 한계 내에 머물 수 있도록 하는 다양한 방법을 의미한다."[7]고 말한다.

부산에서 진행하고 있는 행복마을 만들기 역시 좋은 사례이다. 마을이 지속적으로 유지되기 위해서는 전통적 공동체나 인위적 공동체의 참여도 중요하지만, 공동체에 참여하지 않고 각개 전투를 하는 지역민이 공동체 인원보다 훨씬 많다는 사실을 잊지 말아야 한다. 작은 비중이나마 이들의 참여를 유도하는 방법을 마련하는 것은 매우 중요하다. 예를 들면 수질 오염이나 소음 공해 정도를 측정해보기, 놀이터의 안전 점검, 지역의 가장 매력적인 포인트 찾기, 장애인이나 노인들에게 불편한 통행 시설 조사하기 등 이런 수

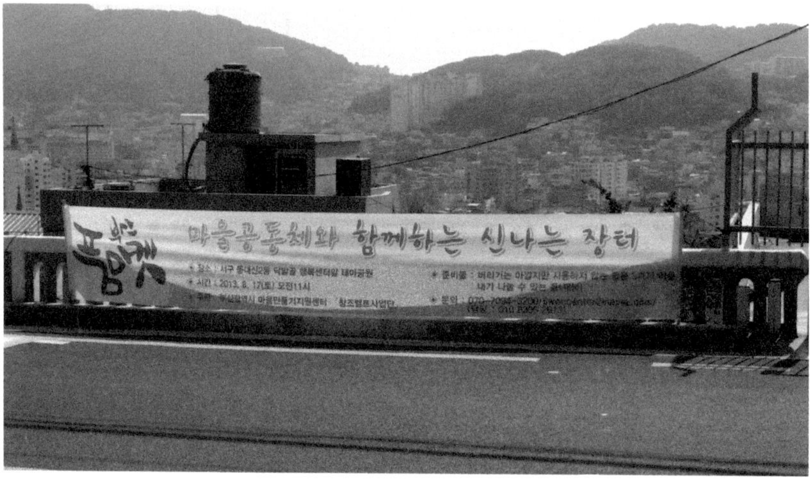

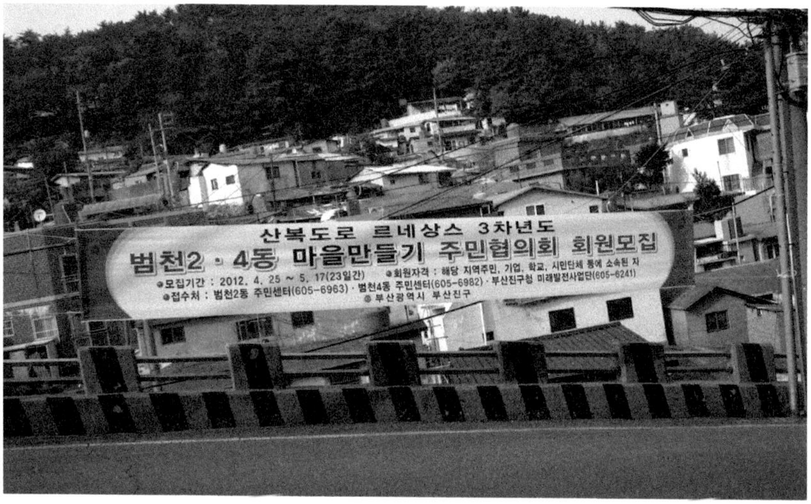

주민의 참여를 유도하는 현수막

요조사를 통해 '마을지도'를 그려보는 것이다. 거기에서 나온 제안이 관청의 정책에 반영된다면 지역민으로서 주인의식과 참여 정신을 갖는 계기가 될 것이다.

나이트클럽같이, 계란후라이같이 또는 내 돈을 은행에 저축을 해야 이자가 붙듯이, 지속가능한 것은 주민이든, 예술가이든, 행정가이든 자기 것을 먼저 내어놓고(내어놓으면서) 일을 하면 지속가능해진다. 반대로 받고(받으려고) 하는 일은 일회성이 된다.

공공미술 역시 이런 사례 중의 하나다.

마을에 사람들이 몰려온다. 좁은 골목, 하늘로 승천하는 굽은 계단을 보기 위해, 허름한 벽면에 그려진 벽화를 보기 위해 마을을 찾는다.

여름이면 윗옷을 벗고 유유히 골목을 누비기도 하며 옆집아저씨와 골목에서 일이 없는 날이면 막걸리 한 잔 걸치기도 했다. 그러나 요즘은 밀려오는 사람들을 의식하느라 불편이 말이 아니다. 좁은 평수에 집을 짓다 보니 대문이 없다. 호기심인지 힐끔힐끔 안을 보는 불청객 같은 관람객이 싫다.

마을에 미술이라는 이상한 놈을 집어넣는 순간부터 변화가 찾아왔다. 외부에서 소위 관광객이 오면서 우리 마을에 변화가 찾아왔다. 사생활도 불편해졌다. 소음도 심해졌다. 마을청년회는 관람객으로 생긴 수익의 분배문제가 생겼다. 마을에 갈등이 생긴 것이다. 공동체는 공동체끼리, 구성원은 구성원끼리 말이다. 갈등을 해소하기 위한 최고의 방법은 소통이다. 서로 간의 소통에 따라 흥과 망이 있을 것이다. 나 또는 구성원 간의 소통이다.

미술이 마을에 들어왔기 때문에 여러 문제가 일어났다. 소통으로 해결해야 한다고 한다. 미술이 어떻게 마을에 왔을까? 우리 마을은 1m 폭의 좁은 골목, 계단이 많으며, 산비탈에 집들이 있다. 이것이 마을 장소성의 특징이다. 그리고 청년회, 부녀회, 새마을위원회 등은 기본이고 마을 만들기 추진위원회 등의 공동체가 있다. 더불어 모여 함께 살아가는 인간의 공동체는 공동생활을 가능하게 하는 지리적 공간, 그리고 구성원 상호 간을 묶어주는 정신적 유대 관계, 이 두

요소를 필수적으로 요구한다. 무엇보다 함께 주거할 물질적 공간과 어울려, 더불어 살 만하고 또 살아가겠다는 심성적 기대와 의지를 충족시켜줄 정신적 가치가 공존할 때, 비로소 공동체가 구성될 수 있기 때문이다. 따라서 물질적 공간과 정신적 공속감이 공동체 형성의 기본 요소라 할 수 있다.[8]

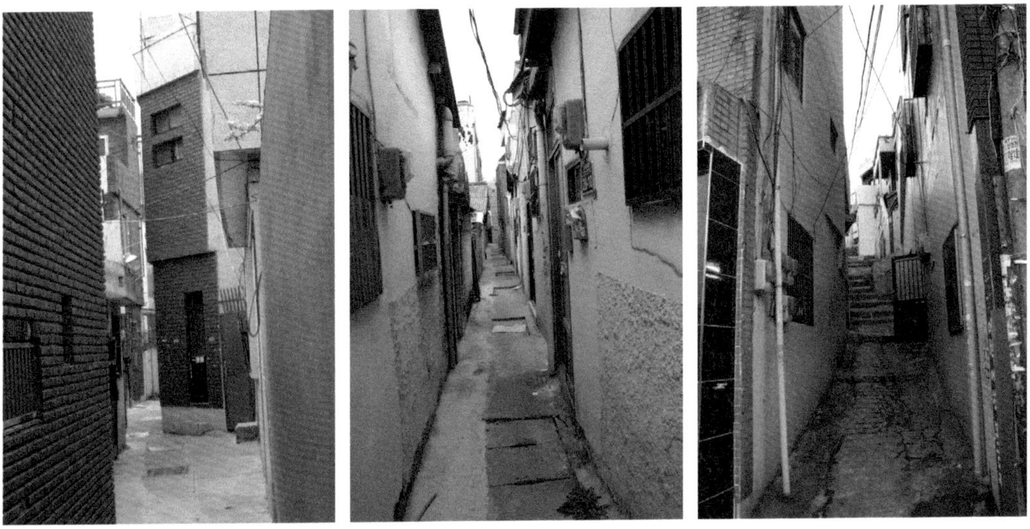

부산시 당감1동(좌), 문현2동(가운데), 대연2동(우) 등은 감천동, 닥밭골 등과 함께 대표적인 골목길이다. 골목은 장소적 특징을 지닌다.

마을에는 공동체 질서와 공간의 질서가 있다. 이들의 질서와 미술이 결합하면 공공미술이 된다. 마을이라는 장소에 미술이라는 도구를 접목하면 마을미술이다.

장소특징으로서의 공공미술에서 몇 가지 구분을 한다. 첫째가 외부의 힘으로, 즉 지원금으로 진행하는 공공미술이다. 전문가들에 의해 단기간에 이루어지니 지속적 관리가 되지 않아 도시의 흉물이 되는 현재의 공공미술에서 문젯거리로 지적되고 있는 것이다. 대부분 벽화가 주류를 이룬다. 두 번째는 지역과 결합하여 지역민이 주관하는 것으로 공동체미술 또는 커뮤니티 아트라 한다. 이는 마을 내부의 질서, 규율이 아주 중요하다. 부산시에서 진행하고 있는 행복마을 만들기가 미술과의 접목이 아닐 뿐이지 사실 여기에 속한다. 마지막으로 참여 · 개입으로서의 미술 또는 커뮤니케이션 미술이다. 수잔 레이시가 말하는 뉴 장르 공공미술이 이것이다. 참여에는 직접참여/간접참여, 공공유도/자발형, 아이디어 제공형/현장참여형 등 다양한 참여 방법이 있다. 조금이라도 공공미술 사업에 개입되어야만 참여한다는 생각의 고집을 가지고 있다. 그래서 참여 · 개입으로서의 사업은 직접참여가 없기에 잘 진행되지 않는다고 믿는다. 그 이유는 사후관리로 이어지기 때문이다.

물질적 공간과 정신적 소속감을 통해 형성된 공동체는 소속감과 지역의 정주의식을 상승시킨다. 그래서 마을 만들기 등 사업을 진행하는 팀들은 공동체를 찾거나 구성한다. 그리고 소통을 유도한다. 지역이 지역과 소통해야 지속성이 담보된다. 공공미술 역시 마찬가지다.

3 공공미술, 아직 미완성작이다

도시민과 사소한 아름다움

스티로폼 박스에 심어놓은 부추, 파. 소위 신도시라는 대단지 아파트에서는 절대로 볼 수 없는 것들이다. 시골 사람들은 이렇게 작은 박스에 채소를 심어 뭘 하겠냐고 반문하겠지만, 도시민에게는 사소함에서 찾아오는 행복의 순간이다.

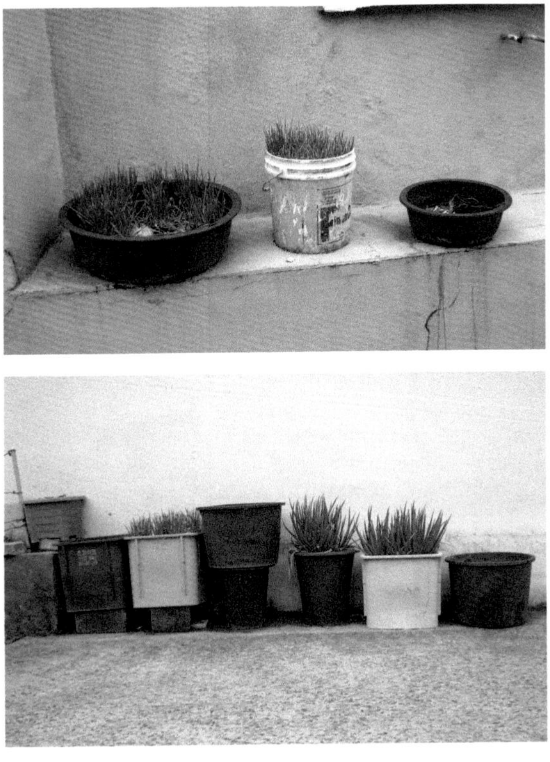

스티로폼 박스에 심어놓은 채소가 자라는 과정은 도시민에게 찾아오는 행복 중 하나다.

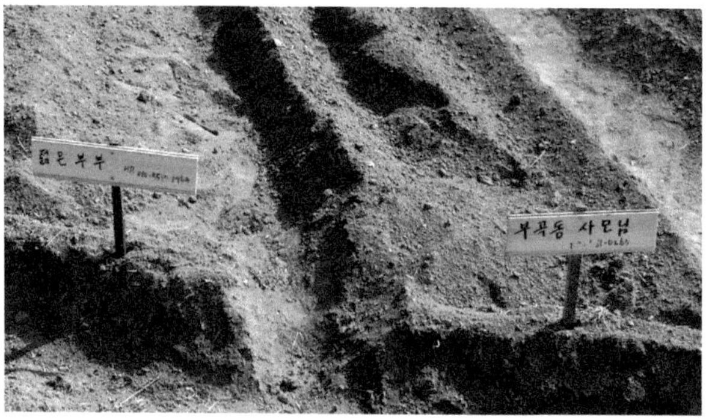

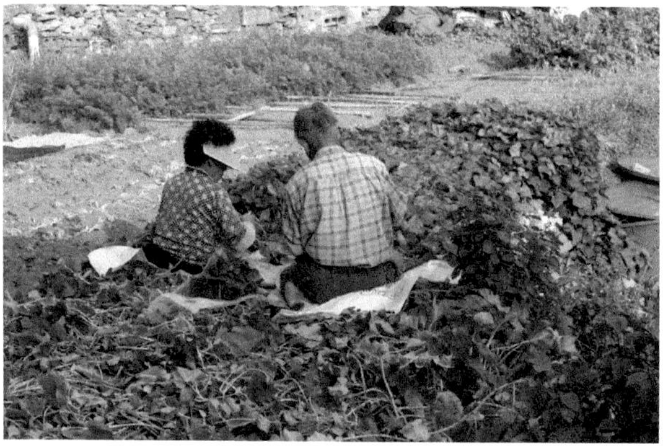

산동네 끝에 있는 손바닥만 한 텃밭이나 채전들. 도시생활에서 자칫하면 잊어버리기 쉬운 자연과 고향에 대한 향수를 간직하기 위해 가꾸는 '마음의 밭'은 아닐까.

박물관에 가야만 과거의 세계로 간다고 생각하거나, 과학관에 가야만 미지의 세계에 돌입한다고 믿는 사람은 별로 없다. 새로운 세계란 저 멀리에만 존재하는 게 아니다. 현실의 틈새로서 존재하거나 바로 인접될 수 있는 역동적 세계이다. 물론 어떻게 보느냐의 시각에 따라 완전히 다른 세계로 가는 경우도 있다. 다른 사고(思考)다. 사고가 세계다. 사고가 많을수록 세계는 다양하다.

영화 〈타워〉에서는 고층에 있는 물탱크를 폭파시켜 불을 제압한다. 밖에서 보면 이 물탱크는 보이지 않는다. 그리고 아는 사람만 안다. 부산의 산동네에 가면 지붕 위에 놓인 파란 물탱크를 볼 수 있다. 우리 집 식구들이 사용할 정도의 양을 저장하는 것이라 영화 〈타워〉에 나오는 만큼 거대하지 않다. 그러나 상수도관에 고장이 생겨 물이 공급되지 않아도 며칠은 버틴다. 이런 물탱크가 집집마다 옥상에 있다. 물탱크가 예술품은 아니다. 산동네 사는 사람들 역시 예술가도 아니다. 그러나 내가 보기엔 마치 파란 물탱크가 예술품 같다. 한 마을에 사는 사람들이 모여 공동작업을 한 것처럼 보인다.

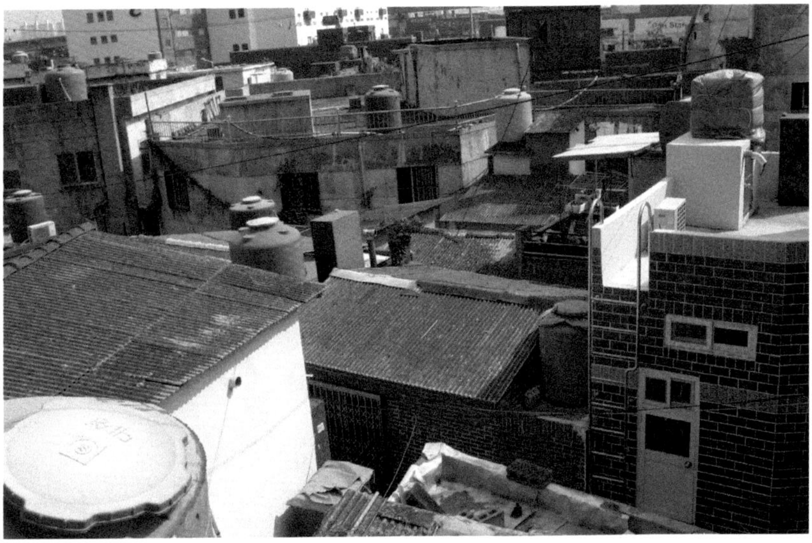

도시의 옥상 파란 물통은 도시민의 공공작업이며 예술품이다.

텔레비전은 자율성이 없고 일방향적인 시선을 제시하는 이미지의 특징을 가지고 있다. 예술은 한 예술가가 우리에게 무엇인가를 보여줄 때, 그는 "나를 바라봐"와 "그것을 바라봐" 사이에 작품을 위치시키는 전이적 해석을 전개한다. 보는 자일까 보이는 자일까. 다른 모든 사회적 장과 마찬가지로 예술 세계는 해석을 허용하는 상이한 입

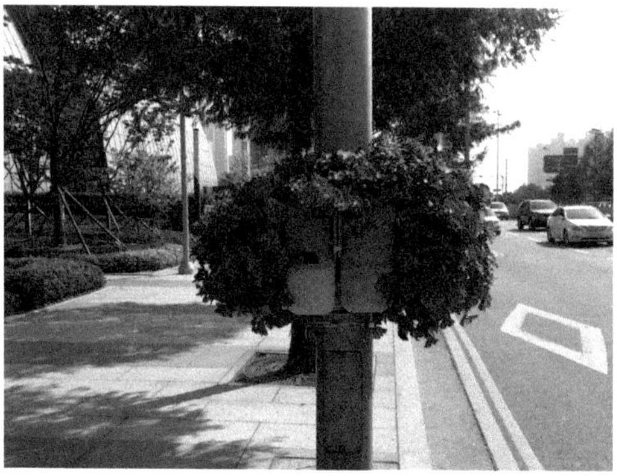
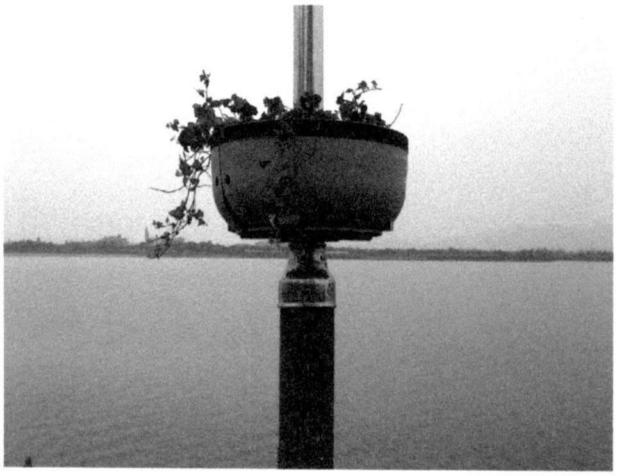
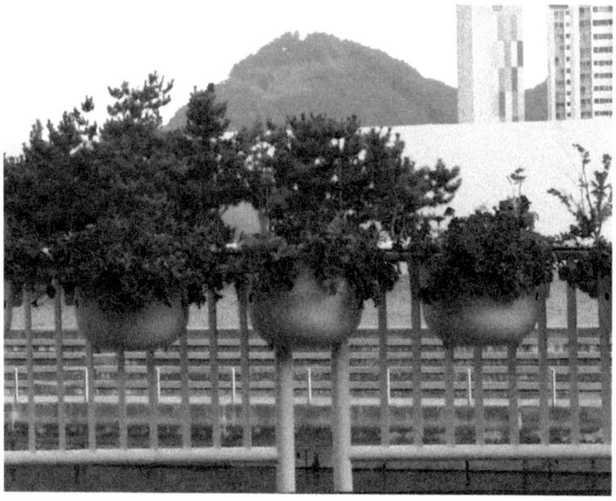

공공미술, 별것 아니다. 주위의 사소한 것을
아름답게 보는 시각이 공공미술이다.

장들의 체계를 제시하는 한 본질적으로 관계적이다. 이러한 관계적 해석의 편차들은 다양하다.

공공미술을 보는 시선 또한 이러하다.

전봇대에 매달려 있는 화분이, 다리 난간 위에 심어놓은 꽃들이 아름답게 느껴지는 것은 내가 예술가이기에 그 느낌을 아니까 아름다울까? 공공미술, 별것 아니다. 주위의 사소한 것을 아름답게 보는 시각이 공공미술이다.

길거리를 지나가다 보면 빈 벽면이 없다. 조그마한 벽만 있으면 그림이 그려져 있기 때문이다. 내가 미술을 전공한 탓일까. '와~ 이 벽화 좋다', 아니면 '멋있다'라는 감탄사가 나올 만한 벽화는 찾기 어렵다. 미술이 대중화되었다고 봐야 할지? 미술의 질이 떨어졌다고 봐야 할지? 나도 애매한 질문을 던질 수밖에 없다.

공공미술들이 도시 경관을 아름답게 하고 쾌적성과 정주의식을 높이는 역할을 하는 경우를 찾기란 쉽지 않다. 열린 도시공간에서 작품 자체의 조형성이 시민들과 소통되는 경우를 찾는 것은 더더욱 쉽지 않다.

원인은 여러 가지로 도출된다. 그중에 가장 큰 이유라면, 첫째가 공공미술 전문가(기획자)에게 주민참여의 의무를 강요하는 데서 나오는 결과다. 둘째는 예산 부족이다. 예술가가 주민과 함께해야 하니 벽화의 수준을 낮추어야 진행된다. 미술가는 집단성을 싫어하는 습성을 가지고 있다. 작가 개개인의 전문성을 강조한다. 지역 사회의 문화적, 미적 욕구는 증대하고 있지만, 이를 수용하여 사회적 미적 실천을 행할 작가군은 적다고 볼 수 있다. 그리고 미술가/미술단체는 봉사하는 단체가 아니다. 미술가도 살아야 한다. 특히 요즘처럼 경기가 좋지 않을 때는 더더욱 경제적 유지가 어렵다. 그러다 보니 벽화의 제안 금액과 비례하여 그림을 그려야만 한다. 이것은 보존과 관리에도 이어진다. 페인트로 그리는데 왜 이리 비싸냐는 예산 집행 관계자·주민들의 반문과 함께 오래된 벽을 보수하지 않고 벽화를 그리기에 영구성은 당연한 결과다. 공공미술 마을은 대부분 오래된 마을이거나 낙후된 지역을 선정한다. 그러니 대부분 오래된 벽이다. 따라서 벽화를 제작하기 전에 보수를 해야 한다.

그럼에도 불구하고, 우리는 공공미술의 범주에 따른 미래의 다양한 실천전략을 세워야 한다. 도시는 전진이든 후퇴든 변화하기 때문이다. 미술가는 변화하는 도시 속에 전세를 들어 삶을 영위하고 있다. 그래서 미술가 스스로가 지금보다 나은 문화적 복지를 꿈꾸고 있다.

하이데거의 존재론까지 근접하지 않아도 세계 속에서 존재하는 '나'는 나로서 존재하지만, 나→마을→도시로 확장해 생각해볼 필요가 있다. 그리고 이것이 내 주위에서, 도시에서 어떻게 움직여왔는지 국토해양부에서 나온 자료를 바탕으로 여기에서 공간별로 나누어 공공미술을 보자. 도표로 보면 다음과 같다.

공공미술구분	주체	공간매체	목적	공공미술프로그램
개인공간 공공미술 (Private Public Art)	개인	주택	생활공간 가꾸기	담장허물기 화분/화단 가꾸기
지역공간 공공미술 (Community Public Art)	지역주민	골목길/놀이터/지역공원 등	생활공동체 만들기	문화놀이터 골목길 가꾸기 한평 공원 만들기
도시공간 공공미술 (Civic Public Art)	시민	도시/광장/도로 등	도시활력공간 만들기	찾아가는 미술관 보행자전용도로 공원/공공청사 가꾸기

미술가를 비롯한 개인, 공공기관의 제도와 정책, 주민 공동체 등의 실천과 화합의 장이 필요하다. 미술가라는 전문가를 통해서만 공공미술을 하는 것은 아니다. 참여 · 개입으로서의 공공미술은 결과보다 과정이 중요하다. 우리 집 대문 앞에 전문가가 만들어놓은 이색적인 아트화분에 꽃도 심어보고 가꾸어보자. 동사무소에서 시든 꽃을 관리하지 않는다고 비아냥거리지 말고. 이 작은 시작이 도시의 아름다움을 만든다.

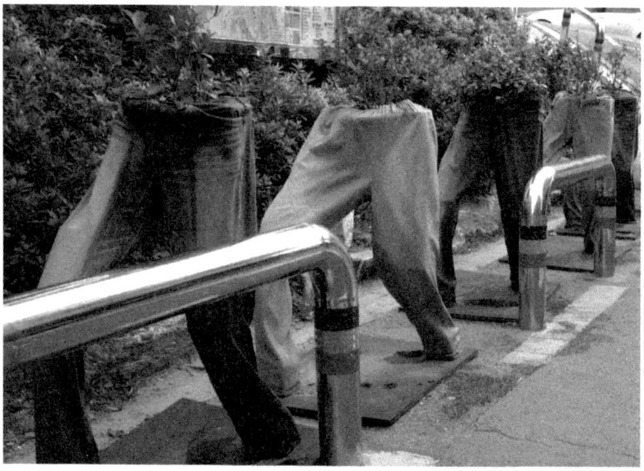

부산시 감천동 문화마을의 바지화분

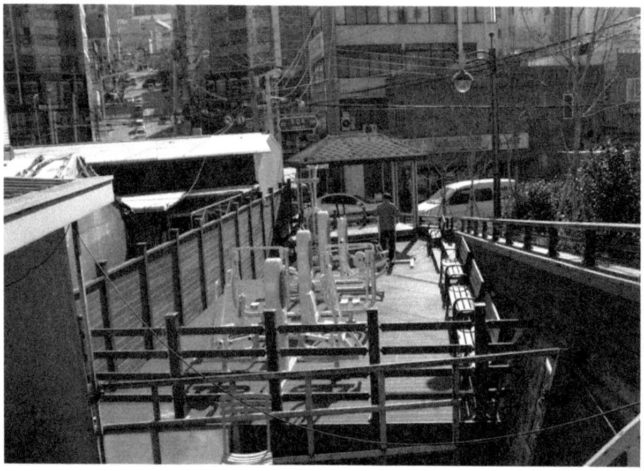

부산시 주례2동 복개천을 활용한 체육시설로 도시활력 공간 만들기

'미술관 안의 미술'이 아닌 '미술관 밖의 미술'인 공공미술은 예술성과 사회적 공익성을 모두 만족시켜야 한다는 데 딜레마가 있다. 예술성에 경도되면 자칫 사회적 공익성에 충실하지 못할 우려가 있고 사회적 공익성에 초점을 맞추면 예술성이 훼손되기 때문이다. 이 둘을 어떻게 조화시키느냐가 문제인데 예술과 삶을 유기적으로 연결시켜야 조화의 빛이 발하며 공공미술의 가치도 결정된다. 즉 공공미술은 상징적 대중언어에 대한 합의가 있는가? 공공적 담론에서 예술은 어떤 역할을 수행하는가? 이 의문을 이렇게 보자.

동래구 복산동 가야문화 재발견하기의 공공미술을 보기 위해 복산동 복천박물관을 갔다. 고분 위를 잔디로 가꾸어진 공원으로 만들어져 있었다. 잔디밭에는 '잔디를 보호합시다'라고 적힌 표석들이 있다. 공원에 여유를 즐기기 위해 들린 사람들은 정해진 길이라는 동선을 따라 질서를 훈육받고 있었다. 이런 일은 허다하다. 우리의 의도와 상관없이. 박물관에서 좀 자세히 보려 하면 오래된 물건은 유리가 가로막고 있다. 미술관에 들어서면 작품 앞에 노란선으로 경계표시를 하거나 '만지지 마세요'라는 푯말로 마치 '만지면 죽인다'라는 위협의 문구 같다. 이런 훈육의 장치들 중에 유일하게 부드러운 장치가 있다면 미술관 밖의 미술이다. 만져보고, 두드려보고, 작품 위에 올라가 보기도 하며 나의 행위가 작품이 되기도 한다.

그래 이런 훈육의 장치에서 벗어난 예술과 삶을 유기적으로 연결시켰느냐 연결시키지 못했느냐는 어떻게 증명해야 할까. 가장 손쉬운 방법은 시민들의 참여 정도를 파악하는 것이다. 시민들이 작품에 참여하고 그것을 '사용'할 때 비로소 공공미술은 완성된다.

시각예술은 근거리 문명의 표현에 있어 특별하게 유리한 것이다. 왜냐하면 개인을 자신의 사적인 소비 공간으로 돌려보내는 텔레비전이나 문학과는 달리, 관계의 공간을 공고하게 하기 때문이다.[9] 그래서 도심 곳곳에 공공미술과 같은 시각예술이 있다. 시각예술뿐만 아니다. 대중들의 참여를 유도하는 예술이 지속적으로 이어지고 있다.

이제 완성된 결과만을 일방적으로 감상하기라고 강요하는 공공미술이 아니다. 제작과정은 물론 설명회, 제작과정의 전후에 대중들의 참여를 이끌어내고 있다. 종종 얘기하지만 공공예술/미술에서 주민/대중들의 직접적인 참여만 참여가 아님을 명심해야 한다는 것이다. 그러나 대중들의 직접적 참여가 완성단계를 높인다. 완성단계는 작품의 질이 아니다. 과정의 미학이다. 이승기가 날개벽화 앞에서 사진을 찍음으로써 날개벽화는 완성이 된다. 감천동 문화마을의 낙서의 집에는 '○○이 왔다 간다', '영심♡경태'라는 말을 적는 순간 완성이 된다.

날개벽화는 누군가가 이 자리를 머물지 않으면, 낙서의 집은 나의 낙서가 있기 전까지는 미완성이다. 그러나 이런 미완성이 있기에 완성을 쫓아가는 우리에겐 아름답게 다가오는 것이다.

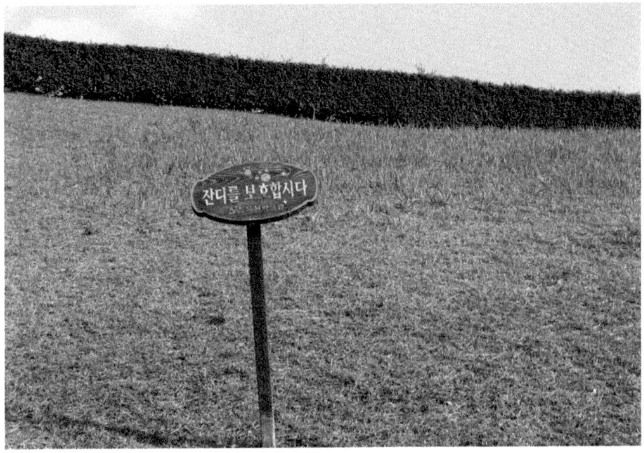

부산시 복산동 복천박물관 '잔디를 보호합시다' 푯말

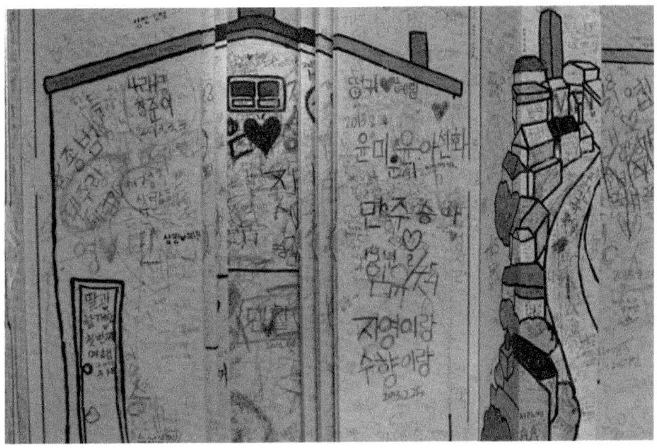

부산시 감천동 문화마을의 낙서의 집은 낙서를 해야 완성된다. 조각가 우징 작품 '낙서의 집'

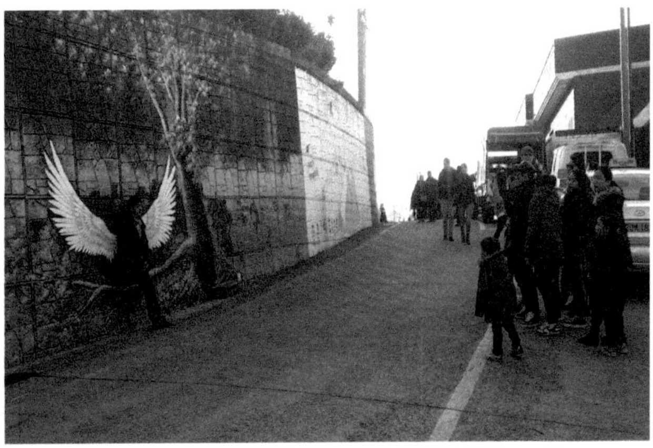

통영 동피랑 날개 벽화. 벽화에 참여함으로 벽화는 완성된다.

마을에 벽화를 하는 이유가 뭘까?

재생이라는 이름하에 우리나라의 마을들은 벽화로 치장을 하고 있다. 비슷비슷한 벽화도 많다. 전문가뿐만 아니라 지역민들도 마을 내 벽화를 한다면 반대를 하는 경우가 있다. 그 이유는 간단하다. 오랫동안 보존이 되지 않는다는 것이다.

마을 미화를 위해 벽화를 그리지 않으면 무엇을 할까?

도시재생은 "정주환경 개선 등을 통해 도시경쟁력을 제고시킬 뿐만 아니라 신자유주의가 주도한 세계화 · 양극화의 심화로 점차 피폐 · 강팍해지고 있는 우리네 삶을 치유하고 지켜내는 유효한 수단이다."[10]라고 한다.

정주환경 개선과 삶의 치유를 위한 우선순위는 뭘까? 지붕개량? 도로정비? 아니면 마을의 공동작업장 건립?

책의 마무리 단계에서 꼭 하고 싶은 얘기가 있다.

공공의 미술은 사람들의 관심으로부터 멀어진 채 오랫동안 지속되는 그런 둔중한 미술이 아니라 주민의 참여 없이 전문가에 의해 제작된 공공미술일지라도 사람들의 관심을 이끌어내어 우리가 살고 있는 사회 내의 다양한 이슈를 만들거나 장소에 참여 · 개입하도록 하는 게 더 중요하다.

현재의 공공미술은 아직은 미완성 작품이다. 2~3년마다 수리를 해야 온전해진다. 그리고 다시 수리할 때까지 미완성이다.

수리를 해야 한다는 것 자체가 변화가 가능하다는 말이 된다. 예술가에게서는 제작과정의 변화, 주민들에게는 의식의 변화, 관람객

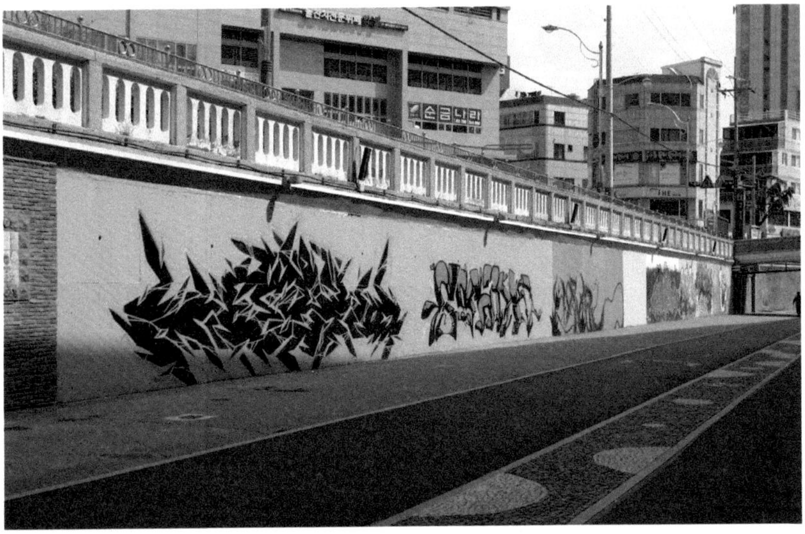

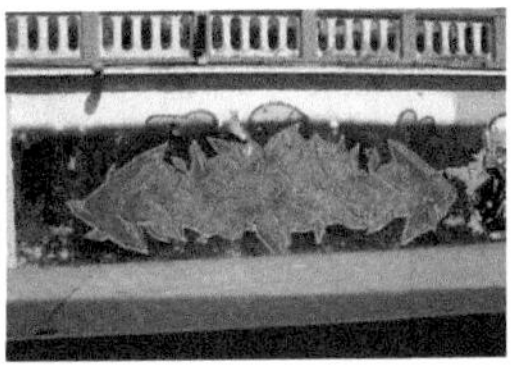

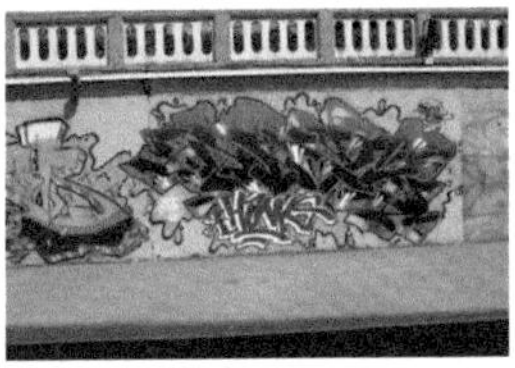

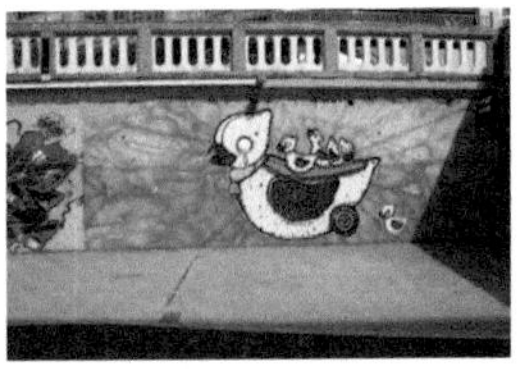

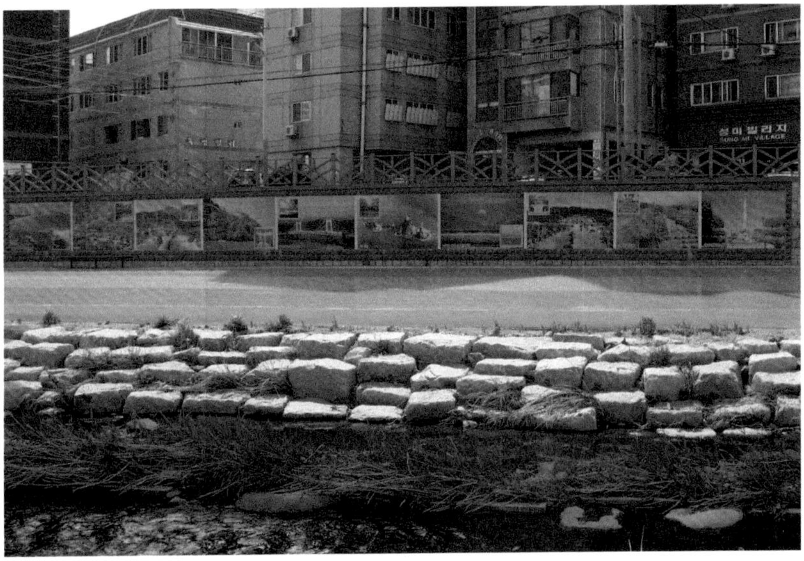

부산시 온천천 부산대학지하철역 아래 벽화. 무엇보다 오래되고 낡으면 지우고 다시 그릴 수 있다는 점에서 이 벽화가 좋다. 아래는 부산의 명소를 사진으로 출력하여 부착하였지만 보는 이가 없다.

에게는 소통의 변화 등 변화의 가능성은 유동의 여지가 있다. 유동의 여지는 새로움을 추구할 수 있는 기회가 있다는 것이다. 채울 수 있는 기회, 변화할 수 있는 기회가 있다는 것은 즐거운 일이다. 그래서 변화의 가능성이 있는 유연성은 아름답다.

공공미술, 아직 미완성이다. 그래서 아름답다.

| 주 |

1 신진욱, 「공공성과 한국사회」, 『시민과 세계』, No.11, 2007, pp.18-39 참고.
2 경실련 도시계획센터 엮음, 『알기 쉬운 도시이야기』, 한울, 2009, pp.46-47.
3 준공적 공간의 개념은 뉴먼(O. Newman, 1978, Depensible Space)에 의해 구체화되었는데, 영역적 위계에 따라 공적 공간, 준공적 공간, 준사적 공간, 사적 공간으로 구분하여 공간을 구성할 것을 제안했으며, 영역적 경계가 확실할수록 소속감 및 안전의 효과가 크다고 한다.
4 정달식, 『도시, 변혁을 꿈꾸다』, 산지니, 2005, pp.50-52.
5 에드워드 글레이저, 이진원 옮김, 『도시의 승리: 도시는 어떻게 인간을 더 풍요롭고 더 행복하게 만들었나?』, 해냄, 2011, p.450.
6 신병윤, 「공적 영역으로서의 마을만들기」, 『산복도로를 말하다』, 부산광역시 창조도시본부, 2013, pp.63-64.
7 팀 홀, 유환종 외 옮김, 『도시연구: 현대도시의 변화와 정책』, 푸른길, 2011, p.237.
8 박호성, 『공동체론: 화해와 통합의 사회 · 정치적 기초』, 효형출판, 2009, pp.571-572 참고.
9 니꼴라 부리요, 현지연 옮김, 『관계의 미학』, 미진사, 2011, pp.24-25 참고.
10 주관수, 「도시재생법 제정 그 의의와 한계」, 〈한겨레신문〉, 2013. 5. 6.

| 참고문헌 |

경실련 도시계획센터 엮음, 『알기 쉬운 도시이야기』, 한울, 2009

구자인 외 , 『마을만들기, 진안군 10년의 경험과 시스템 더디가도 제대로 가는 길』, 국토연구원, 2011

국토연구원, 『한국의 도시 · 마을만들기』, 국토연구원, 2009

————, 『한국의 녹색도시 · 마을만들기』, 국토연구원, 2010

김기호 외, 『우리, 마을 만들기』, 나무도시, 2013

김미리 · 최보윤, 『세계 디자인 도시를 가다』, 랜덤하우스코리아, 2010

김문환, 『미학자가 그려보는 인문도시』, 지식산업사, 2011

김민수, 『한국 도시디자인 탐사』, 그린비, 2009

김세훈 · 현진권 · 이준형 · 김정수 · 이기호 · 양현미, 『공공성-공공성에 대한 다양한 접근』, 미메시스, 2008

김찬호, 『문화의 발견-KTX에서 찜질방까지』, 문학과지성사, 2011

니꼴라 부리요, 현지연 옮김, 『관계의 미학』, 미진사, 2011

대한국토 · 도시계획학회, 『인간의 공간의 커뮤니케이션』, 커뮤니케이션북스, 2009

도시재생사업단, 『역사와 문화를 활용한 도시재생 이야기』, 한울, 2012

리처드 슈스터먼, 허정선 · 김진엽 옮김, 『삶의 미학: 예술의 종언 이후 미학적 대안』, 이학사, 2012

리처드 플로리다, 이원호 외 옮김, 『도시와 창조 계급』, 푸른길, 2008

마루타 하지메, 박화리 · 윤상현 옮김, 『장소론: 웹상의 리얼리즘과 지역의 로맨티시즘』, 심산, 2011

민주식, 『아름다움, 그 사고와 논리』, 영남대학교출판부, 2002

박삼철, 『왜 공공미술인가』, 학고재, 2006

박재길 외, 『한국형 국토공간 디자인 연구』, 국토연구원, 2011
박호성, 『공동체론: 화해와 통합의 사회 · 정치적 기초』, 효형출판, 2009
성균관대학교 산학협력단/(주)이락, 『살고싶은 마을만들기, 시범사업의 성과와 과제』, 국토연구원, 2013
부산광역시 창조도시본부, 『산복도로를 말하다』, 부산광역시, 2013
부산발연전연구원 · 부산학센터, 『부산의 산동네-부산을 읽는 상징적 텍스트』, GoodDesign연구소, 2008
아서 단토, 이성훈 외 옮김, 『예술의 종말 이후』, 미술문화, 2004
양도식, 『영국 도시재생 정책의 실체』, 국토연구원, 2013
에드워드 글레이저, 이진원 옮김, 『도시의 승리: 도시는 어떻게 인간을 더 풍요롭고 더 행복하게 만들었나?』, 해냄, 2011
오민근, 서진영, 『서울, 문화를 품다』, 생각의나무, 2010
용호성, 『예술경영』, 김영사, 2010
원제무, 『창조도시 예감』, 한양대학교 출판부, 2011
윤재흥, 『우리 옛집 사람됨의 공간』, 집문당, 2004
이왕건 · 류태희, 『도시, 작은 실험으로 변화를 꿈꾸다』, 국토연구원, 2012
이주형, 『21세기 도시재생의 패러다임』, 보성각, 2009
임회숙, 『길 위에서 부산을 보다』, 산지니, 2012
정달식, 『도시, 변혁을 꿈꾸다』, 산지니, 2009
찰스 랜드리, 임상오 옮김, 『창조도시』, 해남, 2005
초의수 외, 『부산광역시 쇠퇴 실태 조사 및 종합정보시스템 구축』, 부산광역시, 2013
토머스 크로, 전영백 옮김, 『대중문화 속의 현대미술』, 아트북스, 2006
팀 홀, 유환종 외 옮김, 『도시연구: 현대도시의 변화와 정책』, 푸른길, 2011

공공미술, 도시의 지속성을 논하다

개정판 1쇄 발행 2021년 5월 25일

지은이 구본호

펴낸이 권경옥

펴낸곳 해피북미디어

등록 2009년 9월 25일 제2017-000001호

주소 부산광역시 동래구 우장춘로68번길 22 2층

전화 051-555-9684 | 팩스 051-507-7543

전자우편 bookskko@gmail.com

ISBN 978-89-98079-42-0 03600

*책값은 뒤표지에 있습니다.

*파본은 구입하신 서점에서 바꾸어 드립니다.